U0154073

在虛實之間學習

以政大書院為核心的高教實驗

政大出版社
Chengchi University Press

國家圖書館出版品預行編目(CIP)資料

在虛實之間學習：以政大書院為核心的高教實驗 / 吳思
華等著. -- 初版. -- 臺北市：政大出版社出版：政大發行,
2014.07
面；　公分
ISBN　978-986-6475-54-2（平裝）

1. 通識教育　2.書院制度　3.文集

525.3307　　　　　　　　　　　　　　　103012613

在虛實之間學習：
以政大書院為核心的高教實驗

主　　編｜政大書院
著　　者｜吳思華等著

發 行 人　吳思華
發 行 所　國立政治大學
出 版 者　政大出版社
執行編輯　劉育成、林淑禎
地　　址　11605臺北市文山區指南路二段64號
電　　話　886-2-29393091#80625
傳　　真　886-2-29387546
網　　址　http://nccupress.nccu.edu.tw

經　　銷　元照出版公司
地　　址　10047臺北市中正區館前路18號5樓
網　　址　http://www.angle.com.tw
電　　話　886-2-23756688
傳　　真　886-2-23318496
郵撥帳號　19246890
戶　　名　元照出版有限公司

法律顧問　黃旭田律師
電　　話　886-2-23913808

排　　版　振基興業股份有限公司
印　　製　祥新印刷股份有限公司
初版一刷　2014年7月
定　　價　360元
I S B N　9789866475542
G P N　1010301228

政府出版品展售處
• 國家書店松江門市：104臺北市松江路209號1樓
　電話：886-2-25180207
• 五南文化廣場臺中總店：400臺中市中山路6號
　電話：886-4-22260330

目　次

前言

蔡連康

國立政治大學韓國語文學系特聘教授、政大書院計畫主持人

　　新世紀的大學基礎教育，以培養學生博雅核心能力為要務，而培養學生博雅核心能力，須以通識教育為核心機制。產業與社會結構快速變遷，大學以學科專業知識為主的人才培育方式，已經難以培養學生具備未來生活與職場所需的跨領域知能和軟性能力。因此，大學培育人才的理念、模式與作法勢必要有所調整，方能回應時代變遷的衝擊和全球人才競爭的挑戰。

　　為了因應全球化的衝擊及知識經濟的時代來臨，歐美各國高等教育機構均紛紛重新定位人才培育的圖像，並積極思考如何創新人才培育模式，才足以預備學生適應未來、創造未來；同時亦啟動各項以博雅教育為核心理念之課程改革，使學生除了能持續學習特定領域的專業知識，更能具備廣博的知識基礎及深遠的公民意識和社會責任。

　　除了歐美各國之外，兩岸三地辦學績效卓著之重點大學也開始回應此一趨勢，紛紛將「博雅教育」視為校務發展優先考量之重點，透過通識教育、住宿學習、學校環境的整體搭配，來推動以書院教育為理念核心之各項教育方案。例如：北京大學的「元培學院」、南京大學的「匡亞明學院」、上海復旦大學的「復旦學院」、浙江大學的「竺可楨學院」、西安交通大學的「彭康書院」。香港中文大學的五所新設書院、澳門大學的書院、東海大學的「博雅書院」及清華大學的「厚德書院、載物書院」等。

　　本校是一所以人文社會科學領域著稱，並培養未來社會領導人的大學，這是我們過去的優良傳統，也是我們的辦學特色，更是我們最重

要的基本任務。在新的世紀裡，我們認為，政大傳統、精神與特色的延續，除了透過本校重點領域的持續精進之外，另方面，我們更認為辦好大學部的基礎教育，才能有效落實本校培育優質世界公民與未來社會領袖的教育使命。而辦好大學部的基礎教育，端賴博雅教育的徹底落實，這不僅是社會各界對本校的建議與期待，同時也是本校深刻反思後，亟欲革新的重點項目。

博雅教育的落實，將能孕育生活與思想的全人，也就是本校的教育目標——培育未來社會領袖與世界公民所必須具備的重要特質。因為通識博雅教育最能促成以能力導向為基礎的教學，最能實踐以問題解決為基礎的學習，最能培養知識反思能力、知識統合能力及知識創新能力。因此，博雅教育的成功與否，最終將影響本校及我國於這個複雜多變世界中的競爭力。況本校一向以人文社會科學發展為主軸，為展現本校對臺灣高等教育應肩負的責任與必要的關懷，故於民國 96 年便開始思索如何提供一個完整的學習環境，孕育一批經過完整教育、具備基本核心能力、能多面向分析問題，並可依循專業倫理進行決策制訂且有效執行的未來國際級人才的培育機制。終在民國 97 年 9 月 22 日正式成立「政大書院」，將通識教育改革之一環的書院教育，正式融入本校育才之博雅教育體系內。現已發展成新生書院及博雅書院、國際發展書院、X 書院三個主題書院。

政大書院教育計畫執行至今已五年餘，適逢今年為本校在臺復校六十週年，為深入檢討這些年來書院教育在本校推動的成效，並進一步思考未來努力的方向，以策勵來茲，本（103）年 2 月 20 至 21 日於舜文大講堂舉辦了「政大書院教育的回顧與展望」研討會，邀請參與書院工作的相關師長發表論文，與校內外關心書院教育的人士共同切磋。本專書集結了此次研討會的論文以及與談人的紀錄，除整理、記錄政大書院這幾年走過的痕跡外，也希望藉此為臺灣高等教育的未來發展提供一參考與借鏡。

本書共收錄 12 篇論文，分成四部分。第一部分「政大書院的緣起

與形塑」，旨在說明政大書院的理念形成與規劃過程。被認為沒有書院DNA 的政大，為何會籌辦書院？書院和政大的歷史發展有何關聯？深受大家肯定的山上生活學習圈是如何打造出來的？為何最初重心放在推動新生書院，其執行過程有何困難？第二部分「主題書院的理念與實踐」，描繪了博雅、國際發展與 X 三個完全不同的主題書院如何一步一腳印地在政大生根、萌芽。講求文理兼備、自我期許、榮譽感與傳承的博雅書院，強調學習家族、國際視野與歷練的國際發展書院，加上突破章法、創意無限的 X 書院，究竟為政大校園帶來了何種變化？不具共同經營模式的主題書院是否可行？未來是否可能有新的主題書院推出？

　　第三部分「書院教育與大學組織：通識、學務與專業教育」，探討與政大書院教育密切相關的校內機制。書院教育與通識教育理念上有何異同，應如何執行並進行成效檢核？自始即參與推動書院教育的學務處扮演了何種角色？與政大書院的互動情形如何？書院教育和院系專業教育理念有何不同？在具體實踐上如何建立相輔相成的關係？第四部分「書院教育與高教發展」，從更寬廣的層面思考書院教育在國內的推展情形以及政大書院在臺灣高教發展上的意義。在特有的環境條件下，臺灣書院教育的現況為何？要如何持續推動？有無可能找尋到適合我們自己的書院教育之路？

　　除了論文之外，本書還收錄了此次研討會兩位觀察人東海大學湯校長銘哲、瑞士日內瓦財團法人社會經濟發展中心游總裁麗嘉博士的觀察報告、與談內容及政大書院大事紀。全程參與研討會的兩位觀察人，從外部觀點提供對政大書院客觀的觀察與建議，覃言高見，彌足珍貴。多位校內資深教師與各學院行政主管的與談人，參與政大書院的程度雖不一，其鼓勵與建言，對政大書院未來如何在校內更順利推動帶來實質之裨益。

　　誠如本書審查人所指出的，政大從昔日培養國家領導幹部的黨校轉型為追求大學自由精神的高等學府，現在又辦了書院，究竟是要成就大學自由的精神？還是只為了頂大計畫的執行效率，或是著眼於大學的競

爭？政大試圖在此種衝突與矛盾中，尋找一條適合自己的道路。無論是為了大學競爭，還是為了大學的自由本身，政大書院的努力是無庸置疑的。雖然經過數年的耕耘，政大的書院教育才剛起步，政大書院能否堅持博雅教育培養自由人的理想，找到繼續前進的條件與力量，則有賴不斷的討論、溝通、形成共識，加上校內師生共同的參與。

或許「有耐心地去傾聽每一種聲音，讓每一種聲音充分表達，讓追求效率的教育變得悠閒一點，真正回到大學學習的本身」，是政大書院接下來應該做的。

最後，衷心地感謝在書院推動的這些年來，一路持續給予鞭策、指導與扶持的校長，無私奉獻的總導師、執行長，啟迪院生的諸位生涯導師，抱持理想、無怨無悔的所有書院同仁。另，對關心書院發展的所有師長與同學，在此亦一併致上深深的謝意。

PART I

政大書院的緣起與
形塑

政大書院創世紀

吳思華

國立政治大學企業管理學系教授、校長

摘要

　　政大書院是政大頂大計畫所支持的一項教學創新實驗計畫，希望以宿舍為基地，落實生活學習與博雅教育的理念。本文簡單說明書院計畫的理念緣起、推動策略和其組織運作方式。

關鍵字：政大書院、新生書院、主題書院、全人教育、思想的全人、生活的全人

壹、頂大計畫與政大書院推動契機

　　民國 94 年政府開始推動邁向頂尖大學計畫。頂大計畫其實是各國高等教育回應知識經濟發展必走的一條道路。傳統的大學知識學習是一個人類文明的傳承過程，期待能夠培養未來社會的全人，與經濟發展並無直接對應關係。然而，在知識經濟時代，知識成為產業持續發展最重要的動力來源，知識的加值過程也就成為在現代知識經濟體系中非常重要的一個議題。這個大趨勢使得大學在前端所產出的基礎知識、中游研究機構的應用知識，以及在產業界最後的商品化過程中，形成一個可直接串連的知識創新價值鏈。這個創新價值鏈的形成，一方面改變了產業的競爭型態，另一方面則是讓過去的大學價值與定位受到全新的檢視。什麼是好大學、什麼是我們最需要的大學？簡單的回答是，能夠在創新

價值鏈的活動過程中，對這個創新價值鏈能夠投入足夠養分的大學，才可稱作是好大學。

從宏觀角度來看，這樣的視野非常地短淺。因為，其背後隱含的假設是，知識的傳承與創造只是關心知識經過一系列的轉換之後，最後會不會成為一個商品？或者成為一個產業？高科技公司會不會因前端知識而開始出現？此一假設欠缺人文關懷、完全忽略了大學其實是人類文明傳承的重要場域。然而，全世界的經濟已成為國際競爭的場域，尤其在開發中國家，無不希望能在所謂的高科技或是知識密集的產業中取得領導的地位，這個發展就成為必然。因此，當知識經濟的影響範疇不斷擴大的同時，不僅改變了產業的結構、改變了商品化的過程，更重要的是，也開始重新定義大學的責任。換句話說，在現代大學中，知識的創造比知識或文明的傳承來得更加重要，全人教育的理念逐漸演化。

在這種氣氛下，頂尖大學計畫是一個沒有辦法逃避的事實。如果臺灣不希望在國際競爭中落後，我們勢必要加入這樣的遊戲，要求重點大學勇敢地去創造知識，追求世界第一，然後將知識轉換成可以商品化的產業，成為一所大學必然要走的道路。在此影響下，我們很清楚地看到臺灣高等教育的發展，在近十年來，研究產出成為頂尖大學主要的目的、論文發表成為最重要的工作，而發表後能否轉換成為智慧財產權更是另一個重要的任務。也因此發展趨勢，政大其實面臨了空前的危機，作為一個以人文社會科學見長的大學，我們如何能讓知識轉換成商品？又如何能將知識變成產業？如果用同樣的標準加以檢視，政大必然會消失在臺灣的頂尖大學名單中。這是頂尖大學政策推動最初兩年，政大所面臨到的最大危機。

無論對政大或對臺灣而言，這其實是高等教育繼續發展過程中最嚴肅的一個挑戰。在這樣的大趨勢下，一方面必須盡一切可能，讓政大仍然能夠被認可名列頂尖大學中；而另一方面，我們其實也不斷地反問，在所有頂尖大學的發展過程中，政大有沒有可能創造出更有典範意義的教育活動，追求「高教的唯一，而不是第一」的價值？換言之，也許政

大在論文發表上無法領先，也許在所謂的產學合作上落後許多，但政大有沒有可能在其他地方，展現屬於政大獨特的一面。這個獨特面是在教學、學術服務、或是人才培養上，有一個完全不同於別人的作法，為臺灣的高教創造另一種典範；而這是政大書院教育理念誕生前非常重要的大環境背景。

貳、政大書院的概念形成

在前述背景下，行政團隊開始認真的思考政大頂尖大學計畫的內涵，我們希望透過這個計畫，不僅能讓政大幾個重要的研究團隊能夠在國際學術社群得到肯定，同時也希望透過教育形式的改變來培育國際一流的領導人才，師法西方一流大學結合博雅教育與住宿學習的「書院教育」成為其中重要的思考主軸。在持續討論的過程中，政大書院概念的具體成形其實來自於三個部分。第一個是我和很多老師個人的成長經驗；第二是政大校園的特色；第三則是政大校史。

我個人畢業於交通大學，在交大主修電信工程，碩士、博士班在政大攻讀企業管理。原本最初計畫進入企業當總經理，沒想到畢業後留在校園當老師一直到現在。事後我不斷回想，大學生活給我留下最多的是什麼，顯然不是電信的知識。當時臺灣所有大學都差不多，學校很小、人也很少。老師和學生們經常住在一起、吃飯在一起，擁有共同的生活經驗，彼此之間互動緊密。我大學時曾參加辯論社，辯論社最重要的工作就是準備辯論，無論是正方、反方都必須做好充足的準備。那時我們的教練非常年輕，就是後來擔任聯華電子總裁的曹興誠先生，他敏銳的思維令人折服。當年他二十八歲，還沒創業、也還沒開始發跡，純粹義務來擔任辯論社教練。社團練習中教練會不斷地挑戰我們，你講的任何一句話他都可以駁倒。兩年的辯論社經驗讓我有非常大的收穫，因為所有辯論主題都不是電信工程、電信科學，而是圍繞在所有社會關心的熱門議題。這個學習經驗讓我深深地覺得，在大學裡，師生間的思辨、對

話與交流其實是最值得珍惜的。陳之藩先生是交大的校友，我在念大學的時候，閱讀過陳之藩的每一篇文章，他的文章中提到在劍橋的大學生活，也有過類似的情景描述。這樣的大學生活也因此成為個人心中的夢想，想像這樣的日子會不會有機會在大學裡重現。

　　我的第二個經驗是在政大科管所服務的階段。民國 83 年我負責創辦政大科管所。科管所當時是一個新成立的所，我有幸歷經過完整的「從無到有」的創所過程。這個所很小，第一年只招收十五個研究生，後來也不過二十來個學生。也因為它很小又很新、加上又沒有任何資源，所以所內的老師跟同學們非常親密，大家為了生存而攜手打拼。在科管所服務的五年期間，創造出一些非常獨有的特色。除了強調「學習、合作、創新」的理念外，我們認為在大學的學習中，課堂書本的學習只是其中的一部分（就是所謂的「書中學」），而「玩中學、做中學、遊中學」可能是學習過程中更有價值的形式。我在科管所五年，和所裡所有老師、同學共同去嘗試，什麼叫做玩中學、遊中學、做中學，這些經驗後來都成為個人繼續推動教育創新的重要基礎。

　　除了個人的一些經驗引發後來對書院議題的形塑外，其實更重要的還是回應政大如何具有獨特性這個議題。在這個面向上，有兩個議題政大人一定得勇敢地面對：一是政大校園有沒有特色？二是我們的校史有沒有值得我們發揚光大的？政大校園最大的獨特性就是擁有山下與山上校區，依山傍水，景色宜人。兩個校區間的距離不是太遠，但是因為那短短距離的小山坡，使得這兩個空間感覺上成為兩個獨立的空間。以前大家覺得到山上非常不方便，所以將所有的活動移往山下。從學校發展的觀點來看，向山下移動只是讓校園變得越來越擁擠；有沒有可能是，不要讓大家往山下移動，而是讓山上變得更有特色、讓大家願意留在山上？這是本校在長期發展的過程中，需要積極努力的事情。過去山上的自強五、六、七、八舍，由於從山下到山上要走一大段的坡道，感覺既遙遠又不安全，只安排男同學住在山上。也因此，山上宿舍被同學戲稱為「布達拉宮」。由於只有男生住在山上，大家也不會在山上久留，因

此山上變得越來越荒涼，校園變得越來越小，這是一個必須去努力改變的事情。

因此，我們的逆向思考是努力「讓山上亮起來」。希望山上校區相對獨立的空間可以發展成一個有特色的生活環境跟教學空間；而這個教學空間本身就能夠結合學生的住宿、生活學習和社會化的技能等功能。我們希望將過去大家覺得政大最大的劣勢——有點距離的山上宿舍區——轉而變成政大最大的特色：「一個環境優美又充滿人文氛圍的山居學習環境」。當時的總務長陳木金老師是主要的規劃者，將山上的環境努力營造成人人喜愛的地方。

第三個部分則是校史。政大有一個非常獨特、完全不同於其他學校的發展歷史，這段歷史在過去也許被認為是包袱。在我剛剛接任校長的時候，校園內就為了要不要拆除學校裡百年樓前的「精神堡壘」，而產生不同的對立意見。在擔任校長前，我雖然已在政大任教超過二十年，但對政大歷史卻相當陌生；過去，我以為商學院就是政大的全部，在接任校長之後，我開始有機會很認真地去瞭解政大的發展歷史。在這段歷史中，我們發現政大擁有其他學校完全沒有的特色，而這些歷史背景是值得我們驕傲的。政大自民國 16 年創辦以來，前身是中央黨校，後來改成中央政治學校。在創辦之初，便以培養社會的中堅領導人作為主要的任務，同時充滿開創新時代的使命感。柏克萊大學葉文心教授曾說過一段校史軼事：當時政大從中央黨校改成中央政治學校，再從中央政治學校準備改成大學的時候，曾有過討論是否與中央大學合併，後來決定不合併。中央大學是一所歷史悠久的學校，當時就讀中央大學大多是望族的後代；而選擇進政大的都是家境清寒、成績優良，準備要革命的，因此這群想革命的學生不想與望族的後代合併，最後中央政治學校就直接改名為政治大學，成為一所完全獨立的學校。

這段故事或許只是一個傳說，但仍讓我十分感動。政大一直都在荒亂的時代中，勇敢地走出一條自己的道路。很多人可能不知道，百年樓前的「精神堡壘」，是為了紀念從大陸撤退到臺灣時，隨著政府遷移到

川西直接走入戰場且在戰場上犧牲性命的四、五十位第十六期、第十七期、第十八期的同學們。或許有人從政黨的立場嘲笑他們的偏執，但是他們以身相許的熱血精神卻是一種時代的青年熱情，這是十分值得政大人珍惜的。因此，從民國 60 年開始，學生會便訂定「政大節」以紀念川西戰役的學長們。也因為有這群校友的犧牲感動了決策當局，使得政大成為所有在大陸成立的學校裡面，第一個在臺灣復校的大學。這段歷史顯示政大人總是能夠在國家動亂中，展現疾風勁草、以身許國的精神。而這，正是值得我們引以為傲的。

　　民國 43 年，政大在臺灣指南山下復校，一直到今年整整六十年。學校今（103）年慶祝「指南山下一甲子」。在這六十年裡面，政大持續地扮演一個知識基地，以作為領導人培育的搖籃，也為國家社會培養出多位傑出校友，包括：蕭萬長副總統、考試院關中院長及監察院王建煊院長等等。99 年，馬英九總統蒞臨學校，代表邱宏達老師贈書政大。馬總統在贈書時的一段話，我認為可以作為政大在這個階段的註解。馬總統回憶起丘宏達老師經常勉勵學生們的一番話：「現在的報國不再是走上戰場、犧牲生命；現在的報國是靠你的專業知識。」丘宏達老師是國際法專家，他認為國家主權的保障不再只靠武力，更要靠國際法的專業知識。這段話可以很鮮明地解釋這六十年來政大人所扮演的角色；我們的校友可能沒有再走向戰場，可是在每一個專業知識的培養過程中，奠定了新的領導人培育基礎，這群領導人在不同的領域為國家努力、奮鬥、發光發熱。在這樣的歷史傳承之下，我們希望持續地培養社會領導人，這是政大的重要任務。

　　未來的政大人，需要能夠達到國際頂尖，才能承擔歷史的任務，除了專業知識之外，視野、關懷、團隊、思辨與創新的能力都很重要。因此，書院就成為我們設想的一個載具，希望通過書院能夠在自然的環境中培養學生具備這些能力。

參、以書院為核心的博雅教育及主題書院的設立

　　更進一步說，作為一位現代領導人通常需要同時具備兩項能力：一是專業知識需要達到國際一流，換句話說，專業學習要能得到全世界的肯認；另外一項是寬廣深厚的博雅精神。頂尖人才的培養應該才是頂大計畫最重要的任務，政大如果作為一個以人文社會科學為主的國立大學，也列名在頂大裡面，我們就應該有責任把這件事情做得更清楚、做得更特別。在這樣的思維下，同仁們開始去探索博雅以及書院教育的精神。簡單地說，書院教育就是一種博雅的教育，其目的在於培養自由人。

　　這個自由人指的是在思想上以及行動上的自由。思想上的自由是指，讓每一個同學能夠領悟和想像人生的諸多可能性；行動上的自由則是指，我們要有實現這些可能性的能力和條件。結合這兩者，才叫做真正的自由。換句話說，如果只會想不會做，就不是真正的自由。因此，書院教育希望能夠把全人教育當作核心的理念，而思想的全人和生活的全人就成為其中最重要的兩個面向。在這個過程裡面，我們希望積極回應前面提及的問題：實體校園的價值在哪裡？實體校園的價值在於，校園本身就是一個結合地域特性、無所不在的學習場域，如果我們能夠將校園當作是學習場域，它就絕對不可能被科技取代、不可能被國外大學所取代，因為這個場域是沒有辦法複製的，至少說是不容易複製的。

　　因此，住宿學習、新生定位、生活輔導體系、學習環境與氛圍的形塑，便成為政大書院教育工作的重點。在頂大計畫第二期，正式把政大書院當作是頂尖大學計畫的一部分，「以書院為核心的博雅教育計畫」也就成為這階段工作的首要任務。我們期待書院成為一個學習的場域，不僅可以透過住宿，也可以透過生活、社群營造、通識課程來培養博雅創新的政大全人。整個書院教育的構想在 95 年剛接任校長工作時便已提出，當時的教務長蔡連康教授、學務長陳彰儀教授、總務長陳木金教授、研發長王振寰教授、教學中心主任林從一教授都是其中的核心成

員。

　　整個計畫名稱也曾經有過幾番討論：最早提出仿北大前身稱為「政大學堂」；後來則是仿照哈佛大學，稱為「政大學院」；不過為避免與目前的九大學院混淆，參酌中國書院的傳統，最後定名為「政大書院」。在96年9月14日第145次校務會議的時候，書院規劃團隊也向所有校務會議代表進行完整報告。政大書院在97年9月22日正式掛牌成立。

　　政大書院在推動過程中，主要致力於四項工作。第一是將學習與生活環境作有機連結，讓學習在生活的每一個面向，無論是用餐、休閒、睡覺，都能自然地進行；第二是環境營造，透過整體宿舍環境的改造、打造空間特色，將生活與學習機能無縫接軌，發揮環境教育的功能；第三則是希望能建立一個更完整的新生輔導系統，讓大一生活和新生輔導可以緊密結合；第四是讓通識教育與專業教育可以更有效地融會貫通。其中在硬體環境營造的部分，學校投入相當多努力，這部分主要由陳木金總務長負責規劃與執行，在幾年內陸續完成。此外，在書院的組織形式上，我們也開始探索其內涵與運作的方式。書院教育的理想是全人教育，主要包含三個面向，一是培養思想的全人，二是培養生活的全人，最後則是希望能夠實現政大人的核心價值。其中，思想全人的部分，也就是後來核心通識的改造工作。生活全人的部分，則是希望透過大一新生的住宿活動，讓新生輔導與大學學習之間有更好的連結，這部分主要是由新生書院來推動。

　　最後則是主題書院。從前述的架構來看，主題書院成立的目的，是希望能夠實現政大人的核心價值。然而，政大人的核心價值是什麼？其本身或許就是一個需要探討與摸索的過程，不應由上而下來決定。因此，在書院教育計畫裡，一開始設立了三個主題書院，這三個書院經歷三至五年的努力，也都各自擁有不同的面貌。這樣的差異，也正彰顯了政大人的核心價值：亦即透過探索、理解、詮釋與實踐，而出現形式不盡相同、但相互包容的信念。基本上，我們期待主題書院可以凝聚一群志同道合的師生，一同形塑與傳承一個主題的精神，成為新的共同學

習成長的經驗。主題書院所有的課程都是以行動學習為導向的住宿教育，希望創造出不同於以往的教學形式與典範，並以學生自我承諾作為院生遵循的自我要求，更期待各主題書院與其院生能逐漸打破系所的藩籬，透過書院教育來展現政大人的特質。據此，這個特質應該會有很多面向，而每一個主題書院都可以去嘗試、探索與實踐。在方向上，主題書院是一個開放性的架構，希望透過邀請校內資深老師負責一個主題書院，鼓勵老師用其教育理念、教育方法來實踐另外一個主題書院的運作，如果能夠持續不斷地進行，那麼主題書院本身也就出現一種永續的生命，讓書院不斷地有人進來經營、不斷地有人去思考、不斷地有人去做，而不是在一段時間之後就轉給一個行政系統，透過行政的力量來維繫與執行。如此，政大人的核心價值才有機會不斷地被檢驗、不斷地深化，在這個規劃的架構下，目前有博雅書院、國際發展書院，以及 X書院等三個主題書院，五年下來，各自有其自身的發展特色，也累積了許多的經驗，值得珍惜。當然，外界對政大書院的整個探索計畫和教育實驗也都給予高度肯定。

肆、政大書院教育的未來與展望

政大的書院教育未來要怎麼走？在有關書院教育的討論裡，這將會是一個重點。其中主要有四個議題值得不斷地思索與關注。第一、我們是否能夠讓所有的大一新生接觸到書院的生活？當然，這需要讓同學們自己喜歡或者願意加入，也必須有足夠的宿舍；第二、書院通識重視實作與對話交流，與其他通識課程有一點差異，我們是否可能鼓勵更多校內老師願意嘗試開設書院通識課程？第三、如果期待書院教育成為長期且可持續推動，其組織是否有機會得以法制化？這裡法制化指的是推動書院的平臺是否可以穩健持續地運作。前面已經說明，各主題書院的設置可以有彈性，不一定要考量永續經營的問題。但是，整個書院所推動的平臺必須穩定下來，讓住宿學習與住宿輔導能夠持續進行，新的主題

書院才有機會出現；第四、各學院系的專業學習，如何與以生活教育為主的書院，形成一個互補的雙軌教育。這四個議題一直都是我們在整個發展過程中不斷浮現的問題，也需要更多的討論與意見交換。總之，政大書院是以培養博雅創新的政大人為目標，也許目前離這個目標還有一些距離，也尚有許多努力的空間，但只要堅持目標，並在更多師生的支持下，相信可以更快實現書院教育的理想。

最後，我願意用陳之藩先生所說過的一句話作為總結，它的意思是，許多許多的歷史才能夠培養一點點的傳統，許多許多的傳統才能夠培養出一點點的文化。政治大學的書院教育還不能稱為是政大的傳統與文化，目前的努力能夠做到的只是開創出一條具有特色的「指南山下的大學之道」，期待透過「許多許多的嘗試，來累積一點點的故事」，而用「許多許多的故事，來形塑一點點的歷史」。換句話說，目前我們處在創世紀，如果持續不斷地加以努力，這些嘗試與故事或許有朝一日會形成政大的歷史與文化，更有可能為臺灣的高教開創出一個新的典範。

環境營造與政大書院教育的推動

陳木金

國立政治大學教育學院教授

溫子欣

國立政治大學教育學博士

邱馨儀

國立政治大學教育學博士

政大書院是一個培養博雅創新政大人的基地，政大書院環境營造的構想是一曲在鋼琴上譜寫的奏鳴曲，想要透過「Learning Together is Living Together」的精神，培育未來的社會領導人。

摘要

　　本文內容主要在敘說政大書院教育的環境營造故事，在這個故事裡，我們一直秉持著「校園建築與環境營造都該具有教育價值」的觀點來努力，特別是在政大書院環境營造的構想，是一曲在鋼琴上譜寫的政大主題奏鳴曲，從呈示部、展開部、再現部，每一部的主題都想要透過「Learning Together is Living Together」的書院精神，培養博雅創新政大人，培育未來的社會領導人。因此，本文是以鋼琴奏鳴曲的曲式分析（呈示部、展開部、再現部）的三個層面來敘說政大書院環境營造的故事，說明政大書院教育的推動是融合博雅與創新的大學精神之思考與脈絡。

　　首先，我們以「創造力」的寶庫與觸發為核心理念來構想政大書院教育的環境營造，就政治大學的校地特性，依「親人」、「親學」、「親

山」、「親水」、「親築」之校園環境營造，探討如何讓「政大書院」成為具有這樣「得天獨厚」的「跨界」環境，以創造力的精神培養「博雅與創新」兼具的政大人，分析說明政大書院環境營造故事的呈示部：想得到之發展機會。

其次，我們以「第三空間」的環境建築規劃原則來實施政大書院教育的環境營造，連結政大的山上與山下校區、連結政大的山與水，正是增加政大山上校區「可及性」與「親和性」的關鍵所在，以第三空間的精神，落實於政大書院的實體建設與環境營造之中，提供政大書院環境營造的指引，分析說明政大書院環境營造故事的展開部：做得到之實踐方案。

第三，我們以「大學城」的共享意識與共享文化來再現政大書院教育的環境營造，透過環境營造，讓生活與學習機能無縫接軌的理念，一直不斷在政大書院的實體建設與環境營造之中體現，秉持「親愛精誠」政大校訓的啟示，傳承政治大學的優良傳統，發揚追求宇宙真善美之大學精神，以大學城的精神，培養具備「人文關懷、專業創新、國際視野」之未來社會導人，分析說明政大書院環境營造故事的再現部：看得到之經營成果。

最後，歸納本文分析推動政大書院環境營造的故事，發現政大書院已經成為是一個培養博雅創新政大人的重要基地，政大書院環境營造的故事，已經成為是一曲在鋼琴上譜寫的政大主題奏鳴曲，透過「Learning Together is Living Together」的精神，以「政大書院教育」為核心，畫出通識教育、語文教育、品格素養、社會關懷、生涯輔導、住宿學習、創意發想、藝文陶冶的同心圓，培養博雅創新的政大人，培育未來的社會領導人，值得作為我國大學推動書院教育的參考。

關鍵字：政大書院、環境營造、鋼琴奏鳴曲

壹、前言

校園環境建設規劃，關係著學校的教育發展，是學校最重要的基礎力之一，也肩負化育莘莘學子在此求真、求善、求美的成功學習任務。首先，翻開中西教育的文獻，書院建置並非現代教育的新創造，例如，我國自春秋戰國時代的孔、孟、荀、墨講學，兩宋以來的程頤、程顥、朱熹、王陽明的山長制度，教師所在即為教室，師生所在即為學校，是時師生著述立論、力學力行、學用合一、長於創造、救國淑世。而在西方世界，希臘三哲——蘇格拉底、柏拉圖、亞里斯多德皆為博雅與創新的全才學者，具備多重專業身分，在歷史繪畫中，希臘三哲或坐或臥，群學圍繞在「學苑（Academy）」的講學論辯形象，可說是「博雅與創新」的最佳代表，正是書院教育所追求的極致風光。因此，書院教育並非複製傳統科舉制度背誦式的「苦讀」，而是營造一個充滿創意激發與主動學習的環境，並且藉由師生共居共學的影響，兼重知識與人格的陶冶。

其次，黃世孟（1996）指出：學校建築應該視為學校中最大型的「教具」，校園環境營造，都該具有教育價值，以負起薰陶沐化的教育作用，反映教育的理念，使學生在此環境中感染春風化雨的氣息，深受潛移默化的力量，變化氣質，勤奮向學，實現自我。因此，書院環境營造在建設上不只是要求外觀新穎，跟上時代腳步求新求變，更要發揮書院環境建置對學生的影響力。例如，美國學校建築研究學者 Benninga（2003）等人指出：讓校園處處可以因為良好的建築設計，帶給學生更多的教育意義及創意激發，教育本身即是在校園各個角落發生的學習，發揮校園環境營造的最大教育功用。

第三，回顧筆者近年來參與政大書院環境營造故事，2006 年的暑假到 2008 年暑假協助政大總務工作，多次踏查探訪與觀察記錄校園及建築每個角落，發現政大校園置身在一山二水五橋的環境之中，生態自然、山林蒼翠、水岸景觀怡人，依山傍水的建築校舍，有景美溪、醉夢

溪二條河流宛延流過，有萬壽、道南、恆光、渡賢及濟賢五座橋梁連結校區，有學習、生活及社區居民緊緊相繫銜接，當時在環境營造以「政大校園十景賞」把親近「人、學、山、水、築」的複雜元素，融入於活化校園建築連接學習與生活（陳木金，2006）。2007 年努力於檢視政治大學校地特性，80％為山坡地，在校地使用率以及學校建物人均使用面積上，似乎因此地理條件受到拖累，但也發現增加政大山上校區「可及性」與「親和性」的關鍵所在。思考如何改善「連結政大的山上與山下校區」與「連結政大的山與水的教育環境」的問題與工作推動，一直在內心縈繞。因此，打造擁抱自然與健康的校園空間的「楓香步道」，連結山上教學區與山下教學區，連結藝術（藝文中心）與人文（教學區），連結學習（教學區）與生活（宿舍區、市街），發展政大的自然環境與人文校園的漸層帶，成為當時的構想（陳木金、溫子欣，2008）。2008 年研究美國普林斯頓大學、哈佛大學，發現兩所大學的住宿學習都以「Learning Together is Living Together」的書院精神為核心，推動大學校園環境建設與教育推動，連接著普林斯頓大學、哈佛大學的書院教育的精神，接續分析政大發展成為「大學城」的機會和特色，筆者當時從環境生態規劃、交通發展規劃、校園建築分析，構想打造健康品味政大大學城的發展規劃，期望政大在面對瞬息萬變的國際環境，在未來發展上能以「大學城」的大格局規劃發展（陳木金、邱馨儀、溫子欣、高慧容，2009）。

第四，2009 年暑假到 2011 年暑假協助政大教學發展工作推動，努力分析世界大學發展的歷史，發現世界一流大學的知識傳承使命及其背後的文化社會責任，大學除了作為「知識創新」的場域與「經濟發展」的引擎之外，更扮演著推動社會改變的積極角色，而促進社會改變需要有公民意識、參與能力、主動投入、發揮影響的「社會公民」（陳木金，2009）。在這一時期，筆者特別感受到環境營造與政大書院教育結合的重要性，曾經仔細思考如何在逐步漸進的發展過程中，透過政大書院教育來活化政大的教學與學習環境，落實「人文關懷、專業創新、

國際視野」之辦學理念，以通識教育革新、住宿學習及綜合行政業務改革為方法，整合校內既有的教學與輔導工作，思考如何以「政大書院教育」為核心，畫出通識教育、語文教育、品格素養、社會關懷、生涯輔導、住宿學習、創意發想、藝文陶冶的同心圓，培養博雅與創新兼具的政大人，培育未來的社會領導人。

　　綜合而言，本文僅是一篇說明筆者參與政大書院環境營造與教育推動的故事，在這個故事裡，我們一直秉持著「校園建築與環境營造都該具有教育價值」的觀點來努力，特別是在政大書院環境營造的構想，是一曲在鋼琴上譜寫的政大主題奏鳴曲，從呈示部、展開部、再現部，每一部的主題都想要透過「Learning Together is Living Together」的書院精神，培養博雅創新政大人，培育未來的社會領導人。因此，本文是以鋼琴奏鳴曲的曲式分析（呈示部、展開部、再現部）的三個層面來敘說政大書院環境營造的故事，說明政大書院教育的推動是融合博雅與創新的大學精神之思考與脈絡。以下本文歸納為三個層面來加以敘說：1. 政大書院環境營造的呈示部：想得到之發展機會；2. 政大書院環境營造的展開部：做得到之實踐方案；3. 政大書院環境營造的再現部：看得到之經營成果，進行分析，找出政大書院環境營造的教育價值，作為我國大學推動書院教育的參考。

貳、政大書院環境營造的呈示部：想得到之發展機會

　　首先，回顧政大書院環境營造的構想之發展機會，當時的核心理念在於：「政大書院，不是一棟建築，而是一個環境整體與涵融於環境裡的文化，它是以人為中心的學習環境，也是以自然為中心的居處環境，目的在培養博雅與創新的政大人。」這其中有兩個核心概念，一為「博雅」，去偏蔽之弊，一為「創新」，成濟世之效，而博雅，為創新的本源，亦為創新的規範。誠如，當代創造力巨擘 Mihaly（2006）談到「創造力」的定義時指出：我們必須確信創造本身為好的創造，創新本

身為好的創新，用更聰明的、或是「自然湧現」的態度與方法檢視每個「創新」，才能真正造福環境也造福人類。如何在現有的環境之中創造出新的作品，必須謹慎周詳的評估與考量學校校園建築的組織文化塑造功能，以創建一個優良有文化的校園，充分發揮學校環境應有的教育功能，以創建最佳的學校文化與教育情境，讓校園規劃、校舍建築、環境營造產生教育的功能。

其次，仔細分析政治大學校地總面積超過 100 公頃，其中 80％為山坡地。政治大學主校區（山下校區與山上校區）位於臺北市文山區，其面積占校地總面積 93％，而山上校區又占校地總面積 76％。山上校區因受斷層帶與坡度過陡的影響，在建築興建上受到限制，也讓山上校舍建築區與山下校舍建築區無法緊密相連，需經由環山道步行或搭乘交通工具始能抵達（政治大學，2007）。因此，在政大書院環境營造的構想，必須確實的考量幾個重要議題：1. 增加山上校區使用率，動線的改善與安全性的提升；2. 強化山上校區通道的連結性；3. 政大校園第三空間的構築；4. 邁向大學城：社區親和的設計；5. 符合綜合利用，單一投資、多種用途的原則。

第三，以政治大學的地理位置作分析，政大並非位於大都會中心，而位於大都會邊緣；以政治大學的交通條件作分析，政大與火車站與捷運站都保有相當的距離；以政大校地的地理條件作分析，如前所述，政大校地 80％為山坡地，這些都似乎對政治大學與政大書院的發展產生限制，但是若能結合政大書院的成立宗旨，在於培養「博雅與創新」的政大人，融合 Mihaly（2006）、Singer（2010）對於創造力的描述與分析：創造力的大能量往往來自於「跨界」而非「專業」，專業技術在解決問題上有其重要性與必要性，但是解決艱難問題的「創意思考」往往來自於一種跨界思維，政大書院的計畫是一種以「博雅與知識」為基礎的創意組合的跨界融合。例如，陳木金、邱馨儀、溫子欣、高慧容（2009）指出：漫步在哈佛大學校園，讓我們呼吸著濃濃的學術氛圍與書香氣息，各種膚色的留學生一群又一群，充滿朝氣活力，在哈佛大

學的教學設施與校園建築，為學子們創造了良好學習條件，培養了一代又一代的學者和偉人，能夠漫步在哈佛大學感受濃郁的文化氛圍應該是人生最幸運的事情之一，看到哈佛大學的多元，深刻體會哈佛已不僅僅是美國人的哈佛，而是為世界各國培養菁英的國際一流大學。透過政大書院環境營造的構想，我們研究與學習哈佛大學的辦學精神，把「創造力」培育的跨界創意思考作為重要參考之一。

綜合前面的敘說，本文引用 Mihaly（2006）的「創造力」理論，說明當時期望創造跨界的機會在政大校園，因為具有創造力的人往往具有創造性人格，這些創造性人格在一般人眼中看來往往是矛盾的，例如具備創造力的人往往「好動又好靜」、「任性卻又謹守紀律」，同樣的，居處於相對的環境，往往可以刺激思考，成為創造力的寶庫與觸發。就政治大學的校地特性，依「親人」、「親學」、「親山」、「親水」、「親築」之校園環境規劃理念來看，政大書院正具有這樣「得天獨厚」的「跨界」環境，以培養政大人的「創新之力」。以下分別從：1. 都會與山林：打造親人的校園；2. 繁華與恬靜：打造親學的校園；3. 平地與山區：打造親山的校園；4. 山與水：打造親水的校園；5. 人與自然：打造親築的校園，加以說明政大書院環境營造的呈示部：想得到之發展機會。

一、都會與山林：打造親人的校園

政大書院居處於都會與山林的交界，出世入世同樣方便，既可走入人群，累了也可遁入山林澄清思維。根據「親人」的理念，打造良好人與人互動的校園建築，以學校師生活動為主，並了解校地附近居民與人口的人文因素，將校園裡的校舍、庭園、運動場地及附屬設施等組成要素，整體合宜適當的安排與配置，以創建最佳的人與人互動的教育情境，讓校園成為具有生活機能社區與充滿親學的元素，打造親人的校園（陳木金，2006）。

二、繁華與恬靜：打造親學的校園

人口稠密的平地區與安適悠閒的山區，繁華喧囂的都會區與寧靜自然的林野，政大書院處於其間的交會，給予師生恬靜遠觀、笑看紅塵的環境與機會。政大書院區內即有國際大樓與華語文教學中心，外籍學生眾多，充滿互動交流機會，可培養國際觀與刺激創意思考。根據「親學」的理念，打造良好學習與教學的環境，完善的配置計畫，規劃學校整體的親學環境，如視覺環境、聽覺環境、通風、溫度、空間、配置，為了達到舒適安全的理想，並增進教學效果，必須對各種方位、定點及潛勢之優劣點深入了解，讓校園充滿親學的元素，打造親學的校園（陳木金，2006）。

三、平地與山區：打造親山的校園

政治大學包含平地校區與山上校區，各具鮮明特色，政大學生可以體驗外校學生所無法經歷的山居歲月，同時平地學習生活也是信步即達。根據「親山」的理念，建造林間景緻親山道，做好山林保育的工作，根據校園的地形、地勢、方位、氣候、給水、排水等自然環境與社會環境的客觀條件，遵循整體、實用、安全、經濟、美觀、衛生、發展與評鑑等規劃原則，讓校園的親山元素發揮優勢，打造親山的校園（陳木金，2006）。

四、山與水：打造親水的校園

文山區背倚二格山系，景美溪宛延其中，山水資源相當豐富。政大背倚指南山，又有醉夢溪與景美溪流貫，百年樓後有醉夢湖，有山、有水、有湖，仁者樂山，智者樂水，政大書院的師生們則可山水皆得。根據「親水」的理念，打造水岸景觀的親水區，做好水岸維護的工作，根據影響校園規劃的水文因素，如風雨降水、水流方向、水流速度、枯水

期、洪水期，包括季節性、時間性、長期性、短期性等的水文資料，力求校園安全舒適原則，讓校園的親水優點顯現，打造親山的校園（陳木金，2006）。

五、人與自然：打造親築的校園

政大後山動植物與昆蟲種類眾多，環境天然，提供師生與自然萬物共處之機會，甚可以從觀察萬物，汲取問題解決與創新之靈感。根據「親築」的理念，以學校發展特色的核心主軸，選擇最佳的校舍組織型式，配置合理的組織關係，透過一定的主體、賓體、背景、平衡、比例、韻律、性格、對比、權衡及和諧原理，將校舍建築與附屬設施，作最佳組合，以建造理想舒適富美感的校園，銘記校園建築的生命故事，讓校園建築充滿親築的元素，打造親築的校園（陳木金，2006）。

參、政大書院環境營造的展開部：做得到之實踐方案

首先，回顧政大書院環境營造的構想之實踐方案，校園規劃要考慮學校的持續發展，要始終如一地保護校園生態環境。在校園規劃中應儘量不要破壞原來的地形特徵，以保護原有的生態；建造各種生態建築，強調規劃設計與生態環境相結合，以減少校園建設對自然環境的不良影響。誠如，顧衛新、張益池（2005）指出大學校園的規劃必須考慮自身的持續發展，必須注意三個重點的思考：1.校園規劃必須體現大學校園所在地域的文化積澱和人文環境；2.校園規劃必須注重地方資源的開發與整合；3.校園規劃必須與生態環境相結合。

其次，政治大學在優質生態校園的營造上，可說是具有天然的本錢以及「主場優勢」。因為過往將山地視為學校發展的限制，而今在時代潮流的變遷之下，居臺北市南區、木柵動物園、貓空、碧潭之間的政治大學，儼然成為臺北市的後花園，而山上校區的山與水，正是屬於政

大自己的後花園，而且是泛政大自然休憩園區的核心起點。例如，在
2007 年版本的〈打造人文科技的國際大學城——國立政治大學大學城
建設發展與整體規劃書〉指出：未來的政大，將發展出親山景觀遊憩系
統、親水景觀遊憩系統、以及都市開放空間遊憩系統，這就是獨特地理
條件所形塑出的獨特優勢。因此，山上校區並非政治大學的負擔，山地
校園原生自然環境以及山上校區的問題與限制所在，不在於無法「大興
土木」，而在於對人的「可及性」與「親和性」的關鍵因素，應該可以
持續提升與改善。

　　第三，政治大學置身在一山二水五橋的優美環境之中，生態自然、
山林蒼翠、水岸景觀怡人，依山傍水的建築校舍，有景美溪、醉夢溪二
條河流宛延流過，有萬壽、道南、恆光、渡賢及濟賢五座橋梁連結校
區，有學習、生活及社區居民緊緊相繫銜接，校園環境規劃與校園建築
維護的基調，連結政大的山上與山下校區、連結政大的山與水，正是增
加政大山上校區「可及性」與「親和性」的關鍵所在，成為構築政大書
院環境營造與教育推動之底蘊。

　　綜合前面的敘說，本文引用向代勤、丁豔梅（2006）的「第三空
間」理論，他們指出：人所居住的住家環境，是人類的第一空間；人所
工作的地點，是他的第二空間；而介於工作與居家之間的空間，則稱為
第三空間，如山坡、草地、湖泊、海洋、水岸、名勝、餐館——當人們
需要休整、放鬆、思考、娛樂、交際時，第三空間於是誕生。回顧政大
書院環境營造的構想之實踐方案，「第三空間」的環境營造規劃原則始
終落實於政大書院的實體建設與環境營造之中，以下將那段時間的幾個
與政大書院環境營造息息相關歷程故事擇要說明，提供記錄與瞭解政大
書院環境營造之蓽路藍縷的發展軌跡：1. 政大水岸風華再現：連結大學
城的學習生活與健康品味；2. 楓香步道大自然的教室：創造師生戶外談
天說地的討論與展演空間；3. 讓藝文中心亮起來：打造博雅書房與創意
學習基地；4. 建置山居學習中心：共織一段指南山上的學習歲月，加以
說明政大書院環境建置的展開部：做得到之實踐方案。

一、政大水岸風華再現：連結大學城的學習生活與健康品味

政大校園幅員遼闊，恆光橋以東，景美溪南岸本屬政大校地，原具備水岸河景遊憩休閒之潛力，但因校地廣闊難以兼顧，多年來，河岸邊坡已有三十餘戶周邊住戶於學校用地內耕種蔬菜，總務團隊誠懇用心說明勸離耕種民眾，完成水岸步道的整理。為了政大書院的環境營造，同時也為增加所有師生與社區居民的活動空間，當時決定將景美溪南岸校地納入環境營造規劃的構想，建置行人步道與自行車道，同時強化邊坡維護。為使政大師生能夠享受河畔生活，也使社區居民可以經由水岸步道直達藝文中心與政大山上校區從事健身與藝術欣賞等活動，並且規劃上行木棧道連結楓香步道、水岸電梯連結藝文中心，並與水利署研議，於醉夢溪銜接景美溪出口處架設行人與自行車專用便橋，並於醉夢溪架設親水石梯道，連結大學城的學習生活與健康品味。

政大水岸的環境營造期間，經過與占用校地居民反覆與平和的溝通，向其強調政大校地規劃願景與環境營造的理想，這些居民也逐漸接受與支持校方的環境營造政策，使後來的環境營造進行順利。環境營造過程中，在清理邊坡與強化邊坡工程時，還於邊坡樹林中發現十數座工寮予以拆除。水岸邊坡的強化，採取高透水的自然工法，兼顧環保、美觀與安全。隨後，行人與自行車專用道也構築完成，隨著行人與自行車專用便橋完成架設，自行車專用道也銜接完成，師生、社區居民與遊客可由動物園循自行車專用道，一路可以從動物園騎自行車至政大校園。另外，水岸電梯的完工，讓師生與社區居民可以由水岸景觀直接連接經由藝文中心，向上銜接登山道或楓香步道，可直接抵達山上學習區、宿舍區、或本校制高點——樟山寺登山口。從此，政大師生往返山上山下校區，可以選擇登山（楓香步道），也可以選擇伴水（水岸步道），此間風情與幸福，獨步於國內各大學。

政大水岸的環境營造之設計，原計畫仿照英國劍橋大學的校園規劃，將醉夢溪進一步整建為「臺灣的康河」，可以泛舟，可供遊憩，更

重要的是成為政大書院的文化象徵以及政治大學的光榮風景，連結大學城的學習生活與健康品味，目前尚待進一步的推動與努力。

環境建置前舊貌（2006）	環境建置後的現況（2006）
政大水岸風華再現：連結大學城的學習生活與健康品味	
圖片來源：本文作者	

二、楓香步道大自然的教室：創造師生戶外談天說地的討論與展演空間

政大主校區由於地理環境限制，再加上學校規模的逐步擴增，原本的山下平地校區使用上已達飽和，傳播學院、文學院與國際教育交流中心主要分布於山上教學區，距山下校區 300-500 餘公尺不等，且為上行坡道。又學生若需至校門口用餐，尚須穿越校區，增加移動距離，故山下校區學生上山修習課程意願較低，山上教學區學生對於交通移動上也頗感不便，加以學校推動政大書院計畫，鼓勵大一新生進行山居學習，上山與下山的安全性與便利性尤其重要。學校對於山下及山上教學區的動線串連上，本有風雨走廊與 1 元接駁公車的設計，但在節能減碳以及強健體魄的前提之下，學生若願意步行往來，自然更值得鼓勵。以人行動線而言，原本風雨走廊設置於環山道上行左側（近山側），以水泥花臺式屋頂阻隔風雨，且走廊長度僅及傳播學院周邊；新設楓香木棧道

位於上行右側（近河側），觀賞水岸、河濱公園與遠眺周邊建築視野更佳，且其以楓香樹葉為頂，更為自然、美觀與健康，並可紓解用餐時間高峰擁擠的下山人潮。

　　楓香步道在設計規劃上，不僅止於連接山下校區與山上教學區而已。在楓香步道的起點——渡賢橋頭，設有木棧道的延伸梯道以銜接醉夢溪與景美溪畔的水岸景觀步道與自行車專用道。此外，楓香木棧道還藉由百年樓後方，與行健道、待曦亭相連結的登山步道，進一步串連樟山寺登山口，成為橫亙山上校區的登山步道起點。楓香步道在設計上，還特意規劃了幾個同材質的木構造觀景平臺，並以木棧道連結開發原本具有觀景潛力的閒置空間，使得環山一路增加了數個令人駐足，可以談天說地的觀景空間，並且提供政大書院師生戶外討論或進行戶外展演的空間，老師若是願意，也可以效法希臘三哲，將教室拉到室外，在楓香步道周邊木造平臺上進行課程與學習。楓香步道周邊木造平臺與藝文中心，甚至有幾個「私藏夜景觀景點」可觀賞臺北夜景與遠眺 101，對於住宿學習的導師與學生來說，也是夜間進行討論與學習的好場地，清風拂面，月光流瀉，鳥叫蟲鳴，靈感不停。

環境建置前舊貌（2006）	環境建置後的現況（2007）
楓香步道・大自然教室：創造師生戶外談天說地的討論與展演空間	
圖片來源：本文作者	

三、讓藝文中心亮起來：打造博雅書房與創意學習基地

　　政大藝文中心坐落於環山一道半山腰處，與文學院、傳播學院、國際大樓比鄰，內部建置藝術展演場地以及學生社團辦公室。為因應政大書院的環境營造，藝文中心內外部空間同步進行改造，以強化服務機能，吸引師生與社區民眾使用，並提供政大書院核心行政空間之所需。改造後之藝文中心，增加了政大書院行政總中心、創意學習中心、X書院多功能教室以及展演空間、政大兩廳院（大廳3000人座、小廳500人座）、舜文大講堂，其中舜文大講堂之改建別具歷史意義。舜文大講堂原址為政治大學重點演講之場地，邀請許多國際重要人士與學術巨擘進行演講，包括蘇聯共產黨中央委員會總書記——米哈伊爾·謝爾蓋耶維奇·戈巴契夫、捷克共和國總統——瓦茨拉夫·哈維爾、韓國總統——金大中等，深具歷史意義與校史重要性。舜文大講堂完工後，也成為政大書院大學入門課程重要上課場地，取其「大師開講」的歷史意義，希望政大新生能夠在最好的場地，聆聽大師的諄諄教誨，陶融博雅與通識涵養。

　　藝文中心亮起來的環境營造，除了打造博雅書房與創意學基地之外，並強化師生生活機能之提供，便利商店進駐後使得周邊上課之師生購買生活必需品更加便利，而藝文中心也增設兩處戶外觀景平臺，成為師生可以彈性運用的空間。水岸電梯建設完成後，藝文中心也成為宿舍區、山上學院區、國際大樓與山下校區的重要交通結點與政大書院的重要發展基地之一。

環境建置前舊貌（2006）	環境建置後的現況（2009）
讓藝文中心亮起來：打造博雅書房與創意學習基地	
圖片來源：本文作者	

四、建置山居學習中心：共織一段指南山上的學習歲月

山居學習中心的環境營造，我們學習了美國普林斯頓大學、哈佛大學的住宿學習，以「Learning Together is Living Together」的書院精神，期望能體現學宿合一的教育策略，讓政大書院的同學們回到宿舍之後，能夠持續優質的自學與共學空間。當時在政大書院的環境營造，我們特別於自強第九宿舍規劃「山居學習中心」，改變學生宿舍「走道與門」的單調景致。

在政大書院山居學習中心的規劃，融合小討論室、中文寫作輔導中心、自學中心、多功能活動空間等多元設計，自學空間仿誠品書店與咖啡廳的氣氛，讓書院師生在自在與悠閒的氛圍與環境中主動學習。

同時為了鼓勵跨界的交流，在山居學習中心也設有沙發區與吧檯區，吧檯區提供自助式的「8元咖啡」，成功地在同學間引起跨界創意思考的對話與回響。另外，山居學習中心的沙發特別受到外籍學生的喜愛，時常可見外國學生抱著筆電盤著腿，坐在沙發上學習，增加了學生之間國際交流與了解的機會，共織一段指南山上的學習歲月。

山居學習中心多功能活動空間經常舉辦小型講座，原木地板讓書院

學生可以自在地盤腿席地而坐，不會有正襟危坐、聆聽教誨的壓力感。
多功能活動空間與小討論室也常見學生用以討論或製作團體作業，由同
學們自己來發明空間的創意使用方式，甚至參與山居學習中心的布置活
動。山居學習中心至今已經吸引了眾多友校師生前來參訪，也成為參訪
政大的高中同學們最感驚豔的地方。

環境建置前舊貌（2006）	環境建置後的現況（2008）
建置山居學習中心：共織一段指南山上的學習歲月	
圖片來源：本文作者	

肆、政大書院環境營造的再現部：看得到之經營成果

　　首先，回顧政大書院環境營造的構想之經營成果，校園規劃要大格
局全方位思考，結合大學能量，從生活脈絡出發，以區域提案方式，配
套整體開發。誠如，魯曉琳（2007）指出，學校規劃應考量地域特點，
適應周邊環境，並符合綜合利用原則。也就是說，單一建築體應以能夠
作多功能的運用為原則，滿足不同使用者的個別需求，並增加其用途與
使用率。

　　其次，回顧探討分析美國普林斯頓大學、哈佛大學大學校園環境
建設與發展的心得，發現兩所大學的住宿學習都以「Learning Together
is Living Together 的書院精神」為核心，兩所國際一流大學都秉持「大

學精神」的啟示，傳承大學的優良傳統，發揚追求宇宙真善美之大學精神，培養具備「人文關懷、專業創新、國際視野」之新世紀領導人（陳木金、邱馨儀、溫子欣、高慧容，2009）。

　　第三，從政大藝文中心到山上宿舍區，都是政大書院的範圍，97學年上學期起，正式成為大一新生的生活重心，包括博雅書房、多功能教室、大講堂、7-11政大店、外語自學中心、安九食堂、運動場、山居學習中心，以及未來將完工的通識大樓，大一新生可自行打造專屬的生態、藝文、運動、教學和生活路線（政大校訊，2008），透過環境建設，讓生活與學習機能無縫接軌。

　　綜合前面的敘說，本文引用「大學城」的理論，例如，劉樹道、李正、劉思安（2009）指出：成功的大學城規劃，必須能塑造大學城的共享意識與共享文化。回顧政大書院環境營造的構想之經營成果，「大學城」的環境建設規劃原則，不斷在政大書院的實體建設與環境營造之中體現，我們秉持著「親愛精誠」政大校訓的啟示，傳承政治大學的優良傳統，發揚追求宇宙真善美之大學精神，以大學城的精神，期望培養具備「人文關懷、專業創新、國際視野」之未來社會領導人。以下分別加以說明：1. 山上校區與山下校區的連結：創造山居生活的便利；2. 政大書院各建築與空間的縱向串聯：考量移動的便利性及可及性；3. 增加各類講座與專業演藝場所：增進多元的學習機會；4. 廣設自學與討論空間：讓學習的樣子看得見；5. 增闢健康促進空間：關切師生身心健康照護；6. 住宿學習：學習與生活環境的有機連結，加以說明政大書院環境營造的再現部：看得到之經營成果。

一、山上校區與山下校區的連結：創造山居生活的便利

　　因政大書院主要活動區位坐落於山上校區，在環境營造上為使政大書院師生可以便利往來於山上與山下校區，也讓學生的山居生活更加便利，增益學生居住於山上校區宿舍（即政大書院宿舍群）的意願，因此

連結山上與山下校區乃政大書院環境建設規劃的重點原則，依照創造山居生活的便利規劃的原則，在政大書院環境營造建置，包括：建置連接山下校區、山上校區、政大後門的「楓香步道」、連結政大水岸與藝文中心的「水岸電梯」、校內一元公車的推廣等，環境營造上重視山上校區與山下校區的連結，創造山居生活的便利。

二、政大書院各建築與空間的縱向串聯：考量移動的便利性及可及性

政大書院為一具有整體性之學習與生活環境，在環境營造上必須注意各建築與空間之間的移動，如何創造便利與可及性，以增加師生使用的意願以及節省時間的花費。因此，關於政大書院在環境營造的縱向串聯，依照考量移動的便利性及可及性規劃的原則，在政大書院環境營造建置，包括：藝文中心、國際大樓、宿舍區快速連結步道與通路的規劃建構、政大書院與本校環山道制高點——樟山寺登山口——的登山步道設置等，都是考量移動的便利性及可及性。

三、增加各類講座與專業演藝場所：增進多元的學習機會

為了創造政大書院師生的跨界互動機會，在環境營造上，我們以增進多元的學習機會為軸線，增加各類講座與專業演藝場所，提供專業場地協助政大書院師生，接觸高水準藝術展演以陶冶其美感，以及提供合適場地舉辦講座活動進行知識交流，增進多元的學習機會。當時在環境營造規劃上，多元思考增建講座與專業演藝場所，依照增進多元的學習機會規劃的原則，在政大書院環境營造建置，包括：建置舜文大講堂、政大兩廳院、平臺式小型戶外演出場地、X書院多功能展演空間、山居學習中心的小講堂……等，藉以增進政大書院師生的多元學習機會。

四、廣設自學與討論空間：讓學習的樣子看得見

　　為了方便政大書院住宿師生進行學習，於政大書院環境營造上，思考如何在政大書院的各活動區內廣設自學空間與討論空間，且建置之討論空間並不侷限於室內討論室，範圍擴大到政大書院區域內所有室內外空間的運用，都可經由創意設計成為師生交流與討論的園地。依照讓學習的樣子看得見規劃的原則，在政大書院環境營造建置，包括：山居學習中心、外語自學中心、討論小間、涼亭討論區、楓香步道木製平臺……等，廣設自學與討論空間，讓學習的樣子看得見。

五、增闢健康促進空間：關切師生身心健康照護

　　政大書院旨在培養全人，而所謂全人，不僅有知識智慧，尚有道德涵養，而且還要具備美感氣質與健全體魄，所以當時在政大書院環境營造上，考量關切師生身心健康的照護。因此政大書院在環境營造規劃，如何廣設健康促進的活動空間，成為一個重要的方向。依照關切師生身心健康照護規劃的原則，在政大書院環境營造建置，包括：室內運動空間及室外活動場所，水岸步道、登山步道、登山平臺、楓香步道、水岸自行車道、與山上球場等，政大環山道亦為師生喜愛使用之健走空間，關切師生身心健康照護。

六、住宿學習：學習與生活環境的有機連結

　　政大書院為大一新生量身打造的「學宿合一」山居學習環境，提供新鮮人博雅學習課程，也讓宿舍變成學習場所（政大校訊，2009）。為落實「學宿合一」理念，政大書院於自強九舍規劃成立山居學習中心。依照學習與生活環境的有機連結規劃的原則，在政大書院環境營造建置，包括：為了減少學生夜間奔波的不便，山居學習中心與學習促進中心合作，在山上提供課業輔導服務；學習達人講座、學習策略講座、協

助新生瞭解學校住宿環境，使其快速融入宿舍與團體生活，從「宿舍氣氛」到「書院文化」……等，逐步形塑住宿生活文化，強化住宿學習，讓學習與生活環境的有機連結。

伍、結語

綜合歸納本文的起承轉合，本文內容主要在敘說政大書院教育的環境營造故事，在這個故事裡，我們一直秉持著「校園建築與環境營造都該具有教育價值」的觀點來努力，特別是在政大書院環境營造的構想，是一曲在鋼琴上譜寫的政大主題奏鳴曲，從呈示部、展開部、再現部，每一部的主題都想要透過「Learning Together is Living Together」的書院精神，培養博雅創新政大人，培育未來的社會領導人。因此，本文是以鋼琴奏鳴曲的曲式分析（呈示部、展開部、再現部）的三個層面來敘說政大書院環境營造的故事，說明政大書院教育的推動是融合博雅與創新的大學精神之思考與脈絡。

首先，我們以「創造力」的寶庫與觸發為核心理念來構想政大書院教育的環境營造，就政治大學的校地特性，依「親人」、「親學」、「親山」、「親水」、「親築」之校園環境營造，探討如何讓「政大書院」成為具有這樣「得天獨厚」的「跨界」環境，以創造力的精神培養「博雅與創新」兼具的政大人。本文從：1.都會與山林：打造親人的校園；2.繁華與恬靜：打造親學的校園；3.平地與山區：打造親山的校園；4.山與水：打造親水的校園；5.人與自然：打造親築的校園，分析說明政大書院環境營造故事的呈示部：想得到之發展機會。

其次，我們以「第三空間」的環境建築規劃原則來實施政大書院教育的環境營造，連結政大的山上與山下校區、連結政大的山與水，正是增加政大山上校區「可及性」與「親和性」的關鍵所在，以第三空間的精神，落實於政大書院的實體建設與環境營造之中，提供政大書院環境營造的指引。本文從：1.政大水岸風華再現：連結大學城的學習生活與

健康品味；2. 楓香步道大自然的教室：創造師生戶外談天說地的討論與展演空間；3. 讓藝文中心亮起來：打造博雅書房與創意學習基地；4. 建置山居學習中心：共織一段指南山上的學習歲月，分析說明政大書院環境營造故事的展開部：做得到之實踐方案。

　　第三，我們以「大學城」的共享意識與共享文化來再現政大書院教育的環境營造，透過環境營造，讓生活與學習機能的無縫接軌的理念，一直不斷在政大書院的實體建設與環境營造之中體現，秉持「親愛精誠」政大校訓的啟示，傳承政治大學的優良傳統，發揚追求宇宙真善美之大學精神，以大學城的精神，培養具備「人文關懷、專業創新、國際視野」之新世紀領導人。本文從：1. 山上校區與山下校區的連結：創造山居生活的便利；2. 政大書院各建築與空間的縱向串聯：考量移動的便利性及可及性；3. 增加各類講座與專業演藝場所：增進多元的學習機會；4. 廣設自學與討論空間：讓學習的樣子看得見；5. 增闢健康促進空間：關切師生身心健康照護；6. 住宿學習：學習與生活環境的有機連結，分析說明政大書院環境營造故事的再現部：看得到之經營成果。

　　最後，歸納本文分析「政大書院環境營造故事」之案例主題，發現政大書院已經成為是一個培養博雅創新政大人的重要基地，政大書院環境建置的構想已經成為是一曲在鋼琴上譜寫的奏鳴曲，透過「Learning Together is Living Together」的精神，以「政大書院教育」為核心，畫出通識教育、語文教育、品格素養、社會關懷、生涯輔導、住宿學習、創意發想、藝文陶冶的同心圓，培養博雅與創新的政大人，培育未來的社會領導人，值得作為我國大學推動書院教育的參考。

參考文獻

向代勤，丁豔梅（2006）。咖啡館：大學校園第三空間的價值與設計探討。**科技經濟市場**，2006（11），頁 292-297。
陳木金（1999）。從美感教育談——九二一大地震之後的校園重建規劃與設

計。**學校行政雙月刊**，4（11），頁 32-45。

陳木金（2006）。活化校園建築・連結生活與學習——以政大校園十景賞為
　　例。論文發表於中華民國學校建築研究學會，**友善校園規劃與經營**。
　　臺北：國立教育資料館出版，頁 50-57。

陳木金（2009）。優質世界公民通識教育在大學實踐的芻議——以政大書院
　　推動為例。刊載於 2009.05.02 國家教育研究院舉辦，**「公民社會與國家
　　教育政策與制度學術研討會」論文集**，頁 134-148。

陳木金、溫子欣（2008）。打造擁抱自然與健康的校園空間：以政大楓香步
　　道的規劃建設為例。刊載於 2008.12.06 中華民國學校建築研究學會，
　　「校園建築與運動空間活化再利用」論文集，頁 89-102。

陳木金、邱馨儀、溫子欣、高慧容（2009）。打造健康品味的國際大學
　　城。載於 2009.12.05. **中華民國學校建築研究學術研討會論文集**，頁
　　235-248。

黃世孟（1996）。空間無間學習環境之開放教育。**教師天地**，81，頁
　　36-40。

政大書院籌備小組（2008）。**政大書院推動策略共識營會議手冊**。政大書院
　　推動小組彙編。

政大校訊（2008）。政大書院打造美麗宅世界。**政大校訊**，74，2008.10。

政大校訊（2009）。山居學習中心住宿學習的樂活天地。**政大校訊**，78，
　　2009.02。

國立政治大學（2007）。**打造人文科技的國際大學城——國立政治大學大學
　　城建設發展與整體規劃書**。國立政治大學，未出版，臺北。

魯曉琳（2007）。現代校園規劃建設思路探討。**科學探究園地**，2007
　　（12），頁 109。

劉樹道、李正、劉思安（2009）。大學城文化素質教育資源共享問題研究。
　　華南理工大學學報，11（2），頁 73-76。

嚴興中、胡鐵輝、劉道強（2006）。高等教育理念在大學校園建築規劃中的
　　應用。**現代大學教育**，2006（1），頁 71-74。

Benninga, J. S. B., M. W.; Kuehn, P.; & Smith, K. (2003). The relationships
　　of character education and academic achievement in elementary schools.
　　Journal of Research in Character Education, 1(1), 17-30.

Brockliss, L. (2000). Gownandtown: Theuniversityandthecityin Europe,

1200-2000. *Minerva*, 38: 147-170.

Gopal, P. (2008). College Towns: Still a Smart Investment. *BusinessWeek Online*. Retrieved March 14, 2008, from http://www.businessweek. com/lifestyle/content/mar2008/ bw20080313_093883.htm

Irving Singer (2010). *Modes of Creativity: Philosophical Perspectives*. MA: The MIT Press.

Lynch, K. (1990) *City Sense and City Design: Writings and Projects of Kevin Lynch*. MA: MIT Press.

Mihaly Csikszentmihalyi (2006). *Creativity: Flow and the Psychology of Discovery and Invention*. New York: Harper Perennial.

Scherer, R. (2005). University towns: hot job markets. *Christian Science Monitor, 97*(70). Retrieved October 11, 2009, from: http://www.csmonitor. com/2005/0307/p01s01 -usec.html

Singer, I. (2010). *Modes of Creativity: Philosophical Perspectives*. MA: The MIT Press.

新生書院的理念與實踐

藍美華

國立政治大學民族學系副教授、政大書院計畫辦公室執行長

摘要

　　政治大學於 2007 年秋開始辦理「超政新生定位創意營」，次年 9 月設置政大書院，建立新生住宿輔導體系，開設「大學入門」，企圖提升新生輔導的能量，協助學生適應從高中到大學的過渡。2011 年新生書院設立後，持續新生輔導工作，透過校內新增「書院通識」開設帶有實驗精神的科目，其中提供兩千名新生修習的「學習生涯自我定位」最具挑戰。

　　新生書院希望藉由「學宿合一」的書院生活，讓學生從生活中學習，從學習中實踐，期能營造山上的學習環境，改造通識教育，藉以養成未來領袖人才。雖然理念甚佳，實踐上有些許成果，卻也面臨不少挫敗，新生書院從涵蓋全部新生轉為申請制，期待在檢討調整後，迎接挑戰，繼續朝著理想前進。

關鍵字：政大書院、新生輔導、超政新生定位創意營、書院通識、頂大計畫

壹、從理念到設置

　　政大書院的設置和教育部 2006 年開始執行的「邁向頂尖大學計畫」（之後簡稱頂大計畫）密切相關。在政大第一期頂大計畫（2006-2010）

中，政大書院計畫隸屬於教務處提出的「優化教育品質」子計畫，在該計畫前言中寫道：「本計畫分成優質教學與優質輔導二大部分，在優質教學方面，本校將採取多元化的招生方式，招收更適才適性學生進入本校就讀，於學生入學之後提供優質的專業與通識課程之全人教育。在優質輔導方面，參考美國哈佛大學 Liberal Arts 重視人文素養之作法，整合校內各單位，規劃『政大學院』，[1] 提供學生自入學到畢業前的各式優質輔導與完備協助。教學與輔導的緊密結合，將使本校學生更具領導力與競爭力。」當時具體發展計畫的首項即為政大學院計畫，含括 1. 招生與新生輔導、2. 建置住宿學習中心、3. 改善通識教育品質、4. 設置多元學分與學位學程、5. 學習與職業生涯導航計畫、6. 志工服務計畫、7. 創意實作計畫、8. 校友服務計畫等八項。[2] 政大學院計畫施行對象涵蓋大學部全部學生甚至畢業校友，其中當然包括新生部分，除第一項完全針對新生外，第二項住宿學習中心 [3] 的服務即包括新生定向，第五項推廣「全人發展與自我管理」系統也是希望大一新生入學後能利用該系統建置個人電子履歷檔案。在針對新生輔導部分，當時重點放在推動新生定位營、試行一學期新生定向方案以及規劃「大學入門」科目。[4] 根據頂大計畫辦公室提供的資料，上述頂大計畫內容並非最早版本，而是計畫更確定後的版本。在 2007 年 9 月所撰的「發展國際一流大學及頂尖研究中心計畫第 2 梯次申請計畫書」的「優質學生輔導計畫」項目以及 2008 年 3 月 31 日修正版計畫書的「優化教育品質」項目中，計畫

1　此時所稱「政大學院」，為避免在觀念上與校內各學院混淆，於 2008 年年中確定改稱為「政大書院」。而在計畫最初，也曾有稱為「政大學堂」的構想。

2　「優化教育品質」計畫，參見「國立政治大學邁向頂尖計畫」網頁，第一期頂大計畫「計畫簡介」，http://topu.nccu.edu.tw/First/docs/3.pdf，檢索日期：2014 年 2 月 11 日。

3　住宿學習中心是以「教學發展中心學習促進區」的成功經驗與運作模式為基礎發想而成，落實建置後即為目前的山居學習中心。

4　「優化教育品質」計畫，http://topu.nccu.edu.tw/First/docs/3.pdf。

設置的並非「政大學院」，而是「新生學院」。[5] 由此可知，政大書院計畫在第一期頂大計畫初期是經過很多討論與修正，而不管名稱為何，新生輔導一直是討論重點之一。根據當時校園新聞的報導，政治大學將於97學年度成立「政大書院」，透過「學宿合一」的書院生活全面提升教育品質，讓學生從生活中學習、從學習中實踐，主要目標包含招生與新生輔導計畫，期能營造山上的學習環境，改造通識教育，藉以養成未來領袖人才。除了住宿學習，學校也將於97學年新設「大學入門」通識課，以「將學生介紹給大學、將大學介紹給學生」為目標，協助新生找到大學生涯的最適切方向。[6]

雖然第一期頂大計畫一開始就提出設置政大書院的構想，也開始針對新生輔導推展新的計畫，但當時是透過校內既有單位承擔工作，直至2008年3月1日才設置「政大學院籌備委員會」，哲學系林從一教授擔任政大學（書）院籌備處執行長，下設行政助理四人，4月林教授並兼任通識教育中心主任，同步規劃改進通識課程。當時政大書院主要關注對象為大一新生，執行長林從一教授表示，新生剛入學時較不清楚學習方向，而「大學入門」與「學宿合一」的設計，即是希望協助進行生涯探索與奠基；大一升大二時則另藉多元化的「轉軌」管道讓無法適應的學生轉至他系就讀，更適性地在生涯軌道上前進。他也強調，政大書院未來將提供全校性的教育服務。雖然這個階段僅針對大一同學，但亦提供服務供其他級別學生使用，如「住宿學習中心」即屬之。[7]

2008年9月22日政大書院正式掛牌，原計畫中之住宿學習中心也

5　「發展國際一流大學及頂尖研究中心計畫第2梯次申請計畫書」（2007年9月）、「發展國際一流大學及頂尖研究中心計畫」（2008年3月31日修訂版計畫書），頂大計畫辦公室提供。
6　林佳儀，「『政大書院』——學院生活、學宿合一　給你不一樣的政治大學」，政治大學頂大計畫電子報第21期（2008.5.28），http://topu.nccu.edu.tw/First/07epaper_detail.php?sn=7，檢索日期：2014年2月11日。
7　同前註。

正式命名為「山居學習中心」，於 2008 年 10 月 27 日在山上自強九舍一樓啟用。12 月 1 日由兼任副學務長的心理系鍾昆原教授接任政大書院計畫辦公室執行長，至 2010 年 7 月 31 日卸任期間，助理人數有所成長，除行政人員外，另設置宿舍導師四名（包括兩名博士級總導師）。政大書院辦公室除了擔任書院計畫工作相關單位橫向協調的平臺外，隨著 2009 年 9 月大一女生開始入住山上宿舍區，新生宿區總人數增為 1,499 位，38 位宿舍助理輔導員（tutor）同時入住宿舍，協助全體新生適應宿舍生活，其工作內容也進展到負責宿舍助理輔導員的招募、培訓、宿舍區新生輔導以及管理山居學習中心、辦理導師之夜活動等業務。當時雖然尚無新生書院之名，但政大書院辦公室的主要工作幾乎都和新生輔導相關。[8] 當然，教務處與學務處各單位也持續承擔許多新生輔導相關計畫，例如「大學入門」通識課、課程地圖、超政新生定位創意營、「全人發展與自我管理」系統、住宿文化形塑等。2010 年 8 月 1 日，民族系藍美華教授接任政大書院辦公室執行長，政大書院承辦的具體工作持續增加，而作為橫向協調平臺的角色下降，之前辦理定期橫向會議的必要性不復存在，改以必要時與相關單位直接溝通協調的方式進行。

　　新生書院正式設立的時間應為 2011 年 8 月開始的 100 學年度，同時設立了三個主題書院，分別是從博雅榮譽實驗班更名而來的博雅書院、新成立的國際發展書院以及由創意學程轉型的 X 書院。新生書院由曾擔任過學務長、剛退休的心理系陳彰儀教授擔任總導師。學生參與主題書院必須透過申請，但新生書院不同，將所有大一學生均視為院生，認為新生輔導應該普及到每位新生，而非針對部分新生施行，但這也為其工作增加難度，下文將會討論。此時，頂大計畫已邁向第二期

8　本段相關日期與工作參考政大書院網頁，書院介紹「大事紀」，http://college.nccu. edu.tw/index.php?option=com_flexicontent&view=items&cid=4&id=72&Itemid=56，檢索日期：2014 年 2 月 11 日。

（2011-2015），政大在這期通過的教學卓越計畫中包括「以書院為核心之博雅教育計畫」的子計畫，由政大書院辦公室與通識教育中心合作執行，其概念是以通識教育為基礎，培養思想的全人，透過新生書院培養生活的全人，而主題書院則是要培養能夠體現政大核心價值的學生。書院的教育重點有三項，包括新生輔導、住宿學習及博雅創新，新生書院為培養學生成為生活的全人，經由 1. 推動新生定向輔導方案，協助新生適應由中學進入大學的過渡時期，讓新生書院能確實發揮新生啟蒙與輔導的功能；2. 自 2011 年起，安排所有大一新生集中住宿，參與各項住宿學習活動，並重新定位大一導師之角色和任務，以有效協助解決新生適應問題；3. 辦理以創意藝文、社會關懷、多元包容和健康促進為主題的全人發展活動。9 新生書院希望協助大一新生從認識自我、認識環境出發，藉由參與書院的新生定向與住宿學習活動，儘早適應大學生活，築夢未來。

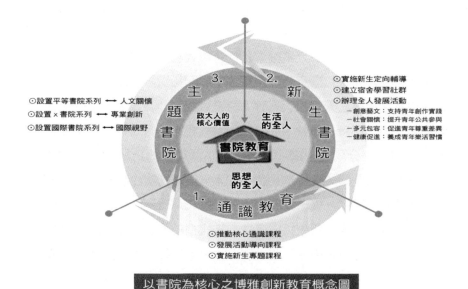

以書院為核心之博雅創新教育概念圖

9　參考國立政治大學第二期頂大計畫申請計畫書，第三章第二節子計畫——「以書院為核心之博雅教育計畫」。

貳、超政新生定位創意營

　　在書院教育計畫中，新生定向輔導方面最早推動的工作之一是將原有的新生訓練轉型為「超政新生定位創意營」（原稱「超政大學新生營」）。2006 年底，為了讓甫入大學的一年級新生，能更有效率地利用學校資源，並促成學習適應，由中山所（現國發所）彭立忠教授規劃設計出整合型的新生活動，由學務處結合教務處、心理諮商中心、外語中心等單位協力辦理，課外活動組為承辦單位。2007 年夏天，第一屆新生營正式開跑，兩梯次共有學員 259 人，每人收費 2,500 元。當屆營隊以哈利波特為主題，學習時間管理、理財、戀愛及人際關係、創意激盪等，文宣活潑地指出將「讓初入政大的新生在五天四夜的魔法洗禮下，由麻瓜變超級巫師，用魔杖點出屬於自己豐富多彩的大學藍圖」。

　　第一屆超政大學新生營圓滿落幕後，隨即展開第二屆的籌備，由吳思華校長邀集創意大師吳靜吉、傳播學院院長鍾蔚文、教育學院院長詹志禹及創意實驗室陳文玲等四位教授參與規劃，並根據本校教育目的及學生需求，訂定活動四大主軸：1. 結合自我認識及潛能發掘、2. 瞭解政大的過去及現在、3. 創意想像及實踐、4. 開拓國際視野。此四大主軸後來簡化為之後歷屆營隊四大宗旨：探索自我、認識政大、發掘創意、邁向國際。第二屆新生營於 2008 年 8 月 30 日至 9 月 3 日，及 9 月 8 日至 9 月 10 日間，分兩梯次辦理，因第一屆辦理成效良好，第二屆開辦後同學報名相當踴躍，參與學員共 416 人。第 2 梯次由於颱風來襲，營隊活動晚了兩天開始，縮短為三天兩夜。當屆以奧運為主題，以豐富多元的創意課程帶領大一新生探索自身未被發掘的潛能，並透過不同的主題及實作，讓新生從做中學，並設定自我努力目標，與此同時也邀請到跨領域校友前來分享學習經驗，文宣上聲稱要「為新鮮人打通奇經八脈，勇敢想像並創造自己想要的未來」。

　　經過第一、二屆的實驗耕耘並獲得良好成效，第三屆營隊名稱正式改為「超政新生定位創意營」，營期由五天四夜調為四天三夜，以創意

學習、住宿學習、全人教育為目標，首度結合新生訓練，成為所有新鮮人統一參與的新生定位活動，活動人數及課程規模創歷屆之最。由於對象為全體新生，所以除繳交低額餐宿費用外，其餘經費全由學校負擔。當屆營隊於 2009 年 8 月 31 日至 9 月 3 日、9 月 7 日至 10 日間，依照校內 9 個學院分兩梯次舉行，第一梯次為文學院、法學院、商學院、傳播學院，第 2 梯次為理學院、社科院、外語學院、教育學院、國務院，兩梯次共計 2,095 人參加。營隊以「G50 領袖高峰會」為主題，參與新生不分院系共分成 50 個小隊，並分別賦予不同國家角色，帶領新生感受國際化趨勢。雖然當屆營隊參與人數大幅提高，輔導無法像前兩屆那樣精緻，但營隊仍然受到相當高的評價。在檢討會中，主席林月雲學務長感謝同仁，表示「超政新生營圓滿順利完成，新生的評價很高，以後將繼續舉辦。」課外組組長藍美華補充報告：「學生認為最需要改善之部分為宿舍。而營手冊、創意課程、始結業典禮及晚會活動評價皆很高，特別的是，今年邀請漸凍人蕭建華老師演講評價最高，讓新生十分感動。」「開放性問題第二題詢問若改為自由報名是否會參與，兩梯次皆近九成，[10] 評價良好。」該檢討會中並決議，2010 年超政新生營工作籌備會及工作分組組織型態將比照畢業典禮提升為校級，由校長、三長及九院院長組成籌備委員會，並於超政新生定位創意營籌委會中組織工作單位小組。[11] 從第四屆開始，超政新生定位創意營又有新的挑戰，改採全體新生一階段進行，並將營隊訂在正式上課前一週的週二至週五舉辦，作為開學預備週的活動。當屆營隊活動時間為 2010 年 9 月 7 至 10 日，共有 2,096 人參加，營隊主題為「影響五十」，挑選全球年度最具影響力的 50 位名人作為各小隊名稱，並首次在閉幕式中進行全體新生

10　第 1 梯次為 88.6％，第 2 梯次為 90.6％，參見第三屆超政新生定位創意營回饋問卷滿意度調查統計。
11　「國立政治大學 2009 超政新生營工作檢討會會議紀錄」，會議日期為 2009 年 10 月 13 日。

宣誓儀式。在籌辦本屆營隊期間，開始討論是否可以將此營隊活動申請為 1 學分通識課，但因考量時機尚未成熟，決議延至下一學年進行。[12] 超政新生營辦理方式與活動內容方向至此大致底定，基本上由課外組帶領徵選組成之學生團隊籌辦，學校各單位協力合作，以探索自我、認識政大、發掘創意及邁向國際作為課程活動主軸，辦理四天三夜營隊活動。除了始結業式、大地遊戲、[13] 各處室業務介紹外，主要內容包括身心健康中心負責的自我探索、創意實驗室的創意課、國合處的國際交換經驗分享、課外組的國內外志工經驗分享與社團之夜以及政大書院負責的講座課程及書院之夜等。

　　政大書院自成立後即開始參與超政新生營。林從一執行長受邀於第二屆始業式講話，博雅榮譽實驗班（即後來之博雅書院）總導師錢致榕教授於第三屆對兩梯次所有參與新生演講，政大書院從第四屆開始協辦，負責講座課程（第五屆起改稱「大學第一課」）及書院活動，廣告系陳文玲教授帶領之創意實驗室[14] 也從第二屆開始負責創意課，並設計超政新生營時送給大一新生的政大學年行事曆。2011 年 9 月舉辦的第五屆超政營仍由課外組承辦，政大書院協辦。當屆確定了結業式新生宣誓的誓詞，[15] 希望透過這個儀式，提醒同學審慎地思考自己成為大學

12　2010 年 3 月 29 日「國立政治大學 2010 超政新生定位創意營——流程討論會議紀錄」中寫道：「由於引進大一導師的計畫未定，且本屆為第一次實施『一梯次』辦理，若為符合學分規定，活動內容需大幅修訂，建議申請學分一案延至下個營期辦理。」「國立政治大學 2010 超政新生定位創意營通識學分會議紀錄」，會議日期為 2010 年 4 月 21 日。

13　超政新生營的大地遊戲目標在於透過遊戲方式認識校園，而非純粹娛樂性的活動。

14　創意實驗室隸屬於創新與創造力研究中心，陳文玲教授為創意實驗室與創意學程計畫主持人，該學程後轉型為 X 書院，由陳教授擔任總導師。

15　新生誓詞內文為「經過超政的洗禮，我正式成為國立政治大學的一員。身為政大人，我將努力成為一個追求真理、完善自我、服務人群的人。我將誠實地探究學識，培養獨立思考的能力，我會認真生活，對自己的所作所為負完全責任；我將視我的同學為我的手足，我會給我的師長應有的尊敬；我將愛護校園的環境，

生、成為政大人這件事；也將營期活動開始納為 1 學分書院通識科目
「學習生涯自我定位」的一部分。此時，新生書院已經成立，所有新生
均被視為新生書院院生，畢業前必須修習通過至少 1 學分書院通識。

　　由於政大書院工作日漸開展，第六、七屆超政新生定位創意營轉由
政大書院承辦，課外組協辦。雖然第六屆在招募學生工作團隊遇到人數
不足的困難，但這兩屆超政新生營在學校各單位的合作下，仍舊順利完
成，學員對營隊的整體滿意也都相當高。遺憾的是，因為新生書院辦理
「學習生涯自我定位」不盡理想，加上政大書院體制化的推動引起部分
師生的爭論與反對，新生書院於 2013 年秋改為申請入學。由於新生書
院院生不再涵蓋所有新生，第八屆超政新生營回歸由課外組承辦、政大
書院協辦的方式進行。雖然超政新生營的辦理早在政大書院成立之前即
已開始，但此營隊從頭即是經由頂大計畫經費支持，與政大書院教育計
畫的推動密切相關。經過七屆的辦理，超政新生定位創意營已經成為學
校新生輔導的特色活動，成為一個政大小傳統。

參、新生書院輔導體系

　　書院就是住宿學院（Residential College）。不同於綜合型大學主張
培養「專才」的教育方式，書院教育致力於培養「通才」，透過住宿、
生活、學習與小班制教學環境，進行個別化的指導。[16] 自啟動政大書院
教育計畫以來，新生住宿輔導體系的建立就被視為十分重要的工作。
2008 年寒假（1 月 24 至 30 日），政大派遣陳彰儀學務長、陳木金總務
長、住宿輔導組林秋霞組長以及課外活動組藍美華組長前往美國東部參
訪普林斯頓、哈佛、波士頓三所大學，了解各校在學生住宿、職涯輔

　　積極參與各項學習與服務的活動，我會注意自己的安全，力求身心的健康。我鄭
　　重地，自主地並且以我的人格宣誓以上的約定。」
16　國立政治大學。**政大書院 Q&A**。第 1-3 版（2011.8-2013.8），頁 3。

導、校友服務、課外活動、新生輔導、畢業典禮方面的作法。期間深入參觀了三校宿舍，理解其輔導制度與具體作法。回國後整理參訪資料，提出報告，[17]並且開始在自己的業務上推動相關改革。

學務處住宿組自 97 學年起於大一住宿的區域，建立住宿輔導體系，強化對學生生活及學習之輔導；希望讓新生在住宿第一年即開始思考生涯定向、生活教育、人際互動與自主學習等課題，以奠基正確的學習態度。在住宿輔導體系下，設有宿舍總導師 2 名、宿舍諮商師 2 名、宿舍輔導員 2 名及助理輔導員 16 名，其中宿舍總導師為副學務長鍾昆原教授與創意學程陳文玲教授，他們各在新生宿區住了一年，宿舍諮商師則由心諮中心派人支援，助理輔導員由大學部高年級學生及碩博士研究生擔任，除了免費住宿外，每個月另領取工作費三至五千元，由頂大經費支應。[18] 98 學年度起，招募、培訓宿舍助理輔導員以及新生宿區的部分輔導工作改由政大書院辦公室負責。由於經費調整的關係，不再提供宿舍助理輔導員免費住宿，但確保其有床位，仍保留每個月的工作費。

優惠縮減雖然多少影響了學生申請擔任宿舍助理輔導員的意願，但每年仍有熱情的學長姐願意投身協助新生輔導的工作，他們有些是因為大一時受到助理輔導員的協助而抱有回饋之心，有些對輔導工作有興趣，有些則希望賺取工作費或獲得住宿機會。由於宿舍助理輔導員工作費不高，工作負擔卻不輕，既要帶領新生，又得協助辦理活動及處理相關行政事務，若欠缺熱情很難做好工作。不過，若能認真執行工作，獲得新生肯定，不僅可以精進個人能力，也能享有高成就感。這幾年來，往往因為申請人數不足，錄取的助理輔導員素質參差不齊，有很優秀的，也有表現不盡理想者。因為是和新生第一線接觸，助理輔導員的良莠相當程度影響了新生輔導工作的成敗。

---

17 「美東學務工作參訪報告」，2008 年 3 月。
18 資訊由住宿輔導組宿舍總監林秋霞女士提供，當時擔任住宿組組長。

　　除了宿舍助理輔導員外，新生書院的輔導體系中還包括總導師、書院導師、生涯導師等。2011年8月新生書院成立後，由剛退休的心理系陳彰儀教授擔任總導師，除為書院相關事務提供建議外，並掛名開設新生必修書院通識課「學習生涯自我定位」，在新生書院轉為申請制後也實際教授此課。書院導師剛開始指的是受邀前來山居學習中心「書院導師之夜」演講的校友與學校師長，因為當時希望演講後這些校友師長能夠持續和書院互動，之後能具體輔導部分新生，但這個想法並未落實；後來隨著「書院導師之夜」受邀來賓範圍擴大、書院辦公室人員流動以及一般人對此詞的直接印象，書院導師一詞的指涉對象也有所改變。目前書院導師包括原來的宿舍導師，他們是政大書院辦公室專職人員，主要負責宿舍助理輔導員招募、培訓與輔導，並辦理與新生直接相關的活動（如入住歡迎式、大一結業式）以及新生修習「學習生涯自我定位」相關事務。之前帶領超政學生團隊辦理第六、七屆新生營活動，以及新生書院改為申請制後的招生事務與例行性團膳，也是由宿舍導師負責。宿舍導師在新生書院扮演很重要的角色；但由於臺灣此一階段書院教育的推動仍屬摸索實驗階段，理解書院理念與規劃執行相關活動對新進宿舍導師是相當大的挑戰，加上職位屬於被視為較不穩定的頂大計畫助理，導致流動性大，影響新生輔導工作的推動。由於他們負責的工作不再限於宿舍事務，為求名實相符，所以在101學年度改稱書院導師，宿舍助理輔導員也以同樣理由改稱書院助理輔導員，平時仍稱為tutor。此外，國際發展書院所聘兩位博士級學術導師也屬於書院導師，他們除了輔導國發書院院生外，也負責授課；除國發書院的科目外，也開始協助新生書院的通識課。

　　至於生涯導師的設計，在書院教育計畫推動之初即有相關構想，也是辦理「書院導師之夜」的緣起。原先稱為「事業導師」或「業師」，但之後認為「生涯導師」一詞更能顯現對此角色的期待，故改了名稱。我們認為，大一新生若能親炙各領域傑出校友與長年貢獻於學校的師長，當能學習其生命智慧與態度，進一步認識政大各種學習資源、探索

人生目標，有助於其品格的陶冶與對政大價值的認同。[19] 因此，新生書院從 2013 年初開始討論，決定從優秀熱心的校友及退休教師中徵詢擔任生涯導師的意願，由吳思華校長領銜發出邀請函，102 學年度的生涯導師計有包宗和、吳若權、金惟純、周培林、周傳久、胡為真、梁永煌、程建人等八位校友以及侯志欽、夏燕生、張哲郎、彭桂英、陳超明、陳皎眉、楊日青、趙德樞、鄭丁旺、羅德城等十位退休教師。他們透過聚餐、面談、看電影、參訪、工作坊等方式，將自己的生活經驗與人生智慧與院生分享，協助院生適應大學生活並思考生活與學習的問題。很多校友感念母校，在事業有成或退休後很樂意回饋，提攜學弟妹；退休教師對學校生活與事務非常熟悉，在條件允許的情況下，也很願意繼續幫忙學校做些有意義的事；生涯導師是這些校友與退休教師願意協助的事，他們的投入也獲得多數院生肯定，若能持續進行，新生書院的輔導體系將更加健全完整，對書院教育的推動會有非常正面的助益。

　　政大書院下設中文寫作中心，於 2008 年 9 月 30 日成立，宗旨在結合本校人文社會科學研究發展特色，培育兼具人文素養與文化品質的政大人。中心設有中文寫作輔導員數名，由不同系所的研究生擔任，提供政大學生中文寫作能力訓練與協助。他們除了在「中文讀享夜」擔任主題著作導讀並協助年度文學營活動外，也提供全校學生在課業、升學與就業之中文寫作諮詢服務。[20] 他們在山居學習中心值班，為登記的新生進行一對一寫作輔導，也是新生書院輔導體系的一環。

總導師 ✚ 書院導師 ✚ 書院助理輔導員 ✚ 中文寫作輔導員 ＝ 輔導體系

19　參見新生書院致校友與退休教師之生涯導師邀請函，2013 年 3 月 31 日。
20　參見中文寫作中心網頁，設置目標，http://writing.nccu.edu.tw/writing/writing-room.html，檢索日期：2014 年 2 月 12 日。

肆、「大學入門」、書院通識與「學習生涯自我定位」

在通識教育中心合作下，政大書院於 2008 年 9 月推出 3 學分「大學入門」通識課，由校長吳思華、理學院院長陳良弼、傳播學院院長鍾蔚文及教育學院院長詹志禹親自上陣，帶領政大新鮮人認識「大學」，學習思考未來四年的努力方向。「大學入門」屬通識課，主要授課內容有「大學的意義、理念與社會責任」、「學習如何學習」、「認識政大、了解政大」、「移動自己的視野，與世界對話」等四大主題，以大班合班上課、小班分班討論方式輪流進行。當時政大書院計畫推動者建議大一新生先修習一學年的跨學科、跨專業全校性通識課程及各院系專業基礎科目，藉此讓剛踏出高中不久的大一新生摸清興趣所在，再配合完善轉系、雙主修、輔系制度，讓學生有更多元的選擇、更寬廣的未來。[21]

通識改革是政大頂大計畫執行的工作項目之一，本著逐年加重「甄試入學」比例及強調「大一分院不分系」的原則，同時研擬多元入學方案，降低學業測驗成績要求，規劃大一新生進入校園後須先接受一年跨學科、跨專業的全校通識課程及各院、系或學程之基礎課程。[22]「大學入門」就在這種氛圍中，經過詳細討論規劃，作為典範科目推出。

「大學入門」希望改變學生把通識課視為輕鬆課的錯誤印象，回歸通識課應為寬廣扎實的基礎科目的任務，第一次開設四班，共有修課學生 332 名。遺憾的是，首批修課同學中有許多人對於「大學入門」的負擔無法接受，據說有人表示修習這門 3 學分課的負擔如同修了 6 學分一

21　曾盈瑜，「全新通識課程『大學入門』帶領新生探索大學生活」，政治大學頂大計畫電子報第 21 期（2008 年 5 月 28 日），http://topu.nccu.edu.tw/First/07epaper_detail.php?sn=8；王品文，「政大書院推出『大學入門』課程，校長、三院長親自授課」，政治大學頂大計畫電子報第 26 期（2008 年 10 月 15 日），http://topu.nccu.edu.tw/First/07epaper_detail.php?sn=122；檢索日期：2014 年 2 月 12 日。

22　吳昇府，「『政大學院』大一分院不分系，強調住宿生活及通識教育」，政治大學頂大計畫電子報第 18 期（2008 年 2 月 28 日），http://topu.nccu.edu.tw/First/07epaper_detail.php?sn=6，檢索日期：2014 年 2 月 12 日。

般，在口耳相傳之下，之後開設的「大學入門」修課人數驟降，原來希望在實驗成功後將其作為新生輔導的一環並推廣成各院系新生必修課的期待未能達成。然而，「大學入門」仍舊以選修方式每學期開設，由詹志禹、鍾蔚文、陳良弼、陳木金、陳幼慧、馮朝霖、周祝瑛等教師接續授課；在學校增撥一名員額給教育系後，2011 年秋開始由該系李淑菁教授授課，雖然每學期僅開一兩班，但教學相對穩定，之後教育系陳榮政教授與幼教所張盈堃教授也協助開設。

　　雖然「大學入門」的推動遇到挫折，但政大書院教育計畫開設大一新生通識課的想法並未放棄。經過多次會議討論溝通後，於 2011 年 3 月 21 日教務會議中通過在「國立政治大學通識教育課程準則」增列「書院通識」項目。簡單地說，一般通識以涵養學生宏觀知識為目標，書院通識則以陶冶生活智慧為目標，包括「新生定位」與「行動實踐」兩個向度，並規定自 100 學年度入學的新生開始，畢業前必須修習 1 至 4 學分的書院通識。[23] 書院通識與一般通識有所區分，其課程指標有以下七項：1. 提供真實情境的體驗、2. 提供實作與實踐的機會、3. 協助自我探索與自我實現、4. 培養掌握生活學習環境之能力、5. 提升人際溝通與團隊合作、6. 深化在地關懷與擴展全球視野、7. 奠定終身學習基礎。透過這些指標，可以規範開課的方向與期待的成果。[24]

　　書院通識原則上不以課堂知識講授方式進行，而將學生視為共同設計、執行學習計畫的夥伴，採取行動導向與問題解決的學習方式，透過反思討論，培養學生自主學習的能力。新生定位課程旨在引導學生思考大學教育的理念與目標，透過新生定位活動與自我探索，了解生活學習環境及其資源，以適應大學生活，規劃適合自己且具前瞻性的深度學習藍圖。[25] 最初包括兩門課，第一門為「學習生涯自我定位」，內容

23　國立政治大學（2012）。**政大書院 Q&A**，第 2 版，頁 13。
24　國立政治大學（2013）。**政大書院 Q&A**，第 3 版，頁 11。
25　國立政治大學（2013）。**政大書院 Q&A**，第 3 版，頁 11-12。

包含「超政新生定位創意營」營前作業、營期活動以及後續的銜接學習，每年秋天提供兩千餘名新生修習，這是政大將新生始業教育改為營隊形式，並於累積四年經驗之後，轉化成為 1 學分書院通識課的重要成果。[26] 雖然當時教育界對於將活動及非正式課程納入學分仍持保守態度，主要是擔心此類科目缺乏知識承載度；但將活動納入正式課程是政大思考的方向，也是政大作為高等教育改革先行者的一個嘗試。原本希望將四天三夜的超政新生營活動申請為 1 學分通識課，其核心概念為：課程以外的各項活動作為一種「促進及改善學習的知識」具有其「知識」價值，而超政即是提供大一新生入學後加深學習動機及提高學習效率一種非制式的知識。[27] 不過，通識課程審查委員仍以此門課「知識承載度不足」，要求修改，因此加上了營後上課部分。同時，2011 年秋也將已經開設三年的「大學入門」納入書院通識，但自 2013 秋改為 2學分；2013 年 2 月增加「新生專題：打造大學生活中的幸福感」通識課。

在行動實踐部分，書院通識課程配合書院八大元素，[28] 旨在透過學生共同參與設計、執行與反思，培養學生寫作、口語表達與溝通、創意、美感、田野調查、社會參與等能力。[29] 第一門行動實踐課是中文系陳逢源教授於 2011 年 9 月開設的「閱讀與敘述：讀、說能力的培養」，一年後加入新聞系孫曼蘋教授開設的「校園／社區之探索與書寫」，2014 年 2 月中文系侯雲舒教授也支援開設「觀察、敘述與創造」行動實踐課。新生書院轉為申請制後，新生書院院生大一下學期必修的 1 學分「自主學習專題」也自 2014 年 2 月開設。2012 年秋，國發書院的

26　國立政治大學（2012）。**政大書院 Q&A**，第 2 版，頁 13。
27　參見藍美華、吳明錡，「從活動導向學習看超政新生營成為學分課程的可行性」，2010 年文稿。
28　生活全人四大元素為健康促進、生涯定向、多元包容、社會關懷，思想全人四大元素為通識、藝文、語文、創意。
29　國立政治大學（2013），**政大書院 Q&A**，第 3 版，頁 12。

「世界探險隊」納入書院通識行動實踐課程，次年秋季博雅書院的「大學之道」納入新生定位課程。

在這些書院通識科目中，除了「大學入門」的推動遇到困難外，具實驗性質的「學習生涯自我定位」也引發不小的爭論。因為學校規定自100 學年度入學的新生開始，畢業前必須修習 1 至 4 學分的書院通識，在新生書院鼓勵下，大多數新生選擇修習「學習生涯自我定位」以滿足此畢業門檻，100 與 101 學年度第一學期均有超過兩千名新生修習。第一次開課規定修課學生要上四個單元大堂課與四次教學助理帶領的班級討論，四個單元內容包括：1. 學習歷程檔案、課程地圖、2. 圖書館資源運用、3.UCAN 大專校院就業職能診斷平臺、4. 全人發展與自我管理系統；為避免和各系科目上課時間衝突，大堂課上課時間為晚間 7 至 9時，討論課時間則為早上或晚間 7 至 9 時。次年該門課除仍維持四次班級討論課外，規定修課學生要從新生書院可以認證的 99 個校內活動中選擇參加不同元素的四個活動，這些活動包括政大書院、學務處、圖書館、體育室、社團及校內其他單位舉辦適合新生參與的活動。政大書院希望透過這些講座、活動與討論，讓新生探索自我、認識校園環境與資源，也有機會認識不同院系的新生與擔任教學助理的學長姐。

雖然九成以上的修課學生都順利通過「學習生涯自我定位」，但他們對這門課有很多意見，主要是，1. 講座內容不夠好、認證活動選擇不夠多或不符個人興趣與需求；2. 上課時間在晚上，往往與文化盃合唱比賽練習、社團活動時間衝突；3. 其他書院通識課的名額不夠多，這門課等同於必修。規劃辦理可供兩千名新生修習的科目，其投入的心力、時間與人力相當龐大，但教學成效不如預期，對新生書院承辦同仁造成很大的打擊，書院士氣也不免受到影響。「學習生涯自我定位」通識課的辦理不盡理想，加上政大書院體制化的推動引起部分師生的爭論與反對，新生書院於 2013 年秋改為申請入學，不再涵蓋所有新生，大學部學生必修書院通識 1 學分的門檻也取消。目前「學習生涯自我定位」僅為新生書院院生第一學期必修，第二學期院生則須修習「自主學習專

題」。書院通識的所有科目中,「學習生涯自我定位」所投入的資源最多,但遇到的挫折也最大,其他科目倒是相當順利,也普遍受到修課學生的肯定。從推動「大學入門」到「學習生涯自我定位」的經驗看來,針對大一新生的輔導課還有很大努力空間,希望 103 學年新生書院轉變後的書院通識開辦經驗可以提供部分答案。

伍、挑戰與回應

　　政大書院教育計畫實際執行至今已有六、七年,在硬體的環境營造方面相當成功,無論是舜文大講堂、創意實驗室、博雅書房或山居學習中心都發揮了功能,學校通識課程改革方面也有一定成果,但在新生輔導方面,雖然超政新生定位創意營已經是個政大小傳統,投入龐大心力與資源建置的新生輔導通識課與輔導體系成效卻不如預期,仍在努力建立一個穩定可行的制度。新生書院迄今所遇到的困難,主要包括:1. 新生書院試圖在有限的資源下照顧全校大一新生,但在經費資源和師資人力等客觀條件尚未俱足之前,無法對學生細緻地進行個別化輔導,無法細緻處理大一新生各項學習適應問題;2. 因為計畫經費不穩定,無法吸引、招募與留任適當的人才,造成新生輔導工作容易出現斷層,不能穩定推動為期一年之新生輔導教育,也不容易讓新生完全理解設立新生書院的意義與重要性;[30] 3. 興奮好奇的新生剛成為政大人,就面臨參與各項具傳統的系際活動競賽,加上社團活動,以及校園內各種多元有趣的動靜態活動,面臨時間管理的重大挑戰,對形同必修的晚間書院通識課容易造成排斥心理。

　　回應挑戰,新生書院應該繼續努力的方向如下:

一、持續溝通宣傳書院教育理念:書院教育成效無法立竿見影,需要持

30　參考「政大通識教育自我評鑑報告」,第三部分、未來發展,六、書院通識,
　　(一)檢討與困難,1. 新生書院,2013 年 10 月。

續透過各種管道積極與全校教職員生互動交流，加強宣傳廣度及深度，爭取認同，共同推動書院教育。

二、強化與專業院系溝通與合作：書院通識課程需要校內教師參與協助，但受限於目前專業院系教師績效評量制度，教師投入不易，影響書院教育深耕；將持續加強溝通，爭取各院系教師對書院通識理念的了解，進而支援書院開課，讓書院通識成為實踐多元學習的最佳註腳。

三、加強單位間正式與非正式溝通與交流：書院相關業務主要合作對象為教務處與學務處；如與各單位實質交流不足，書院計畫難以推廣發揮加乘效果。未來應持續加強單位間的溝通與橫向連繫，協調書院通識科目開設、宿舍空間使用及管理權限等問題。

四、新生書院改為申請制：新生書院計畫初始以所有大一新生為對象，然而目前教師及核心工作團隊輔導能量，未能對所有個別學習者進行充分有效的教育指導，學校整體制度面支援條件及資源亦尚未成熟，新生書院於 102 學年改為申請制，應持續改善轉變後的相關配套作法。

五、發展書院教育多元評量方式：新生書院欲透過書院通識與住宿學習活動培養學生知能，其方法是多元的，也很難用單一的評分量尺來評斷學習效果，希望持續與通識教育中心合作辦理「學習成效追蹤問卷調查」，並擴大對學生學習評量設計的想像，發展適合的評量機制。

六、政大書院體制化，穩定行政團隊：政大書院若能由計畫辦公室轉為正式單位，將有助於人員穩定，降低人員異動所產生之影響，並能建立同仁專業和生涯發展長遠規劃機制，有利於書院教育深化。

七、政大書院體制化，永續推動書院教育：政策上的不確定性使得政大書院難以依據學校總體發展目標，訂定合宜的課程發展及預算等中長程目標與發展規模，政大書院組織體制化，才利於訂定合理具體

的發展方針，永續推動。[31]

八、爭取經費挹注，有效提升書院資源使用：建立新生書院輔導體系以及新生定位活動與課程需要投入合理的人力與資源，必須多方推廣書院理念，積極爭取校內外經費挹注，並有效使用資源，才能持續提升書院教育品質。

　　新生書院理念甚佳，實踐上有些許成果，但各種困難挫敗卻也歷歷在目，新生書院從涵蓋全體新生轉為申請制。政大書院教育計畫迄今一直是在教育部頂大計畫經費的補助支援下進行，不僅有執行效率的問題，也有競爭的壓力。也因此，誠如關心者所指出的，新生書院似乎少了一種緩慢的美感與生命的步伐，少了一種悠閒；而唯有在悠閒中，在真正的自由裡，新鮮人才能呼吸並浸淫在大學自由的氣息裡。[32] 幾年來，新生書院匯集了校內許多師長與學生的努力，也承擔了社會對高等教育與人才培養的深切期待。雖然前面的道路依舊充滿困難與挑戰，但只要我們勿忘初衷，透過不斷檢討學習，誠實勇敢地迎接挑戰，相信新生書院的步伐可以越來越穩，甚或愈來愈輕快，找到應有的悠閒與自由，朝著理想前進。

參考書目

中文寫作中心網頁，設置目標，http://writing.nccu.edu.tw/writing/writing-room.html，檢索日期：2014 年 2 月 12 日。

王品文，「政大書院推出『大學入門』課程，校長、三院長親自授課」，政治大學頂大計畫電子報第 26 期（2008 年 10 月 15 日），http://topu.nccu.edu.tw/First/07epaper_detail.php?sn=122；檢索日期：2014 年 2 月 12 日。

31　參考「政大通識教育自我評鑑報告」，第三部分、未來發展，六、書院通識，（二）改善方向與中長期發展策略，2013 年 10 月。

32　感謝論文審查人對新生書院誠摯的關心與寶貴的建議。

吳昇府，「『政大學院』大一分院不分系，強調住宿生活及通識教育」，政治大學頂大計畫電子報第 18 期（2008 年 2 月 28 日），http://topu.nccu.edu.tw/First/07epaper_detail.php?sn=6，檢索日期：2014 年 2 月 12 日。

林佳儀，「『政大書院』──學院生活、學宿合一　給你不一樣的政治大學」，政治大學頂大計畫電子報第 21 期（2008 年 5 月 28 日），http://topu.nccu.edu.tw/First/07epaper_detail.php?sn=7，檢索日期：2014 年 2 月 11 日。

政大書院網頁，書院介紹「大事紀」，http://college.nccu.edu.tw/index.php?option=com_flexicontent&view=items&cid=4&id=72&Itemid=56，檢索日期：2014 年 2 月 11 日。

「政大通識教育自我評鑑報告」，第三部分、未來發展，六、書院通識，2013 年 10 月。

「美東學務工作參訪報告」，2008 年 3 月。

國立政治大學（2011）。**政大書院 Q&A**，第 1 版。

國立政治大學（2012）。**政大書院 Q&A**，第 2 版。

國立政治大學（2013）。**政大書院 Q&A**，第 3 版。

「國立政治大學 2009 超政新生營工作檢討會會議紀錄」，會議日期為 2009 年 10 月 13 日。

「國立政治大學 2010 超政新生定位創意營通識學分會議」紀錄，會議日期為 2010 年 4 月 21 日。

國立政治大學第二期頂大計畫申請計畫書，第三章第二節子計畫一「以書院為核心之博雅教育計畫」。

「發展國際一流大學及頂尖研究中心計畫」（2008 年 3 月 31 日修訂版計畫書），頂大計畫辦公室提供。

「發展國際一流大學及頂尖研究中心計畫第 2 梯次申請計畫書」（2007 年 9 月），頂大計畫辦公室提供。

曾盈瑜，「全新通識課程『大學入門』，帶領新生探索大學生活」，政治大學頂大計畫電子報第 21 期（2008 年 5 月 28 日），http://topu.nccu.edu.tw/First/07epaper_detail.php?sn=8；檢索日期：2014 年 2 月 12 日。

新生書院致校友與退休教師之生涯導師邀請函，2013 年 3 月 31 日。

「優化教育品質」計畫，參見「國立政治大學邁向頂尖計畫」網頁，第一期頂大計畫「計畫簡介」，http://topu.nccu.edu.tw/First/docs/3.pdf，檢

索日期：2014 年 2 月 11 日。

藍美華、吳明錡，「從活動導向學習看超政新生營成為學分課程的可行
　　性」，2010 年文稿。

PART II

主題書院的理念與
實踐

博雅書院的理念與實踐

錢致榕

國立政治大學講座教授、博雅書院總導師

摘要

　　近年來辦書院（或稱學院）成了兩岸一種風氣，很多大學紛紛參考國外一些學校的作法，成立很多書院，企圖培養不同的人才。政大的一些資深教育家認為必須從我們的現實需要及條件出發，設計出一套解決方案。政大博雅書院就是政大的一群師生，在這種思維下，為目前社會設計出來的一個細緻的全套人才培育方案。一方面為專業教育奠下基本功，一方面幫助學生拓寬人生視野，在人格培養及能力訓練上打下基礎。它和其他書院不同之處在於政大博雅書院不是辦活動或聘請年輕教師或助教兼課教生活課。它是一個以重新設計的大口徑、高要求的 20 學分的博雅學程為主，以男女院生共舍自治的宿舍膳宿生活文化為輔，發展出一個獨特的博雅文化傳承，一代一代地傳下去，孕育博雅人才。這是數百師生以謙卑實踐的精神摸索營造五年所得的結果。本文將對博雅書院的理念與實踐擇要作一簡介。

關鍵字：博雅書院、博雅人、博雅學程、男女同棟、團膳、書院文化

　　一個社會的未來，取決於它的人才素質。在現代社會中，大學是培養人才的一個主要場所。20 世紀末葉開始，世界人口、財富、及產業結構變化的速度，不斷加速，但是大學開設的課程以及人才培育的方式，五十年來變化不大。如何檢討目前的制度，設計新的模式以培養能

夠解決未來五十年社會問題的人才，是當今大學面臨的一場空前挑戰。人才培育是百年大計，沒有近路，要靠長期的累積；也沒有萬靈丹，因時因地而異。目前我們的社會，面臨很多危機，不可能從國外尋求答案照抄。我們有我們的問題、我們的文化背景、我們的需要，所以必須從我們的現實出發，設計出一套解決方案。政大博雅書院就是政大的一群師生，在這種思維下，為目前社會設計出來的一個細緻的全套人才培育方案。一方面為專業教育奠下基本功，一方面幫助學生拓寬人生視野，在人格培養及能力訓練上打下基礎。這是數百師生摸索五年所得的結果。限於篇幅，本文將對博雅書院的理念與實踐擇要作一簡介。

壹、理念

　　博雅的目的：針對社會未來五十年的需要培育博雅人才。幫助年輕人了解自己，不斷充實自己，以期成為人類文明的接班人，各行各業的中堅分子，為社會解決當前及未來五十年的問題。

　　什麼是博雅？博是廣博：廣博的知識、胸襟與視野；雅是高雅：認真的態度，高雅的品味。嚴格要求自己，凡事踏實認真。

　　博雅人的核心價值及傳承：榮譽，知識，關懷。一年多前博雅一期與二期的同學，檢討博雅書院教育的核心價值及傳承，歸納為「榮譽、知識與關懷」。這三項總結了博雅書院師生的價值觀及追求方向。

　　榮譽：博雅人要有高度的榮譽感，對自己、對社會都有高度的期許，願意為實現理想而努力。當我們了解我們是人類文明的傳人，是未來社會的中堅，個人行為自然有個準則：君子有所不為。對於應該做的事，能夠義無反顧，敢為天下先。在個人生活方面，自然能夠努力學習，能夠照顧自己的生活，能夠自律、自治；應對進退，有所依據。

　　知識：博雅人不斷追求知識以充實自己。知識是三千年人類文明累積的結晶，博雅人必須帶著謙卑感恩的態度去學習、反思、擴展、實踐。它可以為我們提供安身立命的一技之長，也提供實現理想的必要基

礎。

　　關懷：博雅人必須關懷社會、關懷自然、關懷現在、關懷弱勢群體，思考社會問題並尋求解決方案。從理性看，關懷社會是知識分子的責任，也是社會進化的必要條件。從感性看，關懷他人使我們生活更充實，使人類社會更美好。

　　為了永續發展，博雅書院的師生，必須採取各種措施，孕育出博雅文化，建立榮譽、知識、關懷的書院傳承，使這些核心價值和理念，在學生中一代代地累積、傳遞下去。所以與其執意學習西方某校，不如繼承我們傳統讀書人的情操：「風聲雨聲讀書聲，聲聲入耳；家事國事天下事，事事關心。」

　　三年前，博雅師生在討論社會前途及書院發展方向時，定下「三十年之約」。相約三十年後（2040 年）相聚，重溫博雅人的核心價值及傳承，並且比較博雅人的理想與實踐、個人夢想的追求、對社會的貢獻，以及我們熱愛的一片土地及它的人民現況。

貳、發展策略

　　近年來，辦書院似乎成了華人高教界的一個時尚，有的想學哈佛、有的想學劍橋等等，不一而足。不過總的來說，多以學務活動為主，參入一些非必修的課程。政大博雅書院採取的策略稍微不同。我們從世界眼光，分析我們在地的問題、需要及條件，著眼於未來五十年我們社會的人才需求，思考人才培育的解決方案，有系統地由小而大踏實去做，避免東施效顰、人云亦云，避免急功近利、華而不實。在全球化及少子化的衝擊下，我們的人口結構、經濟結構、以及意識型態都在面臨急速的轉型。譬如，今天的年輕人，將面臨五十年漫長的職業生涯，並且會頻繁轉行，所以高品質文理兼通的通識教育配合宏觀思考、微觀執行的能力訓練，是應付未來需求唯一的途徑。也就是說，以教務課程為主，學務活動為輔，由個人出發，從知識著手；思考、思考、再思考，

追求由內而外的質變。所以我們要設計一套新的博雅課程，透過對人類文明、人文及科學的認真學習與反覆討論，對人類文明有宏觀的了解，發現自己，了解自己與社會的關係，自然發展出對社會與自然的關懷。同時透過書院生活及活動，應用所學的宏觀思維，分析問題；由微觀行動，解決問題，實踐關懷，孕育文理兼通、有宏觀思考能力及微觀實踐能力、能夠解決社會問題的博雅人。

　　三個大哉問：「我是誰？」「我從哪裡來？」「我到哪裡去？」博雅人在不同的課程裡，不斷地反覆思考這一組問題，促使年輕人不斷反思自己和社會及自然的關係。它不但有助於個人人生抉擇，同時也可以幫助社會思考：「我們是誰？」「我們從哪裡來？」「我們到哪裡去？」這是任何民主社會尋求共識、協力前進的必要條件。這三個大哉問，和博雅書院追求的核心價值——榮譽、知識、關懷——相互呼應。

　　兩個博雅問題：博雅書院是一個互動的有機體。學生積極參與可以得到他們所要的東西，同時應該全部投入，貢獻自己，使它更完美、更充實，才能使它滿足更多人的需求；同時在這貢獻自己、全部投入的過程中，他們也可以得到更多。所以對任何事情或行動，博雅人都問：「我想得到什麼？如何得到？」「我能貢獻什麼？如何做到？」這個理念，呈現在學生選課、老師教課、招生標準、以及選才方法。譬如：博雅書院招生時，不用傳統的分數取人。我們考慮：「如果參加博雅書院，他可以得到什麼？如何得到？」「如果參加博雅書院，他能夠為書院提供什麼？如何做到？」不斷反問這兩個問題，很快就會體認到在學習過程中，實踐的重要。書本和反思所得到的知識與實踐力行所得到的智慧是相輔相成、密不可分的。博雅書院是書院師生長期共同努力締造出來的一個寶貴的互動學習的環境，不能浪費；也需要每一位學生不斷回饋，才能更加充實、多彩多姿，同時在回饋、實踐過程中，學生可以走入現實，迅速成長。

參、教育結構

　　博雅書院的教育，包括互為表裡、密切相連、相輔相成的兩部分：博雅榮譽學分學程及博雅書院能力訓練及學務活動。博雅榮譽學分學程有八門高要求的必修課，在一、二年級修完。這些課程提供了寬廣知識的基礎，並且提供了日後終身自學、解決問題的基礎。在修習這學程的同時，學生住在博雅書院的宿舍中，透過書院生活及參與辦理各式各樣的書院活動，受到自治、自理的能力訓練。在學程修完後，得到博雅榮譽學分學程結業證書。結業後，有志向的同學，可以申請留院擔任小助教，或宿舍自治幹部，得到兩年的人格陶冶及領導能力訓練。畢業時，得到博雅書院榮譽畢業證書。

博雅榮譽學分學程

　　這是在目前專業教育為主，32 學分的通識教育為輔的大框架下，設計出來的一個文理兼通的高要求、跨領域的八門 20 學分的博雅學程。它們的共通特質是：面向未來、大口徑、跨領域、高要求、重反思的博雅課程。這八門博雅課程分成兩個平行的系列：宏觀知識思考框架：世界文明史，全球化及區域研究，日常物理，及數學與天文，分別對人文科學、社會科學、自然科學、及數學提供跨領域的基礎及思維，為以後五十年終生學習奠下基礎；問題導向的微觀實踐能力訓練：大學之道、學思歷程、研究入門及專題研究。它們不斷拓寬學生的視野，並且透過實踐的訓練，和宏觀知識課程相結合，訓練學生宏觀著眼、微觀著手的實踐能力。

　　大口徑、跨領域的要求，對設計新課的老師是空前的挑戰。譬如，「世界文明史與歷史思維」以韋伯、雅斯柏的理論為框架，討論人類文明三千年來的發展，嘗試回答李約瑟的問題，進而探討全球化浪潮中人類文明的未來動向。博雅書院很幸運地凝聚了一群資深又有奉獻精神的

飽學之士，提供了從來未有的一系列課程，為 21 世紀人才培養，提供了一個新的模式。他們是書院的靈魂，也是政大的福氣。如何維持他們長期的奉獻精神，是任何一個大學的挑戰。

　　高要求、重反思，每一小時的博雅課程，都為學生布置了兩小時的作業。所以一門 3 學分的博雅課程，每週要求學生自習六小時以上，包括預習、複習、反思、課外討論及每週報告。不經過這些閱讀、反思，很難真正了解、消化每週的課程內容，就不會有累積進步。這個高要求，有待合格的助教嚴謹地去引導、督促。我們為每六、七位學生，安排一位受過訓練的高班同學擔任志工的小助教。他們在最基層嚴謹地帶領學習、激發思考，確保博雅課程的學習品質。

博雅書院住宿學習

　　博雅書院的學生，在修習期間，必須住在博雅書院，參與各式書院活動，過著書院生活，以接受博雅書院文化的薰陶，透過實踐發展、保持博雅文化。

肆、現況

　　學生：創辦以來，已經畢業 32 人，目前博雅書院有學生 120 人，雖然每年招生數保持在 55 人左右，但是由於流失率在逐年降低，所以學生數目大致以每年一成的速度穩定成長；未來學生總數將穩定在 150 人左右，一、二年級各 50 至 60 人，三、四年級各 20 至 25 人。學生來自全校九個學院三十個學系。他們的未來及對社會的貢獻，是書院努力的目標。

博雅書院年度招生名額：

學年度	期別	報名人數	錄取名額	結業人數
98	零期（畢業）	38	28	15
99	一期	83	43	17
100	二期	52	52	28
101	三期	57	50	38
102	四期	62	53	46

教師：共有 14 位資深教師擔任授課或博雅導師。他們是博雅書院的靈魂、書院成敗的關鍵。

博雅書院必修課程及授課教師一覽表：

課程名稱	授課老師
大學之道	錢致榕教授、鍾蔚文教授
全球化與區域發展	湯京平教授／王振寰教授
世界文明與歷史思維	張廣達教授
日常物理	錢致榕教授、蕭又新教授
學思歷程 I、II、III、IV	錢致榕教授
研究入門	錢致榕教授
專題研究與論文寫作	錢致榕教授
算術、幾何、天文與萬有引力	蔡炎龍教授

博雅書院導師名單及系院學生對照表：

院別	博雅導師人數	該院之博雅院生人數
文學院	2	8
理學院	2	19
社科院	3	39
法學院	2	17
商學院	3	34
外語學院	1	12
傳播學院	1	8
國務院	–	4
教育學院	–	3

　　小助教制度：對於入門及能力培養的兩門課（大學入門及學思歷程）書院訓練 10 至 15 位高班同學義務擔任小助教，每位小助教領導 6 至 7 人分組討論，以貫徹討論學習的功能。此一制度，不只改進低班同學良好的學習環境，也為結業的高班同學提供鍛鍊學習的機會。

　　博雅課程小助教對照表：

學期	課程名稱	課程助教及小助教名單	
102-1	大學之道	課程助教	博雅零期院生 1 名
		小助教	博雅一期院生 1 名
			博雅二期院生 7 名
	學思歷程 III	課程助教	博雅零期院生 1 名
		小助教	博雅一期院生 7 名
	日常物理	課程助教	應用物理所碩士生 2 名
		小助教	博雅一期院生 1 名
102-2	全球化與區域發展	課程助教	博雅零期院生 1 名
		小助教	博雅一期院生 1 名
	算術、幾何、天文與萬有引力	課程助教	應用數學系大學部 1 名
			博雅二期院生 1 名
102-2	專題研究與論文寫作	課程助教	企管系博士生 1 名
			博雅零期院生 1 名
		小助教	博雅一期院生 1 名
			博雅二期院生 1 名
	學思歷程 IV	課程助教	博雅零期院生 1 名
		小助教	博雅一期院生 6 名
			博雅二期院生 3 名

　　結業：學生在完成博雅課程、得到學成結業證書之後，可以選擇離開書院，全力追求專業教育；也可以申請留院繼續為個人能力及人格的培養，以他們在書院學習所得，以學長姐身分擔任助教或輔導，帶領學弟妹奔向博雅，回饋書院的理念。

　　博雅課程：　博雅榮譽學程是博雅書院為培養博雅人才而特別開設的學分學程，對政大各院系本科學生全面開放，必修 20 學分，分兩年修完。

　　課程精神：宏觀、認真、思考。宏觀：從宏觀跨學科角度學習、思考人類的知識及問題而特別設計的課程。認真：教師每授一小時課，布置二小時作業，由助教督促認真完成。思考：博雅課程強調思考，透過預習、聽課、討論、和報告，思考、思考、再思考。

　　課程內容：目前已經由七位資深講座教授及教授，按照博雅課程精神及要求，設計、開設八門博雅課程：「大學之道」、「日常物理」、「全球化與區域研究」、「世界文明與歷史思維」、「算術、幾何、天文與萬有引力」、「學思歷程」、「研究入門」、「專題研究及寫作」（論文／拱心石計畫）

　　博雅教材：為了永續發展，博雅課程一旦建立後，必須發展出自己的教材，以求永續發展。目前日常物理教材已經發展出全套教材，並且完成中譯本，所以對外已經推廣到外校，對內可以由校內老師接收。世界文明史已經完成逐字稿，期望半年內完成初稿，供學生使用。其它課程仍有待努力。

伍、特色

　　博雅團膳：團膳為住宿學習中互動學習及塑造書院文化的一個關鍵，這一點在國內始終未受到充分的重視。自從兩年前博雅書院開始創辦博雅團膳以來，團膳的功能漸漸受到重視，並且開始仿效。每週一晚上六時整，書院全體師生及訪客 140 人定時聚集一堂，舉行晚宴，互動討論。至今已近兩年，超過一萬人次，發生了累積的效果。由於是全體學生定期參加，不只是不同院系、年級同學互動的重要場所，也發展成書院文化重要的一環。（限於餐廳條件及政大授課時間的衝突，博雅團膳目前暫限於每週一晚餐。）

　　住宿自治：為了培育人才，書院積極推動住宿自治，發展書院文化。102 年博雅書院全體男女學生，遷入自強 9D 宿舍，積極向書院生活自理及自治的方向努力，建立真正的住宿學習。由於男女同棟並且和

數個理念不盡相同的書院同住，大大增添它自治的挑戰性。這是博雅書院教育重要的一環，必須成功，從實踐中真正體現書院教育的價值。學生除了組織宿服會、自訂住宿生活規則、負責宿舍安全之外，還設木工、美化、家事、圖書、環保等五工作坊，全面改進宿舍環境及生活品質。

招生：每年在大學新生放榜後，由書院二年級學生負責規劃、辦理新生招生面試事宜。由於任務重大，動員同學每年超過 50 人。對書院理念的孕育及傳遞，發生很大的功能；同時對組織及辦事能力之培養及責任心的建立，也很重要。

新生營：大一新生由家庭而遷入宿舍，是一個很大的變化。為了幫助他們從入學第一天就進入情況，102 學年由學長姐舉辦兩天一夜在野外的博雅體驗營，促使學弟妹從入學第一天就進入情況，了解博雅精神，與同儕相識，與學長姊配合，形成團隊，積極參與自理、自治，共同往織造出一個書院文化的方向努力。持續觀察一個學期以後，認為效果相當顯著，以後將成為博雅傳統之一部分。

交流：102 年（博雅四年）書院首次帶領學生有計畫、有準備地到新疆田野學習，了解亞洲的問題，在亞洲大陸地理中心反思自己的未來，拓展自己的視野。接著藉新疆師範大學的回訪，建立雙向交流，惠及所有博雅書院學生，不斷擴展他們的宇宙視野；同時將朝制度化的方向努力，以圖永續。未來爭取同學在畢業前，都有機會到國外參訪調研、擴展視野。由於效果顯著，103 年將續辦第二期。

博雅親師會：101 學年度博雅家長成立博雅親師會，希望能夠摸索出如何協力放手，讓學生在寬鬆的博雅環境下，不只學習思考自治，還有機會擔負責任，鍛鍊待人處世之道。

博雅通訊：為了增進博雅師生和行政人員、家長、校友、與友人的聯繫與溝通，孕育博雅共識，102 年起創立博雅通訊（月刊），報導及討論書院的活動及問題。每期都有家長或同學投稿。

陸、結語

　　博雅書院是一個獨特大膽的人才培育的方式，包含了幾個系列的探索、實踐、與實驗。在政大師生的共同努力下，五年來以謙卑實踐的精神，解決了不少問題，克服了不少困難，累積了不少經驗，開始累積書院博雅文化及傳承。這些初步的成果，要感謝每一位參與的老師和同學的信仰及實踐。目前我們已經看到的是：

1. 在一個強調科研的大學，還是可以以百年樹人、培育英才的理念，凝聚一群教授；
2. 可以設計出真正大口徑、跨領域面對未來需要的通識課；
3. 有足夠的學生願意積極投入，選這些高要求的課程；
4. 當學生積極投入，持之以恆時，會發生由內而外的質的變化，從謙卑奉獻的實踐中，呈現出自信；
5. 當這些課程和嚴肅的住宿自治的書院生活結合時，可以看到相輔相成的效果。

　　但是目前還有很多問題亟待解決或加強，才能永續發展及推廣。最顯著的是行政歸屬及結構問題，遲遲未能定案。那將需要校園中更多的師生共同探討，努力解決。另外一點是長期以來，我們習慣於量化的滿意度調查作為度量教育成果的標準。目前還沒有簡單的方式衡量學生質的變化。但是我們從學生每一門課大量的報告、作業中，以及專題研究裡，可以看出他們每週、每月、每年的成長。另外從他們系裡專業老師的觀察，以及家長的回饋中，也可以看出變化。下面附上幾份有一次同學的短評，可以看出一斑（附錄二）。

　　人才培育是百年大計，目的是在面對未來五十年人類的需要，培養博雅人才，解決社會問題。人才的成敗，決定社會的前途。博雅書院將

永遠抱著謙卑實踐的精神，不斷實驗，踏實做去，一步一個腳印，永續發展下去，培養一群有智識、有能力、有熱誠的博雅人才，成為各行各業能夠應付未來挑戰的社會中堅。

附錄一　課程「專題研究與論文寫作」題目列表

期別	形式	研究主題
博雅零期	論文	（國科大專生論文）我國生育津貼對生育率的影響——以新竹、臺中、臺南縣為例
	論文	（國科大專生論文）老年農民福利津貼年金化之研究
	論文	（國科大專生論文）由消費券背後理論模式評估藝文體驗券效益法國藝文間接補助措施對我國文創產業政策啟發之研究
	論文	（國科大專生論文）由「臺北文化體育園區」政策探討當地環保團體在政治機會結構變動時之策略改變
	論文	（國科大專生論文）延畢對未來就業力影響之研究
	論文	論 R&D 的國際化趨勢
	論文	「三限六不」：限制來臺陸生權利之必要性探討——以本地大學生個人接觸觀察經驗為切入點
	論文	大學生睡眠品質與學業表現的關係
	論文	由臺北文化體育園區政策——探討當地環保團體在政治機會結構變動時之策略改變
	論文	教育擴張與制度型宗教：信念、歸屬與行為
	論文	地方財政自主性與城鄉公共建設差距之關聯
	論文	從社團組織架構探討大學社團維持運行——以政大四聯誼性社團為
	論文	大學生對網路廣告觀點之探討——以社團活動廣告為例
	論文	春風路過彩虹夢：單一性別環境中的青少年性傾向認同現象
	論文	何以盛極一時的 BBS 沒落——比較 BBS 與其他社群網站，以 facebook 為例

	論文	（國科大專生論文）臺北地區大學生投票行為之研究——以 2012 總統大選為例
	論文	（國科大專生論文）從人肉搜索到媒體審判——臺灣的大學生鄉民現象之正義觀
	論文	（國科大專生論文）新聞議題如何轉換成模仿秀——以《全民最大黨》為例
		（國科大專生論文）外來節目在地化決策分析——以臺灣「卡通頻道」配音為例
	論文	（國科大專生論文）不婚？不孝？不買房？——不同世代家庭觀念改變對住宅需求之影響
	論文	年輕人價值觀之改變對未來住宅需求之影響——以大臺北、高雄地區為例
	論文	職場能力對於求職之影響——以傳統產業為例
博雅一期	論文	facebook 交友圈分析
	論文	探討社群網站與購買數位相機的關聯
	論文	升研究所補習現象之調查與效益分析—以政大研究生為對象
	論文	從貨物稅看未來的能源稅
	論文	大學生法意識之形成研究——以交通相關法則為例
	論文	家族制度對政大學生之影響
	論文	眼睛解讀線索之歷程研究
	論文	企業社會責任與企業形象——當企業形象衝突時顧客偏好因素之分析
	論文	大學社團領導人生涯發展影響之研究—以社團參與動機為中介變項
	論文	漫畫閱讀行為與創意自我效能及創造力關聯性之研究
	論文	負向情緒對飲食障礙者的飲食行為之影響：以大學生為例
	論文	陶淵明與蘇軾飲酒詩意象比較與對答關係

博雅二期	拱心石計畫	政大學生餐廳改善計畫
	拱心石計畫	客家語言的傳承與保存
	拱心石計畫	撿海星的長腿叔叔，偏遠小學閱讀計畫──以龜山國小為實行對象
	拱心石計畫	Once and More 政大環保餐具計畫
	拱心石計畫	傾頹的橋梁──長者故事的認識與保存
	論文	內部新聞自由的保障手段

附錄二　博雅書院院生回顧分享

最近博雅書院開始與結業院生進行大學生活的回顧，學生與我們分享他們發現在大學及博雅書院的成長與變化，下面是一部分同學的心得：

博雅零期呂懿慈：「我在博雅書院學到嘗試的精神。從前自己凡事要求百分之百完美，現在瞭解生活中同時面對這麼多事情時，理解自己的時間限制及能力範圍，學會調整對自己的要求不應只是注重結果，更重要的是學習的過程。也學會因事情的優先順序，在能力範圍內，全力以赴。」

博雅二期劉維純：「我在博雅書院與系上、社團學到不同做事的方法。因為分別擔任了博雅書院的招生、迎新負責人、課程助教，讓我知道凡事應從理念出發。在規劃活動時，我會反覆思考每一活動設計與安排的意義與目的，也養成我在做事的時候注意細節、凡事用心的習慣。也間接影響我在觀察事情時，會思考背後的意義。」

博雅書院零期林奴蓁：「我在博雅書院四年，最深的體會博雅書院裡的人，不論老師、同學都是學習榜樣。也因為這些人，促使自己成長的動力，希望自己變成更好的人。」

博雅書院零期呂懿慈：「博雅書院課程擴展了我的視野，雖然這些課當下看似沒有實質效用，但當我在修其他課程時，不時呼應。現在想起來大學之道讓我思考為什麼要唸書，物理課（日常物理）及歷史課（世界文明與歷史思維）開啟我對世界的認識、和宇宙的關係及自己在宇宙的訂定位。提高我觀察世界的格局，也促使思考自己與世界及身處社會的關係。」

博雅書院一期莊得恩：「在博雅書院的生活讓我看見了很多不可能，也看見了很多可能。」

博雅書院二期林君潔：「我覺得博雅書院的院生不一樣之處，是我們身處在群體之中，有敢為天下先的氣魄，也就是負責任的態度。」

博雅書院二期黃宣瑋：「博雅書院培養我不排斥對不同領域的知識，養成我對事物好奇心，即使面對未知的領域，也不怕艱難的嘗試與學習。在博雅需完成專題，從尋找問題至找出解決方案的過程裡，這樣的訓練培養了我做事踏實的態度。另外博雅書院帶給我的是永續發展的觀念，以前我是個較冷漠、不關心其他人、事物的人，但現在覺得自己對學弟、妹有責任，所以常常試著關心學弟、妹的狀況。」

國際發展書院的理念與實踐

季　淳

國立政治大學國際事務學院約聘客座教授、國際發展書院總導師

劉育成

國立政治大學國際發展書院學術導師

黃信洋

國立政治大學國際發展書院學術導師

吳明錡

國立政治大學國際發展書院執行祕書

摘要

　　國際發展書院作為一個書院的理念，是希望經由住宿學習、親密互動的學習，以及小班制的教學環境，來進行個別式的指導，培養出一種既嚴肅又嚴格的教育氣氛，訓練學生成為不僅有知識和見識，也有廣闊視野的現代公民。國際發展書院做為一個主題書院的理念，則是將書院教育主題化以求活動系統化、目標明確化，以及能夠區隔不同的書院。最後，做為國內少數主題書院之一的國際發展書院，不論在招生、人事、學生團隊、學規、課程、學習家族制度，和全院性的專案活動等等方面的實踐，都累積了一定的經驗，也面臨了一些問題與挑戰。

關鍵字：書院教育、主題書院、住宿學院

　　有鑒於「修身養性」、「安身立命」的人格教育、生命教育和生活教育的重要性，兩岸四地的一些大學在過去幾年紛紛以設立住宿書院的方

式來推動書院教育，其中也包括了國立政治大學。政治大學於 2008 年成立「政大書院」，也在此一架構之下於 2011 年成立了三個主題書院之一的國際發展書院迄今。

壹、國際發展書院作為一個書院的理念

大學裡應該學「大學」（big learning）而不是學「小學」（small learning）。所謂「大的學問」指的是「修身養性」與「安身立命」之學，而「小的學問」則指的是古人所謂的「奇技淫巧」、或是今人所稱的「經世致用」之學。所以古典的書院教育著重於「全人教育」（whole education），不只包括了廣泛的知識教育、文化上的薰陶、自我的定位與實現，更包括了道德與人格的訓練課程。傳統上，書院教育不設立可以幫助就業的科系與課程，因為專業訓練被視為「小的學問」，所以不可在「大學」裡開設此類課程。

書院教育（liberal arts education）英文名謂中的「liberal」一字與意識形態中的「自由主義」一義無關，它指涉的是此種教育的目的，是為了培養知識上的「自由人」（a freeman），而不是「識盲的奴隸」（an intellectually blind slave）。至於「arts」一字則可追溯到中世紀歐洲所強調的「七藝」之學（文法、修辭、邏輯、幾何、算術、音樂和天文）。但是到了 17 世紀的美國，書院教育只著重於神學、人文、藝術等課程，後來隨著時代的演進，書院教育的內涵也包括了科學和社會科學等學科，甚至到了 21 世紀，美國的高等教育學界也開始討論將工程學科納入書院教育的可能性。

相對於綜合性大學的「專才」（specialist）教育，書院教育是培養「通才」（generalist；就如同 B.A., M.A., Ph.D. 等學位的英文原義）的菁英教育（elite education），在住宿學習、親密互動的學習、以及小班制的教學環境之下進行個別化的指導。美國全國性的小型文理大學的全校學生數一般在 2,000 人以下，師生比在 1：10 左右。在如此精緻化

的學習環境裡，師生之間和學生與學生之間有著既深且廣的互動，培養出一種既嚴肅又嚴格的教育氣氛。訓練學生成為不僅有知識和見識（information），又有廣闊視野（vision）的現代公民。

但是書院教育的精華不在於一套「機械式」地提供的課程，而在於教授們對於書院教育「春風化雨」般、近於無私的承諾與奉獻。於是一個理想的書院教育，就如同成功大學的黃崑巖老師形容「教養」就像「風」一樣，雖然看不見、摸不著、無形也無蹤，但是當清風拂面之時，受者自當心領神會。所以書院計畫成功之關鍵，在於所有的教職員生（尤其是直接參與的新進教職員）在觀念上，必須念茲在茲，對於書院教育有深刻的承諾與奉獻之心，此實屬重中之重。

此外，因為書院教育在西方自有其形成的歷史文化背景，和優越的財務條件，所以我們也不能忽視在臺灣社會的大環境裡，在文化上、觀念上、和制度上對於書院教育發展存在的種種限制與挑戰。（註一：有關書院教育的起源、發展、貢獻以及其不同於通識教育之處，請參考季淳〈美國文理大學的書院教育及其在臺灣發展的可能與限制〉，《通識在線》2010 年 1 月號。）

貳、國際發展書院作為一個主題書院的理念

臺灣各種書院教育的實驗計畫，多數著重於成立一個小型的單一書院，其中並無明確的主題（theme）設計。雖然堪稱美國書院教育經典之作的哈佛學院（Harvard College）或是威廉斯學院（Williams College）也沒有刻意設計書院發展的主題，但是基於下列諸多原因，我國書院教育的主題化似乎有其必要。

▪ 書院教育主題化以求書院活動系統化

在過去這幾年來，可能是因為要在短時間之內達到所謂「（廣）博（典）雅」的目標，我國書院教育的發展似有因為活動包山包海、博雜瑣碎，而有漫無章法之傾向。西方書院教育歷經數個世紀的自然演化，

渾然天成，故而不矯柔造作，而我國的書院教育在求快求好的壓力下，外顯的活動之中，刀鋸斧鑿之痕，歷歷在目；這些活動可能一時之間光彩奪目，但應該潛藏在活動之中更高遠的價值，卻往往流於形式而不能內化於心。所以我國的書院教育在初期發展的階段，可以考慮訂定明確主題，以期將所有書院的活動在主題「道一以貫之」的主導之下條理化、系統化，將有限的經費做最為經濟有效的運用。

　　▪ 書院教育主題化以求書院目標明確化

　　因為國內絕大多數的師生對於書院教育的宗旨、目標與做法，尚屬陌生，又往往與通識教育和住宿教育混而一談，所以在起步的階段，書院的目標不宜過度抽象化、哲理化。如果能將書院具體而微地主題化，除了在規劃活動的時候有所依循之外，更重要的是讓書院的導師與院生胸中有成竹，明確地知道為何而戰，不會在精疲力盡之餘，心生懊惱，而迷失其間。

　　▪ 書院教育主題化以求區隔不同的書院

　　在美國高等教育的各種書院模式之中，因為「哈佛模式」或「威廉斯模式」有其形成的歷史文化背景、優越師生比例和財務條件，和我國的情況扞格不入。在只能取法乎「下」的情況下，臺灣的大學應該參考「校情」較為接近的美國公立大學的書院制度，如加州大學聖地牙哥分校（University of California, San Diego-UCSD）所有的大學部學生都歸屬於六個主題化的住宿學院（residential college）之中，每一學院有3,000 到 4,000 名左右的學生。臺灣的大學的學生人數雖然沒有美國的公立大學眾多，但也多到在初期的書院計畫實驗到了一個段落，而開始開枝散葉，以期公平分配教育資源的時候，就必須逐步設立數個書院來將更多的學生納入，如此一來就有必要將書院教育主題化，以求區隔不同的書院。

　　但是上述所謂的「UCSD 模式」在過去這四十多年來，發展得並不十分成功。其原因至少有三：1. 主題（如文藝復興、社會責任、平衡的生命等）似乎過於廣泛、高遠，而且彼此之間缺乏連貫性；2. 該模式沒

有專屬的師資、課程、和主修，而是以和學院主題相關的各種住宿、學術、和課外社團活動為主；3. 學生人數過多。因此我國書院在初期發展的階段，應該考慮將書院主題有限化、淡化、減化，並且具有一貫性，以期目標具體而微、容易上手。我們不必在意書院訂立的主題有過於輕簡瑣碎之嫌，因為所有的主題設計和相關的配套措施，只不過是為了達到書院教育更為高遠的目標的「載具」（carrier）而已，最後都是為了創造一個個別式的指導（individualized instruction）、師生之間與學生之間廣泛而親密的互動（extensive and intimate interaction）環境。另者，書院的發展可以考慮以專屬的師資開設書院課程，和通識教育課程相結合。（註二：有關書院教育主題化的相關議題，請參考季淳〈書院教育主題化的必要性與發展策略〉，《通識在線》2011 年 1 月號。）

　　基於上述理念，國際發展書院以「國際發展」為主題、為載具，除了希望達到書院教育更為高遠的目標之外，還有下列數項具體而微的計畫目標：

1. 啟發學生對他人觀點、經驗與世界觀的了解與欣賞。
2. 磨練學生跨文化的溝通技能。
3. 提供機會累積學生跨文化互動的國際歷練。
4. 引導學生對全球議題的持續關注與探討。

參、國際發展書院的實踐

招生

　　每一年定期招收大二、大三之本校學生進入國際發展書院，在接受一到兩年住宿學習的書院經驗之後，大三生和大四生雖然可能因為住宿資源有限而不住校，但也仍然擁有之前所屬的書院身分。此後，每一學生在畢業時，除了一個專業學位之外，也有一個書院學程證書。

人事

國際發展書院設立總導師（Master）一名和學術導師（Assistant Master）兩名，負責課程教學、生活輔導、住宿教育和各種與國際發展主題相關的活動。在行政事務方面，設置執行秘書一名，負責各種教學行政工作。

學生團隊

國際發展書院以「經驗傳承」、「彰權益能」和「永續發展」作為學生團隊運作的核心概念，來招募、培訓學生團隊。

第一屆共招募 15 位院生組成學生團隊，分由教育組、活動組、行政組負責院務工作，並發展特色專案。第一屆學生團隊的貢獻在於建立學生團隊的基本雛型，並連續辦理全院師生一同參與之「秋季共識營」和「春季共識營」，在反思和檢討的過程中，形塑國際發展書院的理念，調整工作的重點和節奏。

第二屆學生團隊在理念不變的狀態下，改變運作架構，讓學生團隊結構變得更加扁平，藉以提昇整體運作效能。目前改採任務編組方式運作，每一小組控制在 3-5 人，由一位老師指導，協助推動書院專案活動與營造住宿氛圍。

學規

國際發展書院基於制度化以期可長可久、永續發展的考量制定學規，規範招生甄選、保留院籍、退院、修讀本院課程、成績考核、獎勵、修業要求、以及授予證書等事宜。其中在獎勵制度方面，設立「風雩獎章」、「楓香獎章」、「行健獎章」和「集英家族」等獎項以獎勵表現傑出之院生和學習家族，並激勵院生積極參與和投入書院生活。四個獎項的名稱代表著政大人的核心價值，在每一次授獎時，會讓院生知道每一個獎項背後的意義與期許。

課程

　　經過 100、101、102 年的探索與實驗，國際發展書院逐漸完善其必修課程的結構與內涵，如下表所示：

科目名稱	課程屬性	學分數	開課狀況			
			第一學期	第二學期	第三學期	第四學期
1 國際發展與臺灣	可採計為本校社會科學領域通識學分	2	■			
2 國際發展論壇		3		■		
3 世界探險隊		2			■	■
4 國際發展書院的傳承與創新	服務學習課程	0	■	■		
總計		7				

　　如表所示，國際發展書院有三門必修課，依序是〈國際發展與臺灣〉、〈國際發展論壇〉以及〈世界探險隊〉。三門課的重點分別是國際基本知識、在地行動能力與跨文化學習能力的打造，也就是一條打造自主學習能力的發展路徑。

　　〈國際發展與臺灣〉是培養基礎知識的課程，主要在拓展院生的國際視野，藉由研究國際發展的諸多議題（如：貧窮、女性、老年、移工等等）來檢視臺灣社會發展的程度。

　　〈國際發展論壇〉是行動導向的課程，主要在院生具備知識基礎以後，進行實地探究，並且在老師的引導下製作學習成果展示的海報，並以正式學術研討的方式，在論壇中進行口頭報告。論壇也安排校內外的學者專家和院生充分對話，讓院生能練習如何理性溝通、表達立場、接納異見，在辯證的過程中，慢慢具備領導人的能力和公民思辨的素養。

　　〈國際發展與臺灣〉和〈國際發展論壇〉這兩門正式的書院課程與一般通識課程或專業系所的類似課程之間，最大的不同之處在於課堂上發問和討論的氣氛。因為課堂上的授課老師同時也是書院的生活導師，再加上同學之間具有院生、家族成員、甚至是室友的多重身分，所以比

較不會有羞於發問，或是迴避討論的情況。

〈世界探險隊〉的重點則在於自主學習，學生學習自我規劃，來完成 240 個小時的國際歷練。由授課教師在增權賦能的過程中，讓學生主動規劃學習目標、學習內容、進行方式與學習成果，練習自己當老師；開課老師主要的任務在陪伴、引導和確保學生在繞路之後，能朝原來的方向前進或開創有意義的學習路徑。在這三門必修課之中，〈世界探險隊〉無疑是一門最具有實驗精神的非傳統式的課程，因此也值得我們細加探究。

〈世界探險隊〉這門課主要有五個實驗點，分別是 1. 評量方式跨學期，2. 改變中的師生關係，3. 學習深度由學生自訂，4. 一對一的師生授課，以及 5. 沒有固定地點的教室。師生之間的關係，由原先傳統上對下的授課關係，發展成一種平行的諮詢者與被諮詢者的關係，修課同學必須一再地質問自己，倘若自己就是自己的老師，該以何種態度來要求並主導自己的學習方向與成果。

從教師的角度來說，〈世界探險隊〉可以展現個人自主學習的精神，由於是以一對一的授課方式，學生的「用心」與教師的「心意」，比較有機會被確實地掌握，於是生活學習的意涵就可以被突顯出來。而以「實習」方式執行的自主學習方式，以及半結構式的教學設計，都是為了讓學習指向自主學習的一端。若說「師徒制」的一對一教學方式是為了便於讓技能與態度傳授給學習者，那麼，可以類比的是，〈世界探險隊〉的自主學習能力的設計方式，最終其實是寄望學習者能夠養成開放的心胸。

從學生端的角度來說，由於學生必須自行設計並執行自身的自主學習計畫，學習的價值便可以被深刻地感受到。而課程的要求也讓學生的國際歷練動機獲得強化，對多數的學生來說，在世界壯遊可說是一種夢想，〈世界探險隊〉的課程因此可以說是促使夢想落實的一大動力。在國際歷練的過程中，「國際化」的確切意涵，要由執行者想要藉此習得的能力來加以定義。最終，國際歷練的學習經驗，以及個人體驗學習

的領悟,都讓學習者在分享會的場合證實自己有能力擔當大學講師之一職。

從「博雅創新的社會領導人」的角度來說,〈世界探險隊〉之類的課程雖然可以打造自主學習的能力,但是全人教育還是需要書院教育的配合,而領導力的養成也需要書院家族的學習環境才比較容易達成,原因就在於在華人的高等教育學習圈之中,目前似乎只有主題書院比較可以達成知識、情意與技能的統合式的學習方式,把「價值」併入制度化的一環之中。下面就讓我們來探討一下國際發展書院的學習家族制度,以及一些以學習家族為基礎的相關活動。

學習家族制度

在國際發展書院的規劃裡,除了正式課程之外,另有三項與實踐書院精神相關的設計,分別是學習家族制度、導師月會,以及自主學習活動。國際發展書院建立「學習家族」作為跨院系學生管理之基本單位,其目的在於落實個別化的適性輔導和確保學生的學習品質。每一個學習家族,由 8-15 位院生組成,並由一位專任學術導師負責帶領;每學期固定辦理至少 4 次導師月會,並且導師會在第一年結束之後完成所屬導生的個別晤談。

學習家族制度的內涵與精神在於嘗試在住宿生活中融入「家」的感覺,期待透過一群人在宿舍裡有緊密的互動,也藉此希望建立具有較強連結性的學習社群。放在主題書院的架構之中來說,學習家族具有非常特殊的意涵,原先是因為書院必修課程而湊巧匯聚在一起的一群人,課程的重要性一開始是比較高,因為同學普遍還是先接受有學分、有分數以及知識承載度較高的學習方式,也就是教室內的傳統學習方式;而教室外的學生活動,由於是以「課外活動」的名稱出現,即便說此種「課外」學習方式對於學習者的待人處事方面明顯具備較高的學習內容,卻因為無法獲得學分的認證以及分數的認可而似乎不被視為「正式」的學習方式。但是由於家族內部的事務以及書院的活動促成家族成員之間頻

繁互動，學習家族成員的情感因而日益緊密，家族事務的重要性也就開始凌駕於課程之上，而沒有學分認可的自主學習活動，也被學習家族視為一個重要性頗高的學習活動。

導師月會

家族制度裡除了學生彼此之間的互動之外，導師的角色也緊密地連結於此一制度。師生關係在書院的規劃與想像裡是很重要的一部分；這裡所強調與欲營造的師生關係，在很大程度上有別於專業系所的導師制度，前者比較像是「人師」的角色，而非僅限於專業知識的傳授。在第一屆時，導師與學生的聚會是每兩週進行一次，稱為「導師雙週會」，每一學期大概會進行八至九次左右。這樣的實驗項目在第二屆時，因為參考第一屆的施行方式以及院生的反映之後而有所調整，改為每月至少進行一次，並更名為「導師月會」施行至今。導師月會是以家族為單位，進行的方式與內容，多半是由各家族自行規劃與執行，如果需要的話也可以與導師討論。目的是一方面希望家族成員透過家族聚會能夠有更多互動與相處的機會，藉此營造較強的學習與行動社群。另一方面，透過家族聚會，導師也可以增加與學生的相處時間與互動，營造除了專業知識傳遞之外的另一種較為親密的師生關係。透過相處與互動，導師與學生們幾乎就像是朋友，不僅可以在專業知識上給予建議，同時也可以更深入了解學生們的生活問題，在很大程度上將更有機會發揮「人師」的角色與期待。

導師月會的內容無所不包，「在生活中學習」成了規劃相關活動的重要方向。因此，諸如早起爬山、參觀各種展覽、桌遊、聚餐，或者是自行設計的小活動等，都成了月會的內容。在過程中，我們也發現家族制度所期待的「連結（bonding）」的確發生，而且帶給家族成員相當正面的影響。「相愛容易，相處難」這句話正可用在家族制度裡。學生們在相處的過程中，學習也正在發生，無論是在宿舍裡或是在課堂上。

自主學習活動

在家族制度與導師月會所建立的基礎上，另一項進一步實踐書院理念的即是自主學習活動。以家族為基礎，秉持著「大家一起做一件事」的精神，各家族在導師的引導下自行規劃並執行學習計畫。這些計畫包括對社會議題的關注，例如舉辦能源之旅，參訪核能電廠並且對相關組織進行訪談；淨灘活動，利用兩天的時間執行淨灘的任務。另外也有比較軟性的活動，例如傳統工藝體驗活動等。這些活動的規劃與參與都由家族全體成員來進行，重要的是運用在家族制度所培養出來的默契，在「大家一起做一件事」上發揮更大的效果。總之，自主學習活動的特色不只是在於突顯家族的情感凝結力而已，更在於成就一個願意理性分工、一起規劃並執行自主學習活動的群體。

綜觀之，國際發展書院的學習家族制度對於現行的高等教育體系可能有三種貢獻：其一是原本隸屬「課外」學習活動的社團學習方式，變成書院總體學習課程之一環；其二是團隊合作分工與領導力的學習方式有機會整合進入一般的學習課程裡面；其三則是德行教育的價值觀有機會獲得深耕與茁壯。

全院性專案活動

除了學習家族制度、導師月會與自主學習活動這些比較偏向「書院」精神的元素之外，由於名稱的緣故，國際發展書院另外也同時強調「國際發展」的精神，而產生許多具有「國際」元素的全院性專案活動，包括城市小旅行、宿舍私房菜、小世界專題、TEDxNCCU、英語聊天室，以及英文寫作等等。

城市小旅行

國際發展書院的課程設定，是希望可以使隸屬學務性活動的非正式課程，在書院的總體學習課程之中獲得重要的評價。若以學校為界線，非正式的學習課程可以分成校外的，以及校內的課程。前者在考量時空便利性與書院必修課程關聯性的因素之後，以大臺北為主的城市小旅行

的活動便出現了，呼應現今風行於臺灣的「小確幸」風潮，透過日常生活中五感開發的作法來推展「知福惜福」的感恩價值觀；另一方面，書院「遊中學」的操作方式，經由在大臺北漫遊的直接作法，讓「情感」學習的元素可以融入體驗學習的過程之中。在非正式課程之中，情感面與人際互動面的比例較高，亦因為如此，對院生的影響會具有較高的深刻性，回憶性的價值亦更高，若可以把人性的良善價值觀融入其中，品行涵養為核心的全人教育的精神便有了茁壯的空間。

宿舍私房菜

　　除了以大臺北為範圍的校外非正式的學習課程之外，國際發展書院還有一種在校內的、課堂外的學習活動，也就是宿舍私房菜的活動。活動的主旨乃是希望邀請有過旅外經驗的政大師長們，透過一道在異地生活裡，印象最深刻的食物味道，把蘊含酸甜苦辣的滋味濃縮成一個故事來加以分享，藉此將一些旅外須知與叮嚀傳遞給未來即將進行海外歷練的院生們。有趣的是，頗多講者旅外生涯的美好滋味，都是臺灣本地帶過去的味道，一方面印證了華人安土重遷的文化特質，另一方面則說明了臺灣小吃對於異地遊子的重大影響力。此種軟性訴求的活動運作方式，對講者來說比較不會造成壓力，對參與者的院生來說，食物的溫暖與心理感受的溫暖程度，呈現的是一種正比的關係。在這樣的一種場合，講者的實質角色比較像是「導師」，不是來傳遞知識，而是來分享生命的體驗。一旦聽者與講者的溝通重點不是在於知識真偽的辯證之時，批判力道就會降至低點，人際之間的真誠互動就有可能醞釀而生，於此之際，書院教育的精神也就出現了。

小世界專題

　　小世界專題規劃的內容主要與世界有關，從歷史、社會、經濟等不同面向，介紹世界的各種樣貌，例如從珍珠奶茶看世界、電子媒介的發展與影響、服裝與性別的連結等。透過比較軟性的議題，以說故事的方式，讓學生們除了專業知識的吸收之外，也會有一些科普式的國際知

識與視野，增廣觸角，同時也培養跨界思維。該活動有部分也由前一屆的學長姊來規劃，不僅是院生可以參與，也開放給全校的師生。例如2013年所舉辦的「城市映象」系列活動，將世界地圖放大、繪製成數塊大型的互動展覽板，在地圖上標示各地城市的名字，透過便利貼的方式，讓觀看者可以就其去過或沒去過的城市留下自己的想法或想像，並且貼在展覽板上，形成一種持續進行中的互動藝術，輪流放置在校園裡的五個角落，提供給全校的師生觀賞與參與。這一系列的活動最後則邀請臺北市文化局長劉維公來分享城市設計與未來的想像。無論是校園內的互動展覽，或者是活動最後的分享，都吸引到很多人次來參與。在此過程中，院生可以學習策展，也可以透過參與，而看到對於城市的各種不同的看法與想像。

TEDxNCCU

TED 是美國的一個非營利組織，作為一個國際性的跨媒體與跨界平臺，它的精神很簡單：值得分享的好想法（ideas worth spreading）。TEDx 則是 TED 在 2009 年開啟的全球授權計畫，透過世界各地獲得授權的策展人，舉辦類似 TED 的活動；一方面期待發掘在地的好想法與行動，另一方面也藉由平臺的力量連結更多的人與資源，讓好的想法與行動可以擴散，造成更多更正面的影響力。因為 TEDx 計畫使其擁有更多、更豐富的國際性元素。「18 分鐘看世界」，可以讓我們了解世界正在發生什麼事、認識其他國家在各個領域之趨勢等，最後再回過頭來看看自己，也許提供了一種不同的思考與認識自己的方式。

2012 年籌組了 TEDxNCCU 團隊，將此一世界知名的媒體與創新平臺的精神與內容，引入書院與政大校園。團隊的設立也引進許多資源，一方面豐富教師的教學內容，另一方面也提供話題，讓學生們可以就不同議題發想並且參與討論。2013 年 TEDxNCCU 團隊舉辦了第一次的年會活動，邀請十個領域的十位講者，分享各自的想法與故事，吸引到將近 350 人的參與，活動前的校園實驗計畫與暖身活動也吸引到許多師生

的加入。

英語聊天室

　　為了要培養院生英語討論的能力與習慣，從第一屆開始由老師帶領，以學習家族為單位，就國際時事和院生專業主修的相關議題定期進行小班制的英語交流。第二屆開始由老師和第一屆的學長姊一同帶領，打破家族界限，就國際議題進行開放給全院的英語交流。第三屆的英語聊天室就放手給第二屆的學姊們獨立運作。因為師生之間彼此高度熟悉，參與的院生們比較不會有擔心自己的英語程度而羞於啟齒的困擾，而對於帶領的學長姊們在語言、儀態、責任、膽識等等各個方面的訓練，則成為此一專案活動意外的收穫。

英文寫作

　　所謂「我寫故我思」（What you write is what you think.），一個寫作不好的學生也必定缺乏批評性的思考能力。有鑑於此，書院從第三年開始針對第二屆院生，由老師帶領一對一的英文寫作班，就各種具有爭議性的議題每兩週完成一篇英語短文，訓練院生批判性的英文寫作能力。

　　以上這些專案活動與實驗計畫，相當程度上豐富了「國際發展」的內容，也讓學生們在非正式學習的管道上有了不同的選擇，開拓了更寬廣的視野。

其他

　　除了以上這些正式課程、學習家族制度以及專案活動之外，為了凝聚書院師生的向心力，國際發展書院也推動了下列各項儀式性的節慶活動：全院迎新（大迎新）、家族迎新（小迎新）、始業式、結業式、聯合班會、每月慶生、期末團圓夜等等。此外，配合上述各項活動，書院亦持續透過院徽、優秀院生獎、優秀家族獎、暑假家書、寒假家書、畢業家書、族譜（通訊錄）、院生手冊和全院團照等等，具有象徵意義的儀式和物件，來強化院生的向心力和歸屬感。

肆、問題與挑戰

在臺灣高等教育的大環境裡，不論在觀念上、在制度上、還是在財務資源上，都存在著對於書院教育發展各種的限制與挑戰。在觀念上，書院教育為何？為何要有書院教育？它是不是一種社團？是不是多餘的？跟求職與就業何干？會不會影響到專業的學習？在制度上，書院系統究竟是教學單位、還是學務行政單位？和既有專業系所的關係為何？和通識教育中心的關係又如何？在財務資源上，書院的經費來源為何？是否會排擠到專業系所的預算？是否會影響宿舍資源的分配？

除了上述這些已被經常論及的一般性的大問題之外，國際發展書院本身面臨著在人事、理念、參與和招生至少這四個面向的問題，而且這些問題環環相扣、互為因果。

人事問題

因為書院系統並未制度化，國際發展書院的兩位博士級學術導師仍屬約聘行政人員，此種制度上的不穩定性，對於青年學者的職涯發展影響甚巨。另外，因為兩位在行政經驗較資淺的學術導師和較資深的執行秘書，都同時擔任教學與行政的工作，所以在彼此之間，先天上就有層級和角色混淆錯亂的問題（教授還是職員？ vs. 秘書），此一問題小則有礙內部的合作、大則影響書院外部的整體形象。

理念問題

在既有體制的條條框框之下，要對一個具有高度實驗性質的教育創新計畫，規範評量到什麼程度？

在草創初期，院生對於書院教育尚未充分認同的情況之下，書院的課程和活動的質與量要如何拿捏，才不至於苛求，或是有失職責？在此一情況之下，又要如何掌握管理院生學習的分寸？依循書院教育自由學習的精神，還是為了要成功地建立新的制度而嚴格管理？

　　國際發展書院的設立是以國際發展的學習為手段，以期達到書院教育更為高遠的目的，但是往往在資源有限、又被外部期待的情況，兩者之間何輕何重？

　　以上這些問題不過舉其犖犖大端，這些問題對於書院的運作纏繞不休的程度，幾乎無日無之！

參與問題

　　在大至臺灣的大學生，或是小至國際發展書院的許多院生，對於書院教育尚未充分認同的情況之下，對於一些比較嚴格的課程要求，和比較缺乏趣味的學習活動的參與程度自然低落；另外，也有一些自我要求極高的學生，因為太多課、太多社團活動、太多的外務而身心俱疲，因此無法充分參與書院的學習活動。

招生問題

　　國際發展書院招生從第一屆的將近 120 人，降到了第二屆的 60 餘人以及第三屆的 40 餘人。招生逐年下降的原因，主要有下列五項：

1. 國際發展書院希望錄取自我要求較高（high achieving）的學生，但是外部對於國際發展書院一般的印象是活動多、要求高且較缺乏趣味，使得一些已經很忙的政大學生望之却步；
2. 學習過程把關嚴謹，為了讓校方投入的資源（如經費、人力、床位等）能充分運用且發揮效能，我們每學期定期讓參與程度低於標準者退出書院；
3. 校內同質性的學生社團或活動逐漸增加，使得國際發展書院不易在缺乏大量獎助學金資源的情況下，吸引學生參與；
4. 和其他主題書院不同的國際發展書院具有一個簡單清楚的院名，使得一些同學以為國際發展書院的設立是以國際發展的學習為目的（而非手段），而且有大量出國歷練的機會與補助，所以有了某種程度的不切實際的期待和之後的失望；

5. 被學生反對新生書院的態度所波及。

伍、結論

　　不論就外部臺灣社會的大環境、還是政大內部的小環境、還是就國際發展書院有限的經驗來說，因為在文化上、觀念上、制度上、財務上和人事上的種種挑戰，目前在臺灣或是在政大推動「書院教育」的條件仍未成熟。此時此刻的當務之急，是在全面精進通識教育的同時，改絃更張，將「書院教育」轉化為基本的「住宿教育」、將以自我開設的課程為核心的「主題書院」轉化為以生活為主的「住宿學院」。住宿學院一樣可以有主題，也可以有課程，但是所謂的課程是在現有的通識教育課程之中，按主題需要選擇一套課程做為該院學生必修的通識課程。另外，再依住宿學院的主題，發展相關的住宿教育和課外活動，如演講、討論、志工、社區學習（community-based learning）、公民參與（civil engagement）、服務學習（service learning）、實習等等活動，來做為住宿教育的基本功能。

Where there is a wall, there is a way.

賦權、想像、在關係裡創造——X書院的理念與實踐

陳文玲

國立政治大學廣告學系教授兼 X 書院總導師

摘要

　　從教育著手培養本土創意人才，是臺灣面對經濟發展十字路口時，回應種種威脅，並將之轉化為機會的根本解決之道，然而，高等教育本身，也正因為科技更迭與知識爆炸，面臨前所未有的嚴峻挑戰，大學創意教育的形式、內涵與取徑，必須重新檢討與界定。有鑑於此，2006年開始，政大做了一個打破既有上課形式，以行動實踐做中學，運用直覺與感官來設計學習體驗的教育實驗，前四年稱為創意學程，第五年起，更名為「X書院」。

　　首先，X書院的學生來自不同院系，帶著不同領域的知識與思考方式聚集於此，因此，X書院有機會成為一個見樹又見林的學習場域，引領學生將不同層次、不同構面的知識串連起來、產生意義，創造跨領域的學習。因此，X書院是跨領域的。

　　其次，教室裡的和學門內的學習偏重外顯知識，較少觸及如何認識自己，如何對待世界以及如何找到動力、勇氣與熱情這類議題，創意學分學程（即 X 書院前身）向來看重態度、動機與體驗，因此 X 書院有機會奠基在內隱的、默會的與行動的知識基礎上，與通識教育、專業教育聯手打造一個更完整的知識地圖，因此，X書院是內隱、默會與行動的。

最後，當課程設計保留足夠彈性，有餘裕納入具備未來性的主題、技能、觀念或知識，X 書院就有機會在這些跨界與手作的實驗過程中為學生創造「個別的未來」、為學校尋找「集體的未來」，因此，X 書院是前瞻。

關鍵字：賦權、想像未來、動手做、說故事、創意教育實驗

暮從碧山下，山月隨人歸。

〈麥肯錫 2020 年臺灣報告（McKinsey Taiwan 2020 Report）〉指出，與亞洲其他國家相比，臺灣經濟發展欠缺動力與創新優勢，人才持續流失，社會大眾也對未來缺乏信心。報告建議，臺灣的未來，可著眼於創造教育的獨特價值，結合創意與產業，讓臺灣轉型為區域創意中心。[1]

從教育著手培養本土創意人才，明顯是臺灣面對經濟發展十字路口時，回應種種威脅，並將之轉化為機會的根本解決之道，然而，高等教育本身，也正因為科技更迭與知識爆炸，面臨前所未有的嚴峻挑戰，大學創意教育的形式、內涵與取徑，必須重新檢討與界定。

從形式來看，提到大學教育，很容易就聯想到一年兩學期、一學期十八堂的上課方式，這種設計仍離不開漸進、按部就班的思維邏輯，堪稱方便、實際、有效率，卻未必是最理想的創意教育形式。[2]

從內涵來看，認知科學把知識分為「陳述性知識」（declarative knowledge）和「程序性知識」（procedural knowledge），前者是領域的核心知識，亦即「knowing what」，後者是執行知識的能力，亦即「knowing

1　McKinsey Taipei (2009). *Taiwan 2020: In Search of A New Economic Vision*. unpublished dissertation, McKinsey & Company, Taipei.
2　陳文玲（2006）。**越旅行越裡面**。臺北：心靈工坊。

how」。[3] 艾墨碧（Amabile）、[4] 契克森米哈里（Csiksentmihaly）[5] 與加德納（Gardner）[6] 強調創造力是一種依附於情境、與情境高度互動的知識，學習者往往得在情境中不斷嘗試與犯錯始能完成學習，鍾蔚文、臧國仁、陳百齡用「即興演出」（improvisation）來勾勒一堂理想「做中學」的課，但是他們也承認「行動的知識在學校的環境中似難以完全傳授。」[7]

從取徑來看，創意教育對應的內隱直觀也和傳統教育標榜的外顯思考大相逕庭，如果說後者是「腦」的鍛鍊，前者就是「心」的體操。榮格提出四種心靈（psyche）功能，其中思維（根據分析和邏輯規律來做決定）和感情（根據個人的價值觀來評斷事物）是理性的，直覺（以個人的無意識經驗或認識作為行為基礎）和感官（經由對於世界和自身的實際感知處理事務）是無關乎理性的。[8] 教外顯知識有方法、有目標，具體得多，教內隱知識則抽象、發散，難以預測效果。

為了回應上述困境，2006年開始，政大做了一個打破既有上課形式，以行動實踐做中學，運用直覺與感官來設計學習體驗的教育實驗，前四年稱為創意學程，第五年起，更名為「X書院」。

3　鍾蔚文、臧國仁、陳百齡（1996）。傳播教育應該教些什麼？——幾個極端的想法。**新聞學研究**，**53**，頁107-129。

4　Amabile, T. M. (1995). *Creativity in Context*, CO: Westview Press.

5　杜明城譯（1999）。**創造力**。臺北：時報出版。（原著 Csiksentmihaly, M. [1997]. *Creativity: Flow and the Psychology of Discovery and Invention*. Harper Collin）

6　林佩芝譯（1999）。**創造心靈**。臺北：牛頓出版。（原著 Gardner, H.[1994]. *Creating Minds: an anatomy of creativity seen through the lives of Freud, Einstein, Picasso, Stravinsky, Eliot, Graham, and Gandhi*. Basic Book）

7　鍾蔚文、臧國仁、陳百齡（1996）。傳播教育應該教些什麼？——幾個極端的想法。**新聞學研究**，**53**，頁122。

8　蔣韜譯（2000）。**導讀榮格**。臺北：立緒文化。（原著 Hopcke, R. H. [1999]. *A Guided Tour of the Collected Works of C. G. Jung*. Shambhala Publications）

卻顧所來徑，蒼蒼橫翠微。

　　1998 年，為了執行國科會研究計畫《個人創造力理論模式之建構——以臺灣地區廣告業為例》，我訪問資深廣告人孫大偉，他對我說：「任何企圖研究創意的人，都是沒有創意的人。」

　　孫大偉的意見代表了廣告人與創意人對創意教育和研究的印象，卻並非我對創意教育和研究的想像。在我的想像裡，研究並非沒有創意，只是我們不習慣或不鼓勵用創意評量研究；在我的想像裡，創意除了可以是教育的主題，更應該是教育的態度、教育的方向和教育的方法。此後十六年，我的教學和研究，從未離開創意這個主題。

　　2006 年秋天，我成為政大創意學院計畫協同主持人，讓我的工作對象從個人拓展為團體，研究也從個體的創造力延伸為組織的創造力，正因為有了結構的助力與阻力，迫使我學習從組織、團隊與團體動力的觀點來規劃政大創意實驗室、籌組並推動創意學程。四年後，教育部專案補助結束，借助政大書院的經費挹注與創新與創造力中心的行政支持，創意學程得以順利轉型為「X 書院 @ 政大創意實驗室」。

　　數學方程式裡，「X」代表未知；在政大書院裡，「X」代表年輕世代對於大學教育形式、內涵和取徑的反思。

　　「X 書院」這三個字，是由創意學程第四屆同學和我一起決定的，而 X 書院設置的目的，就是建立一個勇敢面對未知，並具備實驗性、多樣性與自主性的學習平臺，讓政大學生在此找到對自己、對專業、對生活和對世界的熱情，進而體驗想像、洞察、創造、跨領域與動手做的樂趣。

　　羅洛・梅（Rollo May）認為創意行動有兩個主要特質，一個是「專注」（intensity），一個是「遭遇」（encounter），他解釋道：「畫家在風景之中用心審視，學者沈浸在抽象概念裡，數學家整天與斐波那契數

字為伍，都是帶著主觀意志介入外在世界的創作過程。」[9] 過去七年，從創意學程到 X 書院，在政大創意實驗室裡活動的師生，就這樣，一方面專注於創意，一方面放手讓自己和彼此去遭遇。

　　從主體論來看，X 書院是師生共同發動的行動研究，而且就從創意實驗室這個自己的活動場域裡開始，換言之，研究者即實踐者，實踐者即研究者，研究的目的正是為了從行動裡研發知識以彌補既有形式、內涵與取徑的不足。從認識論來看，一方面，行動研究主張沒有行動就沒有研究，沒有研究就失去了認識自我的機會；另一方面，行動研究也主張研究者應該明白自己還是受到情境、環境與社會文化的無意識牽制，所以必須時時「反省」（self-reflection），並依據反省的結果開發新的觀點。[10] 換句話說，行動研究鼓勵 X 書院師生認識自己、研究自己，而這個清明的、內省的和反思的研究過程，帶領我們不斷地檢討和修正行動的目標、方法與結果，並據此發展新的行動。

相攜及田家，童稚開荊扉。

　　契克森米哈里在《創造力》裡提到米開朗基羅必須蜷曲在教堂天花板的鷹架上作畫，但「山間的空氣，杜鵑的香味，老教堂在碧綠湖畔的投影，必定對創造美麗的圖畫、炫麗的音樂和深邃的思想有幫助」。因為「即便是最抽象的心靈也會受到周遭環境的影響」，一個有創意的環境，能夠呼應創作者思考與行動的節奏，讓他們「在自在的環境裡，忘卻世間一切，專心尋找靈感」。[11] 但契克森米哈里也指出，「我們大都對於大環境無能為力，只能掌控自己周圍的環境。」[12]

9　傅佩榮譯（2001）。**創造的勇氣**。臺北：立緒文化，頁 43。（原著 May, R. [1969]. *The Courage to Create*. New Century Publishing.）

10　同上，頁 260-270。

11　杜明城譯（1999）。**創造力**。臺北：時報出版，頁 156。（原著 Csiksentmihaly, M. [1997]. *Creativity: Flow and the Psychology of Discovery and Invention*. HarperCollin）

12　同上，頁 158。

　　X 書院位於政大藝文中心三樓，透過學生、學校和設計師的努力，把原本用以銜接樓與樓的閒置空間，轉換為六間工作室、木頭地板展演平臺和一個開放式廚房。回頭看，X 書院＠政大創意實驗室除了實驗「課」，也實驗了「室」。

　　廚房的前身，是一位叫做 Bbrother 的塗鴉客。2005 年 9 月，新鮮人剛踏入政大，就發現自己來到一個滿是塗鴉的校園，接著，BBS 恨版、部落格、大學報和主流媒體開始有了反應，謾罵最多，聲援也有，卻幾乎沒有討論和反省。那段時間，Bbrother 和他的塗鴉伙伴成為所有在訓誡和教條底下長大、一心只知乖乖讀書的大學生的全民公敵。

　　如果塗鴉是為了留下一個想被看見的非法印記，是在特定空間裡對某個議題的地下表態，這位選擇在政大塗鴉的畢業生，究竟想對自己的校園說什麼呢？ Bbrother 或許會答：「這個空間不看我們，不聽我們，不屬於我們，我們要用塗鴉來重新擁有（re-own）自己的大學。」所以當六位政大老師開始規劃創意實驗室與創意學程時，就說好了要邀請學生參與空間規劃。

　　第一個版本由學生提規劃，但這個實驗對於欠缺設計專業的學生來說太艱困，第二個版本改成由學生提需求，交給設計師規劃。我記得那是一個炎熱午後，學生七嘴八舌地發言：「沙發」、「床」、「書架」、「舞臺」、「寵物」、「Wii 遊戲間」、「榻榻米」、「夜店風」、「打坐室」……突然有人說出「廚房」，大家開始鼓譟，我好奇問：「為什麼？」學生說：「住在宿舍裡，連冰個汽水的地方都沒有。」另一個說：「想要煮點東西吃好困難。」又一個說：「有了廚房，才會有家的感覺。」掌聲響起，表決通過，創意實驗室必須有個廚房。

　　在公共空間裡設置廚房並不容易，但靠著設計師的堅持和總務處的支持，我們終於有了一個 240 公分寬、270 公分長，周圍放置九張高腳椅，內圈有兩個小電爐、一臺微波爐、一座水槽、一組水龍頭、一組可直接飲用的冷熱水管和一臺小冰箱的迷你廚房。有了廚房以後，要用來做什麼呢？那些當初開口要廚房的學生回答：「我們想做西點。」又

說:「我們想開一家自助式咖啡館!」前者變成一堂選修課「跟大師學習」,後者則變成必修課「問題、創意與實踐」的專案之一。

「做西點跟創造力有什麼關係?」自此,我經常被問到。對我來說,做西點和讀哲學一樣,都在練習運用手邊素材解決未知問題,不同的是,從學生的需求入手設計這個體驗過程,或許更有助於培養他們的動機與自信,以便在專業領域裡(例如哲學)複製更複雜且抽象的學習體驗。不過,自助式咖啡館專案並不成功,創業時募得的五千元,到了學期末,只剩三千出頭,意外的收穫,則是讓廚房及其周邊場域漸漸活絡起來——沒課的學生來這裡看書,自創食譜的學生來這裡試菜,老師帶著研究團隊來喝茶,秘書處送來十包咖啡豆和五十個漂亮水杯……這個240公分寬、270公分長的小空間,就這樣讓創意實驗室有了家的感覺。

數次應邀來臺訪問的印度河濱學校(Riverside School)校長吉蘭·貝兒·瑟吉(Kiran Bir Sethi),以「孩子行動、世界大不同」為題,分享她在創新教育上的實踐經驗。[13] 瑟吉強調,教育最重要的是提供選擇,讓他們看到、摸到、體驗到、感受到改變,讓年輕人知道「自己可以成為改變世界的那個人」(be the change you wish to see in the world)。顧瑜君也曾在《教育小革命》裡寫道:「現今的大學生並不草莓,只要我們願意賦予他們責任、鼓勵他們參與,往往可以在這個青春洋溢的階段,激發出屬於他們的理想性與熱情。大學教育要為國家社會培育的,不應只是在穩定社會分工秩序中自求溫飽的專才,更要在面對秩序崩解時,有能力挺身而出,尋找出路,願意投入建立社會新秩序的知識份子情懷。」[14]

X書院廚房的故事,就是一個實踐賦權教育理念的範例,在岩鹽麵

13　TED: Technology, Entertainment, Design.(http://www.ted.com/)
14　東華大學教學卓越中心社會參與教師社群(2012)。**教育小革命**。臺北:心靈工坊。

包、家常咖哩和花神咖啡的香氣裡，我們找到一條生與師、人與空間、創意思考與專業知識共構的學習途徑。

綠竹入幽徑，青蘿拂行衣。

2006 年，我設計了一門叫做「Project What If」的選修課，觸動我的，是同年夏天在阿姆斯特丹街頭偶遇的一件創作，作者是位年輕女藝術家，她用第一人稱和流動影像說了關於自己未來的兩個故事：

第一個未來→ 我買了一臺筆電修了商學院的行銷學畢業那年進入 P&G 擔任專案經理嫁給另外一位專案經理買了郊區房子孩子長大成人換了幾個工作之後終於升任企業董座開始寫商界回憶錄。

第二個未來→ 我用買筆電的錢買了一把吉他開始練團創作蹺課談戀愛去印度當志工對心理學產生興趣回學校念了一個博士學位白天教書晚上混團幾年之後感覺空無很有道理開始學書法練太極。

初看這件作品，腦海裡浮現的，是一張張每每提到未來就顯得茫然的大學生臉孔，但我認為，學生之所以茫然，並非對未來無感，只是缺乏想像的能力罷了。

開學不久，我要求每個學生交出第一個未來，學期結束前，再交出第二個未來。學期初交給我的未來多半跟所學與社團有關，廣告二姚安砡的是「開一間書法影像工作坊，我負責靜態文字，外子負責動態影像。」社會四的孫天牧選擇「每年花兩個月擔任海外義工，例如泰北、尼泊爾、蒙古、中南美洲等，並據此經驗集結成書。另外，也會透過親朋好友介紹，在婚禮活動中擔任攝影師。最後，則是投資基金股票以確保生活不虞匱乏。」熱衷塔羅的王崇暉寫道「一開始定期在咖啡館算命駐館，由於沒有名氣，沒什麼客人，還得打打散工，想過放棄這工作，但自從算出口碑，上過節目有知名度後，就不再定期去咖啡館。我本來只求有個悠閒人生，但現實是我把自己搞得更忙。」負責社團人力資源的陳品采則條列「34 歲的我是市議員，每月收入來自市府預算，包含議員法令研究費 5 萬 3 千 3 百元，選民服務費 4 萬 8 千 6 百元，議員助

理補助費 12 萬元，此外，開會期間每天可領取 7 百元出席費，全年另支研究費 3 萬元，車馬補助費 2 千元，三節慰問金 8 萬 5 千元以及年終獎金等等。」

政大學生畢業之後，多半選擇走進水泥叢林鎮日與電腦為伍，因此我想嘗試跟學生一起找一條舒緩、自然、更靠近自己的道路，所以挑了平易近人的《半農半 X 的生活》作為這門課的指定閱讀。「半農」指的是過一種順從天意、符合生態的生活，並從中探索人生意義，「半 X」指的是選擇發揮特長的工作，追求一種不被金錢或時間逼迫，回歸人本精神的謀生方式。搭配指定閱讀，我和心目中已經在過「半農半 X 生活」的朋友聯手設計了三個週末的體驗活動：跟穀東俱樂部賴青松在員山堆田埂；跟捷安特店長江威在鯉魚潭服務中心清理腳踏車；跟廣告系學長溫建文在豐濱「後湖歲月」民宿掃地、拖地、打蠟、換床單與補充日用品。

下田的楊筑珺在體驗心得裡寫道：「我們的確是道道地地的都市人。下田前，大家花了一些時間預備。捲褲管、卸手錶、噴防蚊液，最後索性脫了襪子光著腳出發。美郁自豪地說她小時候都光著腳亂跑，媽媽叫她鐵腳。我則小心翼翼地看著地上，我怕受傷。」打掃民宿的陳湘庭則說：「雖然累，但看到原來有人這樣過生活，找到一個願意奉獻與努力的目標真的很棒，我也要找到我的目標，雖然不知道何年何月何何地，那個目標一定也等著我找到它的那一刻。」

學期末，37 個學生依約定交出自己的兩個不同未來，一共 74 個，貼在創意實驗室牆上，供彼此觀看和交換：

姚安砡，19 歲，廣告二，可能開設書法工作坊，也可能成為法國大廚的太太兼謬思。李崇安，18 歲，歷史一，可能成為犯罪心理側寫員，也可能成為大故事家。孫天牧，22 歲，社會四，可能成為旅遊雜誌記者，也可能成為書店負責人。齊奕睿，19 歲，傳播學程一，可能成為音樂人，也可能成為狗家教。

關於未來想像的四種觀點分別為：探索未來（Exploring Probable

Futures）、想像未來（Imagining Possible Futures）、選擇未來（Selecting Preferred Futures）以及創建未來（Creating Prospective Futures）。[15]「探索未來」透過系統思考與趨勢分析工具去推估最高機率的未來；「想像未來」則是以想像或幻想力去設想各種可能的未來，本質與創意思考或發散性思考比較靠近；「選擇未來」是以價值觀的建立或澄清來構成偏好的未來，本質與批判性思考或解構主義比較靠近；而「創建未來」係指透過行動建立願景的未來，如管理學大師彼得杜拉克（Peter Drucker）所言：「預測未來的最好方式，就是去創造它。」這個觀點，過去較少被關注、操作較困難、定義較模糊、過程較跳躍、結果較難以預期，但是它的本質與行動研究或賦權最靠近。

　　這堂「Project What If」讓我明白，大學其實可以、也應該期許自己成為一個透過行動創建未來的場域。

歡言得所憩，美酒聊共揮。

　　空間用以實驗賦權，未來用以實踐想像，除了賦權與想像這兩個核心元素，X書院也在每年例行的徵選、課程與活動設計裡，練習三種創新的工具——跨領域、動手做與說故事。

　　以院生甄選為例，每年的主題與形式從不重複，並邀請當屆X書院學生組成團隊，擔綱企畫與執行。由於每年報名的人數都超過錄取人數，X書院學生團隊通常必須在第一階段的書面審查裡進行實質篩選（意即書院選學生），一旦進入第二階段創意營隊，理解並感受「X」的意義之後，X書院會把「是否願意進入X書院」的決定權交給學生（意即學生選書院），這個作法與其他書院、學程顯著不同。新聞系畢業生黃蓉曾擔任X書院學生團隊執行長，根據第一屆招生活動的設計

15　林偉文、陳玉樺（2012）。**未來想像內涵規準與評量指標**。未來想像教育評量工作坊——初階程研討會。2012年8月14日。臺北：教育部顧問室未來想像與創意人才培育中程計畫——導航子計畫、國立臺北教育大學。

始末寫成一篇論文〈你在這裡，我在那裡，穿越空間，我們是 X〉，收錄於教育部「未來想像與創意人才培育中程計畫」創新選才機制個案資料庫內，作為他校參考；X 書院第三屆招生時，學生團隊執行長葉思佑、林詩惠共同創作的貓咪人漫畫，也應邀成為畫家侯俊明《跟慾望搏鬥是一種病：侯俊明的塗鴉片》12 位創作者書序之一。

X 書院第三屆招生團隊執行長 X1 的葉思佑、林詩惠回應參加甄選同學所製作的貓咪人漫畫。

「啊你瞧，有什麼東西從你背上長出來了。」

　　以課程設計為例，X 書院第一堂必修課叫做「問題、創意與實踐」，運用影像、圖像、聲音或肢體來協助探索個人的思考、情感、感官與直覺，不必遵循唯一做法，也沒有標準答案，目的是讓學生運用各種方法尋找自己的熱情與天分。第二堂必修課叫做「X 計畫專題──創新體驗工程」，邀請學生帶著自己的熱情與天分，透過實做、測試與修正，在資源有限的條件下，解決真實情境中的問題，學習如何發揮

創意、整合知識，並發揮團隊精神，提出專案規劃、具體實踐並評估成果。「我爸爸漫畫書」是 X 書院第二屆「X 計畫專題——創新體驗工程」的共同主題，以漫畫為創作形式，教授榮格心理學與創意思考方法，佐以敘事、分鏡、圖像、設計知識，完成十一本漫畫書，並於期末時舉辦「我爸爸漫畫書」聯展。

為了打破傳統上課形式，讓學習延伸到課堂之外，X 書院每學期皆視課程主題需要，邀請三至五位校內老師或業界老師開設認證型專業工作坊，過去三年，曾應邀開設工作坊的有河床劇團 Craig Quinter「戲劇工作坊」、荷蘭音樂家 Mark van Tongeren「聲音工作坊」、共和國出版社總編輯陳郁馨「書寫工作坊」、後場影視導演朱詩鈺「流動影像工作坊」、性別與人權作家張娟芬「公民記者工作坊」、心理諮商師蔡美娟「關係書寫工作坊」、心理諮商師李香盈「夢工作坊」、政大新聞所博士生李律峰「都市與身體工作坊」、交大應藝所博士生王怡婷系列「設計工作坊」、教育系林顯達老師「d-school 工作坊」、體育室呂潔如老師「肢體工作坊」、傳院嚴曉翠老師「探索自我工作坊」，以及 X 書院李俊學「攝影工作坊」等。

以活動設計為例，X 書院曾開設實驗性的「呼吸與打坐」工作坊，連續十四週，每週五早上，由我帶著學生靜坐一小時，從調身、調息直到調心，希望在忙碌的大學生活裡置入一個不一樣的元素，培養「心安靜了，好好呼吸，在自己裡面，也跟他人有連結」的生活態度。

住宿是主題書院特色之一，99 學年第二學期，創意學程第四屆學長姊以「At Home」為主題，在創意實驗室以 1：1 比例，利用兩間研討室搭建出未來宿舍公共空間的改造示意模型；100 學年第一學期，學生團隊在浴室牆面進行「不可不看之浴室文學」專案，選輯「日本文學」、「旅行文學」和「美食文學」等作品，影印護貝張貼在浴室隔間內，創造一個沐浴時的另類閱讀經驗；100 學年第二學期，學生團隊規劃「交換實驗箱」專案，在宿舍和校園裡置放交換箱，供全校師生自由交換二手物資，推廣以「物（務）」易「物（務）」的概念，並與「我的

未來就是夢」音樂節合作，於102年6月4日擴大舉辦為二手交換「陽光荒漠市集」。

「團膳」則是X書院最重要的課外活動，自100學年第一學期開始，由X書院生自主發起，以創意實驗室廚房為基地，每週必修課下課之後，師生輪流做飯、一起洗碗、清理廚房，打破系所藩籬，分享生活及學習心得。運作兩年後，參與X書院「小食驗計畫」的六位第三屆院生，在企管所學姐陳亞郁帶領下，分頭研發菜單、採購烹調、設計美術、布置空間、服務前場、支援後場、製作記錄等，一起推動X書院第一個創業計畫「X食堂」——每週五中午營業，採預約制，提供如同「在家吃飯」一般簡單、營養、有愛的小食堂。

與校內、校外或業界結盟研發文化創意產品，也是X書院特色之一。過去六年，X書院持續與校內秘書處合作，設計政大學年行事曆，從2008年〈一年只有十個月〉、2009年〈指南路二段64號〉、2010年〈第三號小步舞曲〉、2011年〈My Little Wild Noise〉、2012年〈花，生什麼樹〉到2013年的〈大旅行〉，共計六冊，其中2012年的〈花，生什麼樹〉，更跨出一步，與廣告系畢製團隊和肯園香氣私塾合作，共同開發了政大85週年校慶紀念香氣精油「政氣歌」。此外，X書院也曾與「教育部未來想像與創意人才培育計畫領航子計畫——大學小革命」合組辦公室，在2012年夏天舉辦兩梯次「大學小革命夏日營隊」，邀請全國對「動手改變自己的大學」這個主題有感的大學生，聚在一起，透過課程、活動與團體互動，介紹X書院、創意思考方法以及想像理論與工具。

回頭看X書院的課程與活動，我發現「動手做」跟「說故事」是兩個始終都在的元素，為了讓「說故事」和「動手做」的意義更清楚，我借用TERU（The Technology Education Research Unit）的創造力評量

模式，[16] 把 X 書院創意體驗學習歷程定義為一個從狂想（Faked Future）到構思（Conceptualizing）到實做（Modeling）到評量（Assessment），並在過程中不斷反思（Reflection）的歷程，如下圖所示。

X 書院的創意體驗學習歷程

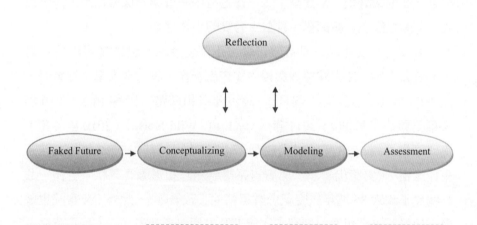

關鍵：說故事
內涵：批判、反思

Reflection

Faked Future → Conceptualizing → Modeling → Assessment

關鍵：想像
內涵：熱情、勇氣、動機

關鍵：創意
內涵：發散性思考

關鍵：動手做
內涵：技術、經驗

關鍵：評量
內涵：研究方法

長歌吟松風，曲盡河星稀。

　　回顧過去七年實驗、實踐與練習的過程，我認為 X 書院的教育特色大致可以歸納為以下八點：

　　1. 專業佐以跨界：X 書院鼓勵學生在就讀科系或專業領域裡打好基礎，然後在 X 書院練習換個角度、看見新的視野，培育自己成

16　The Technology Education Research Unit [TERU] was founded in 1990 by Professor Richard Kimbell, Goldsmith University.

為「T 型」人才。

2. 了解自己、認識世界：X 書院鼓勵學生養成好奇與觀察的習慣，一方面從生活裡尋找改變的起點，一方面體驗異化的人生，主動靠近陌生領域的人事物。

3. 用有限資源解決問題（Problem Based Learning）：X 書院鼓勵學生將現實限制納入考量，然後據此具體實踐。

4. 動手做、說故事（Project Based Learning）：X 書院鮮少使用傳統紙筆測驗，而是透過成果展、作品集、創作計畫、小型研究報告發表等方式，讓學生自述實踐過程與內心歷程。

5. 個別力與共同力：X 書院學生來自不同院系，帶著不同的領域知識與思考方式聚集於此，與也來自不同領域的老師碰撞，透過這樣的設計，一方面培養學生包容且具彈性的世界觀，學習如何與不同領域合作，一方面鼓勵學生在與他人對話的過程中，更確認自己的獨特性。

6. 獨立思考的能力：X 書院不僅重視發散的創意思考，也重視收斂的思考（例如企畫）以及反思的思考（例如批判），鼓勵學生自行判斷何時應運用邏輯思考，評估可行度，何時應運用冒險式思考（adventurous thinking），打破既定規則，對不可知的未來採取開放態度，目的是在可能性（possibility）與或然性（probability）之間找到支點，在想像（imagination）與判斷（judgment）之間找到平衡。

7. 為自己負責：X 書院負責提供各種可能，由學生自己決定要面對或背對這些可能，如果學生決定要關起來，X 書院尊重這個決定，如果學生決定要打開，那麼各種可能都會發生。

8. 賦權是最好的動機：動機點出了一個人「可以做什麼」（can do）和「願意做什麼」（will do）的不同，「可以做什麼」靠的是專業知識和思考技術，但是動機才是讓專業知識和思考技術為創造力服務的關鍵。X 書院鼓勵學生自主學習，甚至自主設計課程，就

是期待學生透過賦權找到動機，為自己打造成一條獨特的道路，而非遵循那條由師長、家人或社會鋪設好的道路。

如果用一句話總結，我會說，X書院的教育特色是「賦權、想像，在關係裡創造」。「賦權」與「想像」，可以說是X書院創建之初甚至追溯到創意學程四年時就埋下的種子，而「在關係裡創造」，則是在X書院運作過程裡，透過生與師的互動，透過說故事、動手做和跨領域，慢慢冒出頭的新苗。

2004年，我在加拿大海文學院訪談黃喚詳（Bennet Wong），他用他和麥基卓（Jock McKeen）的關係來解釋關係的創造性：「能量和其他能量交會，會帶出一個完全不同、更大的整體圖像。與人互動，是一個非A亦非B、更完整和獨特的力場。我看見你是誰的當下也看見了我是誰，反之亦然，有點類似全像圖的道理，舉一隅知全局。麥基卓和我的哲學就是讓能量交流，我們每次在一起，就形成了一個三度空間、三度象限的經驗。當我們擁有關係，我們就創造了整個世界。」這個「在關係裡創造」的經驗，不僅定義了X書院，改變了X院生，也撞擊了在政大教書24年的我，我的改變，正如同天下雜誌〈「怎麼教」比「教什麼」更重要〉所描述的，在知識持續變動的時代裡，學習這條路上，老師不再是單向傳遞知識的守門人，而是與學生一同探索學習的伙伴。17

進一步比較X書院與通識教育、專業教育的區隔，可用以下三點說明：

1. X書院是跨領域的：X書院的學生來自不同院系，帶著不同領域的知識與思考方式聚集於此，因此，X書院有機會成為一個見樹又見林的學習場域，引領學生將不同層次、不同構面的知識串連起來、產生意義，創造跨領域的學習。

17　李雪莉、彭昱融（2008）。哈佛的難題：聰明、會考試，卻不會問問題。「怎麼教」比「教什麼」更重要。**天下雜誌**。校園天下，2012年8月10日，取自：http://school.cw.com.tw/article/show/58?cname=&offset=5&max=1。

2. X書院是內隱、默會與行動的：教室裡的和學門內的學習偏重外顯知識，較少觸及如何認識自己，如何對待世界以及如何找到動力、勇氣與熱情這類議題，創意學分學程（即X書院前身）向來看重態度、動機與體驗，因此X書院有機會奠基在內隱的、默會的與行動的知識基礎上，與通識教育、專業教育聯手打造一個更完整的知識地圖。

3. X書院是前瞻的：當課程設計保留足夠彈性，有餘裕納入具備未來性的主題、技能、觀念或知識，X書院就有機會在這些跨界與手作的實驗過程中為學生創造「個別的未來」、為學校尋找「集體的未來」。

我醉君復樂，陶然共忘機。

幾年前，我曾在研究計畫裡認真許諾X書院可以創造的價值：

1. 對學術研究而言，X書院的運作經驗可以為政大或者其他大學的書院計畫建構一個創意人才培育模式，並進一步透過反省與檢討的過程，建立學界發展「文化創意學程」、「想像與創意學程」或者獨立書院教育的架構，並提供相關研究議題。

2. 對教育實務而言，X書院的運作經驗可以為創意教育課程設計找到新的實驗方向，為參與計畫的研究人員與校園師生打開視野，找到對應未來的競爭力，並且在營造校園文創氣氛的過程裡，培養跨領域文化創意產業研發與實作人才。

3. 對國家發展重點與技術應用而言，X書院的運作經驗可以為整合大學內外文創資源，並建立文化創意產業界策略結盟建立一個好的新典範，文化創意商品的設計與推廣更可以協助大學育成設計工作室，為國家培養設計人才奠基，進而打造臺灣軟實力的品牌形象。

幾年之後，在頂大計畫報告書裡，我悄悄地把X書院預期達成的

目標修正為以下三點：

    1. X 書院期待自己培育出一批具備想像力、創造力與未來力的學生，得到就業力、創業力與美學力，而這些能力可以經由企畫書、作品集、出版品以及證照作為有形證明。

    2. X 書院期待自己為政大找到一個兼顧傳統與在地特色的文化品牌定位，進一步透過空間硬體的建立、軟體內容的創造、活動與藝文展演的舉辦、教案紀錄與演示、創作出版等等，將政大的文化品牌轉化為實體的產品。

    3. X 書院期待自己翻轉社會對大學的印象與態度，大學可以不只是一個知識殿堂或拿文憑的場域，而能是一個「在這裡，什麼都可以發生」的地方。

從這些年媒體報導、專欄發表以及學術專文撰寫的成果來看（附錄一），X 書院確實一步一腳印，努力地往上述三個目標邁進，但即便目標幾經修正，檢討過去幾年的工作成果，發現現況與願景之間仍有落差。首先，X 書院簡章（附錄二）強調「創造未來」、「社會創新」與「大學小革命」這三組關鍵字，尤其 X 書院始終被校內師長期待往「創新、創意與創業」的「創業」去，但這件事，截至目前，成果有限，僅有「X 食堂」與「走音電臺」兩組團隊育成中；其次，由於頂大經費逐年遞減，為求永續經營，X 書院顯然必須朝自籌經費的方向努力，但募款這件工作耗力且專業，並非現有編制能力所及；第三，受限於時間短而規模小，X 書院在政大老師心中只有一個模糊的印象，所以始終無法成功說服校內老師暫放升等和授課壓力，來 X 書院經驗我所經驗的改變。

上述種種，尤其經費不足與師資窘迫，不只是 X 書院的問題，也是其他主題書院的問題，但反過來看，這些困境恰好對應了創造力越冷越開花的本質。

薩依德談到為什麼知識份子必須持反對立場時曾說：「這意味著一種觀念或經驗，因而使得兩者有時以新穎、不可預測的方式出現：從

這種並置中，得到更好、甚至更普遍的有關如何思考的看法。」[18] 我認為，創意原本就由打破現有而來，所以應該也必須面對、接受自己的天生反骨，當 X 書院越來越被認識、被瞭解、被認同，被視為主流，被推著擠著往編制內靠近時，其實就已經弔詭地偏離了創意的本質。

《生命的心流》裡寫道：「下棋的目的若是為了得到樂趣，棋賽就是一種具備自成目標（autotelic）的經驗，但若是為了排名，就變成了外求目標（exotelic）。」[19] 這些年來，過度期待自己「立言」或 X 書院「體制化」或 X 院生「表現優異」，讓我原地踏步好久，所幸 X 書院辦公室兩位成員鈺婕和俊學經常提醒我莫忘初衷，依循「想像、構思、實做、評量與反思」的歷程運作 X 書院，如今回頭看，才發現 X 書院不僅是一個實驗性的主題書院，更是一個重新定義「大學生」、「大學老師」和「大學」是什麼的過程。

《雪洞》的作者葩默（Palmo）曾說：「那種我們必須到達某個地方的觀念，那種必須獲得某樣東西的想法，是一種根本的妄念。」[20] 因此，不管未來有沒有 X 書院，大學還是一定會繼續 X 的，因為我們距離在大學裡自在如家還很遠，距離讓大學生相信自己日後可以過著「活得像個人」的生活還很遠，距離不同領域的知識互相包容、磨合並產生新的領域與知識還很遠。

總之，對 X 書院而言，體制化並非必要，住宿制並非必要，永續經營並非必要，但持續 X 的實驗、創造 X 的決心，之於世代與世界，則絕對必要。

18　單德興譯（1997）。**知識份子論**。臺北：麥田。（原著 Said, E. W. (1994). *Representations of the Intellectual: The 1993 Reith Lectures*. Rye Field Publishing Company.）

19　陳秀娟譯（1998）。**生命的心流**。臺北：天下文化，頁 168。（原著 Csikzentmihalyi M. (1997). *Finding Flow*. Orion Publishing.）

20　葉文可譯（2000）。**雪洞**。臺北：天下文化，頁 22。（原著 Palmo, T. (1998). *Cave in the Snow: Tenzim Palmo's Quest for Enlightenment*. Bloomsbury Pub Ltd）

附錄一　X書院媒體報導、專欄發表與論文撰寫一覽表

媒體報導

1. 周皇君，2006，〈用「未來學」陪學生找路〉。《天下雜誌》海闊天空教育特刊。

2. 賓靜蓀，2012，〈尋找「我可以」的自信〉。《親子天下》31 期「101 個改變人生的學習經驗」特刊。

3. 黃哲斌，2012，〈熱血教師——大學小革命〉。《天下雜誌》500 期。

4. 王盈勛，2012，〈啟動大學想像力革命〉。《數位時代》220 期。

5. 「大學小革命，改變臺灣 90 後」。2013.02.04 華視新聞雜誌【兩岸 90 後】。

6. 創新創造力中心溫肇東主任將 X 書院經驗寫入《X 創新：企業逆轉勝的創新獲利密碼》之推薦序〈好一個 X〉。（Adam Richardson 著，2011）

7. 學生創業經驗報導，〈用臉書賺臺幣／顛覆味蕾　蘿蔔茄子變蛋糕〉，聯合晚報，2013.10.13。

8. 學生創業經驗報導：「巧手讓食材變身　陳亞郁創辦 X 食堂」，公視「公民新聞報」，2013.11.22。

專欄發表

1. 陳文玲，2006，「第一個實驗：關於未來的 74 種可能」、「第二個實驗：塗鴉先發，布朗尼隨後就到」、「第三個實驗：一年只有十個月」等三篇，張老師月刊。

2. 陳文玲，2013，〈關你 X 事〉專欄「池塘教會我的事」、「從小開始 X」、「唱自己的歌」、「不在這裡，會在哪裡？」等四篇，獨立評論@天下。

專書論文

1. 陳文玲，2010，"Serious Play/Creative Lab of National Chengchi University in Taipei", Creative Education in Taiwan-10 stories of power teachers and Their students. 臺北：教育部創造力教育中程發展計畫推動辦公室。

2. 陳文玲，2011，〈自由書寫教案設計——以 2011 年超政「大學小革命」三小時課程為例〉。2011 文化創意產業發展研討會，政大創新與創造力中心。

3. 陳唯捷、陳文玲，2011，〈文山青年打造區域品牌之行動研究三部曲：第一部　從無感到五感〉。2011 文化創意產業發展研討會，政大創新與創造力中心。

4. 陳文玲，2012，〈創意實驗室‧政治大學‧臺北〉，《臺灣創造力教育 10 個故事》。臺北：教育部未來人才培育中程計畫。

5. 黃蓉，2012，〈你在這裡，我在那裡，穿越空間，我們是 Ｘ —— Ｘ書院 @ 政大創意實驗室個案〉，教育部顧問室「未來想像與創意人才培育計畫」中程個案計畫，創新選才機制個案庫。

6. 陳文玲，2013，〈我們每天都在改寫未來：「大學小革命」行動之構思、實踐與反省〉，《未來想像教育在臺灣》。臺北：教育部未來想像計畫。

7. 陳文玲、陳郁馨、謝璧卉，2013，〈Ｘ之可能性：書院通識與創新教育〉。《通識在線》49 期。

8. 郭旭展、吳靜吉，2013，"Promoting Institutional Creativity: A Case Study on the Making of a Taiwanese University-Based Musical by Integrating Multiple Resources-A Case of National Chengchi University", *Developing Creativities in Higher Music Education: International Perspectives.*

附錄二　X書院簡章

自在之可能性

請脫鞋下樓。除此之外，這個原木地板空間沒有固定的使用方式。吧檯燈的開關在洗手檯左手邊，冰箱門上有蘇打綠主唱青峰學長的簽名。

迷路時，你光著腳進來，倒杯水給自己喝；休息夠了，穿上鞋走出去。但，記得回來。這裡是家。

我們是 X 書院＠創意實驗室。

「以創造為主旨，以實驗為動力，以想像為工具，以人本為核心」——喔，這幾句話多麼像刊登在商業財經雜誌上的標題。

如果換成我們自己的語言，我們會說：這個地方，經常邀請你動手做一點什麼；經常問你：「你為什麼想做這個？」經常嘗試新的做法，而一開始都不會保證新做法一定能成功；在這裡，我們知道彼此的名字，知道誰會寫誰會畫（誰愛吃誰愛睡），誰愛攝影誰愛唱歌，誰很害羞誰最沈默，誰愛大笑誰需要好好哭一場。

體驗之可能性

我們是「X」書院＠創意實驗室。

那個打叉的符號，要唸成英文字母的 X。關於 X，最單純的說法是：

數學方程式裡，X 代表未知。世界快速變動，為培養面對未知、解決問題的能力，我們邀請學生盡情發揮想像力和創造力。

但我們希望你別只是從字面上理解 X。X 是需要體驗的。

一個需要體驗的事物，它的意義通常與個人經驗有關，難以一言蔽之。儘管如此，且容我們設法用兩門書院通識課來演繹。

第一門課是「問題、創意與實踐」專題。這門課要讓修課同學「重新看待自己如何思考、如何感受、如何體驗、如何想像」（引自 100 學

年度課程大綱），並且喚起每個人在影像、圖像、聲音、肢體、抽象符號等各方面的表達能力。在這門課上，學生需要回應老師的提問，但不必遵循唯一做法，也沒有標準答案。

新聞系李勇達說：「學期開始，相同的問題引領我們走向不一樣的答案；學期結束卻發現，相同的答案也源自於不同的問題。」最後，每個人帶著自己真正在乎的問題離開，出發前往下一個學期，或下一段人生。

第二門課叫做「X計畫」專題，修課學生必須「在資源有限的條件下，解決真實情境中的問題，學習如何發揮創意、整合知識、發揮團隊精神，提出專案規劃、具體實踐並評估成果。」（引自101學年度課程大綱）那個有待解決的真實情境問題是「X（集體的X）」，而修課的人則要負責為自己尋找「x（個別的x）」。

這門課帶來許多困惑和痛苦，但是這一場與「不確定」Tsahaylu[21]的經驗，在許多學生心裡栽下珍貴的種子。中文系周項萱說：「那堂課結束，儘管未來仍不明朗，但我找到了我的X：不要害怕做一些自己原本以為做不到的事。而我至今還以這個X在面對我的未來。」

自信之可能性

「我們」是X書院@創意實驗室。

我們非常清楚（且碰巧與古希臘戴爾菲神殿一樣）「認識自己（know thyself）」的重要性。所以，X書院很在乎以下幾個問題：

體驗了這麼多之後，你對自己的認識更深刻了一些嗎？

你發現自己的可能性在哪裡？

你更敢於想像一個可以由你促成的改變嗎？

你想成為什麼樣的人？

21　納美語，英文翻譯為bond，係指兩個生命體培養感情並建立互信關係的過程，出自電影《阿凡達》。

你，是誰？

沒有一個問號是可以隨便打發的。勇敢面對這些問號而不逃開，就是在鍛鍊我們的耐性和彈性，讓自己一點一點更寬、更深、更強壯。

德不孤，必有鄰，印度河濱學校校長吉蘭・貝兒・瑟吉（Kiran Bir Sethi）是我們的盟友，她曾在 TED 以「孩子行動、世界大不同（teaches kids to take charge）」為題，主張教育最重要的就是提供選擇，讓學生知道「自己可以成為改變世界的那個人」。赫爾辛基 Arkki 建築學園也是我們的盟友，他們帶領一群七到十七歲的小朋友，透過想像、田野、感官地圖繪製、模型實做，實際參與公共事務，並且在所有為豌豆島（芬蘭文：Hernesaari）做都市規劃的提案中勝出。

賦權，就是以人為本，就是經由懷疑、探索、行動、信任，獲得分辨、評估、掌控自己本身相關事物的力量，曾參與製作第十屆政大駐校藝術節「麥田花」大學生音樂劇的心理系蘇益賢說：「當世界懷疑我們時，我們也會懷疑自己，但再痛也得忍著，因為我們相信，一定可以做到。」

未來之可能性

我們是 X 書院＠「創意」實驗室。

學生邊做邊學，老師邊學邊想，雖然還是無法清楚定義 X，但至少找到了方向感，那就是「學習者有權決定自己的學習，在過程中練習解決問題的能力，與此同時，還要聆聽心中的聲音。」

有了方向感，即使目的地不明確也沒有關係了。因為，過程中沿途都是風景，也因為，這樣才有可能做出一個先前沒想過的未來——或者應該說，一個先前料想不到的未來，就在行動之中被創造了出來。

「創造」是一種存在的方式。比起停在原地等待世界變成某種樣子（它很可能變成你不喜歡的樣子），我們更願意去「創造」自己想要擁抱的未來。敢於創造，正是存在主義心理學家羅洛・梅（Rollo May）認為人類最重要的一種勇氣。如他所言：

我們的使命是要從事一項新的工程，開發一塊無人的區域，闖進一片既沒有專業嚮導也沒有現成途徑的森林。

這不正是 X 嗎？新的工程、無人的區域、沒有嚮導也沒有小路的森林——未知固然令人恐懼，卻也由於沒有前例可循而充滿可能性。

如果不是自己邁開腳步，走出未來，還會是誰？

如果不是現在跨出步伐，走出未來，要到何時？

只要我們允許自己創造，那個 X 就得以實現。

革命之可能性

我們是 X 書院@創意「實驗」室。

位於北緯 24°58'50" 東經 121°34'31" 臺灣島臺北市文山區指南路二段 64 號國立政治大學藝文中心三樓。我們關心未來，所以也非常關心所在與世界的互動。

〈麥肯錫 2020 年臺灣報告（McKinsey Taiwan 2020 Report）〉指出，與亞洲其他國家相比，臺灣的經濟發展欠缺動力與創新優勢，人才持續向外流失，社會大眾也對未來缺乏信心。然而，環顧社會各個角落，卻發現處處都是動力與創新，不少人正以具體行動抗衡傳統觀念與主流思維，在這些動手打造《我的小革命》的案例裡，隱然嗅出一股結合專業知識經濟與在地文化特色的新價值、新趨勢與新產業的可能性。

我們主張，善用書院通識課來連結自己與世界、創造趨勢與價值，可以培養個人面對不確定未來的競爭力，可以建構一所大學獨特的文化品牌定位，甚至可以展現臺灣社會產業創新與向上提升的力量。

所以，過去六年，我們邀請政大學生進入 X 書院@創意實驗室，從自己與所學出發，在在地文化與日常生活之中尋找議題，透過行動，打破校園與社會的疆界，朝著知識經濟與文創產業的目標，實踐各式各樣對自己、對學校、對社會具備新意的「大學小革命」。

PART III

書院教育與大學組織：通識、學務與專業教育

書院與博雅教育學生學習成效之探討

陳幼慧

國立政治大學教育學院教授、副教務長兼通識中心主任

陳玉樺

國立政治大學教育研究所博士生

摘要

　　書院及通識博雅教育近年成為高等教育發展新焦點，其教育理念強調重新定位人才圖像，並重新規劃大學人才養成途徑。將生活學習圈等潛在課程的陶冶、新生學習與住宿輔導體系的建置、大學生終身受用能力的培養等，都納為高等教育的核心關懷要點。

　　書院及通識博雅教育目標著重專業與多項關鍵能力的綜合運用，不易評估學生學習成效，尤難以紙筆測驗或其他一次性評估衡量其學習成果，需透過長期追蹤並佐以其他相關資料分析。緣此，政大針對博雅核心能力以及書院學習成效發展出長期追蹤問卷調答，對在學學生進行五波縱貫性研究，期能長期追蹤學生在學期間的具體表現。問卷自 101 學年度入學新生開始施測，並於大一下學期期末考試前第二波測驗起新增 12 道書院學習成效題目，本文扣緊政大 101 學年度入學一下新生為研究對象，針對第二波所取得之有效樣本 1115 份進行分析，探討積極投入書院教育的政大新生之整體表現。

關鍵字：書院教育、博雅教育、學習成效、問卷調查

壹、緒論

　　確保學生學習成效，已成為世界各國主要國家高等教育評鑑的共同趨勢，在國內第二週期的校務評鑑、系所評鑑成為檢視教育單位辦學績效的主軸，即：檢視學校是否已建立一套學生學習成效評估的全校性機制（彭森明，2011）。彭森明（2010）在《大學生學習成果評量：理論、實務與應用》一書中指出，大學實施學生學習成效的評量可採校級評量及系所級評量方案，在規劃校級評量方案方面，可採學生知識及能力測驗、學生問卷調查、教師問卷調查及其他四大類；在系所級評量方案旨在評量系所之績效，以作為改進課程與教學之依據。然而，什麼是學生學習成效？學生學習成效是對於學生特定學習期望的描述，亦即學生在特定的學習發展及表現方面的結果（郭昭佑，2011）。劉維琪（2010）提到核心能力應是學生所能展現出來的能力，可以蒐集到證據來評量的。

　　李坤崇（2012）以國內中山大學、東華大學、屏東教育大學教育學院及銘傳大學等校之基本素養與核心能力檢核為例發現，國際或國內大學發展基本素養與核心能力檢核機制，大多未將直接、間接評量，以及正式課程、非正式課程予以整合，故未能整合檢核結果。李坤崇以通識教育的通識核心能力為例，提出兼顧直接、間接評量，以及正式課程、非正式課程予以整合的執行策略與具體作法，其中編製學生自評的通識核心量表，即是說明核心能力檢核的重要。學者 Warner 與 Koeppel（2009）在一份針對美國 72 所大學通識教育課程的研究報告指出，目前通識教育的教學目標趨於多元化，最大的挑戰便在於如何評量學習成就。因而認為通識教育中，必須設計出更加豐富且全面的評量系統，以充分檢視學生的成長。

　　書院及通識博雅教育是高等教育實踐的重要區塊，然而通識教育中追求的博雅精神、知識統整、批判思考、解決問題能力、創造力、溝通能力以及團隊合作等軟實力的教育內涵，不能只以紙筆測驗的評分標準

作論斷。以批判思考為例，涉及多項知能的綜合能力，屬於高層次的能力運用，故不易以一次性評估其學習成果，而需要長期的追蹤以及佐以其他相關資料的蒐集、分析（陳幼慧、洪崇淵、江志軒，2012；陳幼慧、陳柏霖、洪兆祥，2012）。國內第一本量化研究書院學習成效乃是根據洪玉珊（2014）完成的「我國大學生參與書院教育滿意度研究」的碩士論文。該論文從書院制度、硬體設備、師生互動、學習能力、住宿品質、生活輔導等六因素調查參與書院教育學生之滿意度。問卷調查結果發現：政治大學之書院學生對於書院教育的滿意度，因參加書院時間長短產生顯著差異，參與書院超過一年學生的滿意程度顯著高於參與書院未滿一年學生，包括：書院制度（M=3.11, SD=.32 > M=2.82, SD=.52, t=2.41, p<.05）、學習能力（M=3.15, SD=.42 > M=2.88, SD=.44, t=2.28, p<.05）、生活輔導（M=3.16, SD=.41 > M=2.78, SD=.40, t=3.41, p<.01）等三方面。

　　植基於上述的背景與動機，本研究希望發展出一套信、效度兼備之調查工具，針對政治大學 101 學年度入學新生，進行五波的縱貫性研究，並在第二波以後新增 8 題書院學習成效的題目，以期透過長期追蹤學生在學期間的具體表現，勾勒出書院及博雅教育之人才圖像與學習成效。

貳、文獻探討

一、能力導向的學習與陶養：以政大為例

　　21 世紀是知識經濟的時代，為迎接知識經濟時代的來臨，強化人力素質與提升國家競爭力乃是現代政府責無旁貸的職責；而高等教育是否健全發展，是影響國家競爭力提升的重要關鍵（陳柏霖、孟恬薪，2010）。以最近一波哈佛大學通識教育改革為例，培養學生具備畢業以後終身受用的關鍵能力為改革的理念（Harvard University, n.d.）。為因

應上述的高等教育課題，在這一波教育改革中，國內大學開始強調全校課程地圖之建置，發展以學習成效、核心能力為導向的課程設計與學習典範，讓學生經由課程結構的範式關聯、課程地圖的交互輔助和學術導師的對話引導，了解其學習知識型態與發展脈絡。學生藉由學校軟硬體設備的輔助，建構自我的學習地圖，有效轉化純知識而為行動的智慧與能力，以提升高教人才面對未來發展之適應力與競爭力（陳幼慧、洪崇淵、江志軒，2012）。課程地圖強調學習成效，希望從能力培養著手，給學生「帶得走的能力」。大學過去以學科專業知識為主的教育目標，已經很難迎合未來工作的發展型態與變遷速度。

　　為了回應全球化的趨勢與競爭，並提升歐盟高教體系的國際競爭力，歐盟各會員國早自 1980 年代開始就已著手進行教育改革計畫，希望透過「歐洲高等教育區」（European Higher Education Area）的建置，以提升歐洲人民具備面對未來所需的核心能力（Bologna Declaration, 1999），因此，在 ECTS 的課程架構中，新增了以能力為導向的共同必修的 18 學分。所謂「能力」（Kompetenzen）不等同於純知識面的培養，而是強調在面臨特定情境，能發揮整合動機、意志力、社會的知能，以及在多變的情況中能成功地運用來解決問題的能力（陳幼慧，2011a）。

　　因應國內外高等教育新趨勢，國立政治大學參考勞工局（美）職涯能力調查、澳洲就業力技能架構（employability skills framework）、教育部 UCAN 職場共通職能、青輔會（臺）大專畢業生就業力調查報告、師大（臺）臺灣高等教育資料庫整合計畫、天下雜誌（臺）八大調查企業主對大學畢業生評價指標及清華大學（臺）「學校對您發展下列各項能力有幫助嗎？」問卷調查，歸納出八項核心能力包括「專業能力」、「博雅精神」、「思辨與創新能力」、「自主發展」、「公民素養」、「社會關懷」、「溝通及團隊合作」及「國際移動能力」（陳幼慧，2011b）。政大博雅核心能力檢核調查架構如表 1 所示：

表1　學生博雅核心能力檢核調查架構

校訓	親愛精誠							
人才特色	專業創新		人文關懷				國際視野	
教育目標	學術目標		個人目標		社會目標		就業目標	
核心能力	專業能力	博雅精神	思辨與創新能力	自主發展	公民素養	社會關懷	溝通及團隊合作	國際移動能力
內涵說明	專業知識	宏觀視野、跨領域知識	創造力、批判思考	自主學習、終身學習、自我實現、健康樂活、科學素養	美學素養、資訊媒體素養、民主法治素養、倫理素養	多元尊重、公共參與、關懷人文與社會環境、關懷自然環境	解決問題能力、團隊合作、書寫能力、溝通表達	國際觀、外語溝通能力

資料來源：政治大學（2011b）。

二、博雅核心能力內涵定義

　　如前所述，本校博雅核心能力參考國內外文獻，並經由本校教務會議的討論，訂定屬於政大學生的八大博雅核心能力。研究團隊在編寫各項博雅核心能力的題目內容，參閱國內外題目及專家的建議有下列考量：盤點影響核心能力學習成效的關鍵因素、從行為層面進行編寫、減少帶有社會期許的題目與題目所調查的內容，學生確實能在四年後有所改變，作為編題的依據。以下茲加以說明各項博雅核心能力的內涵定義（陳幼慧、陳柏霖、洪兆祥，2012）：

（一）學術目標

　　學術目標可分為專業知識與博雅精神。專業知識的核心能力，由各系加以訂定，至於博雅精神的核心能力涵蓋「宏觀視野」與「跨領域知識」。

　　1.宏觀視野：具備超越自我限制的能力，能夠站在更高度的位置看

待事情，及以鳥瞰的視野去觀看各種事物，才能將各種事理或知識之間產生出新的關連，並能統整並應用所學的知識，將知識轉化為解決問題的能力。

2. 跨領域知識：具備超越單一專業的思維模式，能具備直接或間接使用其他領域之知識、方法、觀點、概念、資訊、資料之能力。

（二）個人目標

個人目標可分為「思辨與創新」能力與「自主發展」能力，其中「思辨與創新能力」涵蓋創造力與批判思考能力；而「自主發展」能力涵蓋自主學習、終身學習、自我實現及健康樂活。

1. 創造力：具備樂意讓發揮自己的創意，也願意提供對「創新」友善的環境，包含創新構想的產生、創新構想的提倡、創新構想的實踐，並樂於接受創造力相關訓練。

2. 批判思考能力：面臨問題時會運用推理方式，具備獨立思考的能力，能清楚檢視正反推論的合理性，合理分析事實並提出各種可行的解決方案。

3. 自主學習：能具備自我導向學習的學習態度，主動的引發進行學習，計畫學習步驟，診斷自己學習需求，為自己學習負責的能力。

4. 終身學習：能保持好奇心以及追求知識的熱誠，和良好的閱讀習慣，使學習內容不只侷限於傳統教科書上的知識。

5. 自我實現：具備自我探索與追求個人成長與改變的態度，能熱愛所感興趣的事物，並致力於實現自我理想。

6. 健康樂活：具備身心健康自我管理的表現與行為，如每週固定運動、具有樂觀面對困境並具備自我療癒的能力。

（三）社會目標

社會目標可分為「公民素養」與「社會關懷能力」，均奠基於政大「培養公共知識份子」的教育理念。其中「公民素養」乃是教育部重點

補助鼓勵大專校院發展的核心能力，培養學生具備「公民資格」，簡言之，具備倫理、民主、科學、媒體及美學等公民核心能力；而「社會關懷」能力意指：對人文、社會環境議題有基本認識，並能參與實踐環保或公共議題的活動。

1. 倫理素養：對於當代倫理議題應具備基本認識，且能運用道德推理判斷釐清道德兩難、應然與實然面，並實踐在生活中。

2. 民主法治素養：具備行使公民權利、參與公共議題、捍衛社會公義所需之民主及法學知識與能力。

3. 科學素養：具備了解、欣賞科學精神的能力，並能運用科學方法解決問題，進而實踐科學原則並持續求知。

4. 資訊媒體素養：具備接近、使用各種媒介的能力，能對各種媒介資訊保有開放、批判及省思的能力，進而具備製作或應用媒體工具之能力。

5. 美感素養：具備對美的事物之領受能力，透過參與藝術相關課程與活動，增加對藝術作品的了解與體會，進而具備闡述與詮釋美的事物之能力。

6. 環境關懷（公共參與）：具備追求社會公平正義的意願與能力，能主動關心並參與公共議題的討論、進行反思與批判的能力，並能積極參與關懷人文、社會與自然之行動。

7. 多元尊重：具備尊重與欣賞異文化之能力，能對異文化的人事物具有良好適應力。

（四）就業目標

　　就業目標可分為「溝通及團隊合作」與「國際移動能力」，其中「溝通及團隊合作」可分為口語與書寫溝通、團隊合作及解決問題的能力；而「國際移動能力」意指：具有國際觀點，能參與國際交流活動並獲致相關成果的能力。

1. 口語與書寫溝通：能導入其他資源來強化自己的溝通效果，並能

掌握及應用不同文體達成有效溝通的能力。

2. 團隊合作：具備做為有效的參與者並促進團隊工作效能的能力，激勵團隊士氣並協助化解衝突。

3. 解決問題：具備有效規劃方案的執行步驟（起始、規劃、執行及結束），並能評估執行策略的適切性與應變的靈活性（評估、多元策略、即時應變及檢討改進）的能力。

4. 國際觀（外語能力）：能具備達到本校或系上所訂定之外語畢業門檻，並能關心國際訊息、具備全球視野，以及積極參與國際交流與志工等活動。

三、為未來人生作準備：書院教育

長久以來，在國際數學與科學教育成就趨勢調查（TIMSS）或國際學生能力評量計畫（Programme for International Student Assessment, PISA）的測驗結果，我國中小學生的成績與各先進國家相比，均居領先地位（余民寧、韓珮華，2009；林福來，2010）。如在 2007 年國際數學與科學教育成就趨勢調查（Trends in International Mathematics and Science Study, TIMSS）的數學與科學測驗中，我國小四學生的數學和科學平均成績在四十四個國家和地區中分別排名第三和第二；國二學生在五十七個國家和地區中分別排名第一和第二，表現相當優異。雖然我國學生在數學與科學成就表現優異，在學習興趣與自信心上，卻居於末位，此種「高成就，低興趣，低信心」（林福來，2010）的學習態度更直接衝擊大學的教學現場，因此如何引發學生學習動機，增強學生學習的投入，是高等教育的重大課題。面對這樣一群高成就、低興趣、低信心的大學生，大學需要找出人才培育的新 DNA，能讓高教人才培育模式的再概念化，在打造「大學 2.0」圖像中，首要之務在定義我們要培養何種人才，如同哈佛大學所言「博雅教育一種為未來人生作準備的教育，養成畢業後引導人生的關鍵能力，在面對未來世界挑戰時，提供理

解和深思的工具」；而此亦為國立政治大學培育人才的目標（陳幼慧，2012）。

　　Chickering 以 18-24 歲大學生為研究對象，提出學生在大學時期心理社會發展的具體內容，呈螺旋形依序發展，包括了：能力感的發展（Developing Competence）、情緒管理的發展（Managing Emotions）、自主性的發展（Developing Autonomy）、自我認定的建立（Establishing Identity）、開放人際關係的發展（Freeing Interpersonal Relationships）、目標的發展（Developing Purpose）及整合的發展（Developing Integrity）（Chickering, 1969）。任教哈佛大學三十年的 Richard 教授，以質性方法訪談 1600 為大學生後，在《哈佛經驗：如何讀大學》一書中提到，大學生認為教室外的學習，特別是住宿環境與課外活動的成長，遠較教室內的學術課程占更大份量（趙婉君譯，2002）。

　　書院即為住宿書院（residential college），源自於英國劍橋大學，具有：精心設計的學院建築、濃厚的歷史與人文意涵、全面的學生結構、全程的輔導體系與多元的學習活動等特色（王知春、王穎，2009）。因其能為學生提供學習、生活、社會互動的優質環境，世界上許多一流大學，例如：牛津大學、劍橋大學、哈佛大學、普林斯頓大學等，即是以書院制度作為高等人才之培育。以下將從書院教育對大學生之生涯定位、跨領域學習、打造學習生活圈、公民素養等四方面之影響深入探討：

（一）生涯定位

　　我國教育長期存在著考試領導教學的弊端，各大學收進一群高成就、低興趣、低信心的大學生，上大學、選擇某一所大學、某一系所就讀，既使是自己學科分數高分的科目，亦缺乏積極的學習興趣。許多大學生的學習心態如 Marcia（James E. Marcia, 1980）所言，屬於「認同混淆」（identity diffusion）的階段，即：對自己的選擇毫無「承諾」（commitment），也不願意對此選擇的投入，可能是逃避承諾，或是漫

無目的（Marcia, 1980），導致大學生的學習成效有限，甚至出現「由你玩四年」的學習態度，因此，「大一大二不分系學制」不失是好的因應對策。

在大學教育的現場，大學生學習態度產生許多為人所詬病的現象：諸如「點卷蒐集式」學分要求、「蜻蜓點水式」的選課模式、活像「移動錄音機」的被動學習心態（陳幼慧、莊祐端，2013）。面對這樣一群高成就、低興趣、低信心的大學生，大學應積極完善大一新生的輔導機制，協助大學新鮮人釐清大學的意義。為此，國內外大學希望透過通識教育的改革作為高等教育建置新生輔導機制，無論是強調知識統整、「寬口徑、厚基礎」的「核心課程」，或是規劃「大一大二不分系」的制度，以及發展新生定位的「大學入門」課程，無一不是希望大學帶領大學新鮮人探索大學教育的意義，以下本文將針對「核心課程」的設計理念、「大一大二不分系」制度的規劃以及「大學入門」發展理念，說明各大學在大一年的規劃方向（陳幼慧、莊祐端，2013）。

近年來，各大學積極發展新生的輔導體系，以政大為例，政大書院以「新生住宿教育」為起跑點，從大一新生入學開始，規劃了完善的新生輔導制度，先由「超政新生定位創意營」開啟新生對於大學生活、資源與學習策略的認識，輔以「大學入門」及「學習生涯自我定位」課程，並藉著課程地圖進行學生的學習歷程規劃，同時透過職能診斷與適應測驗協助學生檢視其發展方向，再搭配「全人發展系統」、「反思日誌」與「學習歷程檔案（E-portfolio）」記錄學生的學習歷程，希冀新生對於大學四年的學習，以及與就業規劃需具備的能力之養成教育，能有更充分的理解（蔡連康、陳幼慧、藍美華，2013）。

普林斯頓大學的住宿書院（residential college），不僅為學生校園生活中心，而藉由一系列社交活動和校內體育賽事，建構完整的學習社群，進一步協助學生定位大學生活（Princeton University, 2013）。日本的國際基督教大學（International Christian University, ICU）的每位學生，求學期間至少有三位教師給予輔導協助：每位學生於大一到大三皆

有「專屬輔導老師」，協助學生適應大學生活、給予修課建議、關注選課或畢業門檻等。大四學生另有「論文指導老師」，協助學生完成畢業論文，以及「主修輔導教師」給予學生四年主修科目的相關建議（國際基督教大學，2013）。

（二）跨領域學習

　　近代學科的過度分化雖可培養社會所需的專業人才，但人們亦開始察覺專業教育帶來的弊病。過度浸淫自己的專業，可能導致缺乏跨領域或統整的視野，通識課程的意義，也常被理解為「跨」學科的知識，例如要求理工學院的學生必須修習人文社會學科的課程；或者規定人文社會學科的學生具備自然學科的相關知識。無論將通識理解為「跨越」學科藩籬的知識擴充，或者打破專業界線的「科際整合」，通識課程之「通」均一貫被指向「跨越學科」的意義。然通識教育所強調的「通」，不僅是「跨越學科」的平面整合；更是貫穿生命的「融通」，與知識根源的「貫通」。通識教育的意義，應是尊重分殊理性的「分立」（Trennung），並進一步著眼於分殊理性的「統整」（Intergration）（平衡、動態）；最後則走向主張分殊理性間的「內在糾結關係」（interne Verflechtungsverhältnisse），同時也逐漸面對諸分殊理性間的「銜接橫繫」（Übergängen）方向移動（馮朝霖，2000：7-8）。

　　根據 Chickering 的心理社會發展理論，進入大學後，首要發展：智能（intellectual competence）、運動和操作技能（physical and manual skill）、與人際關係（interpersonal competence）等三方面的能力感，這與書院強調跨領域學習能力的培養不謀而合。

　　1. 智能的發展：

　　（1）對大學課業學習的能力：如做筆記、利用圖書館、考試等；

　　（2）隨著心智、接觸面的擴展，涉獵哲學、藝術並建立終身學習的態度；

　　（3）發展批判思考能力。

2. 運動與操作技能：意指透過參與運動與藝術活動，增進自身的操
　 作能力、彈性、體力、耐力與健康等。
3. 人際關係能力：指能有效與人溝通、領導、背領導、合作及從事
　 團隊工作的能力。

此外，書院也強調學習社群的概念，學生參與學習社群（結合課程
的專題討論小組），投入（involvement）和持續就學（persistence）較一
般學生高，也相對投入更多時間在參與志工、同儕研討、與老師互動等
活動，平均學業成績也較高。而透過參與學習社群過程，書院生可獲得
較好的學習經驗和成果，並將持續參與其他學習社群，形成一個跨領域
學習的良性循環（Timothy, Jamie & Carlye, 2001）。

（三）打造學習生活圈

Chickering（1993）指出：學校目標、學校規模大小、師生關係、
課程、教學、朋友與學生社團、學校提供的學生發展方案與服務等七項
環境因素對大學生心理社會發展有重要影響。以史丹佛大學住宿教育計
畫為例，旨在提供每位學生獨特的參與和挑戰機會，例如：參加主題學
習社群、規劃師生共同成長方案以習得終身帶著走的能力；提供藝術展
演的空間及機會、提供各式資源和人際網絡，透過生活與學習的交互影
響，創造「大學覆膜圈」（university bubble），使學生浸淫其中、整合並
獲得更美好的大學經驗（Stanford university, 2013a, 2013b）。

Moss（1976）的社會氣氛理論，以知覺模式來探討大學生和其環
境的關係，定義出多樣化生活群體的六個環境特徵，包括了：關係導向
環境、傳統社交導向環境、支持成就導向環境、競爭導向環境、獨立導
向環境，以及知識導向環境等。而書院所營造的空間，充分發揮上述六
項社會功能：

1. 人際關係導向：以支持性的人際關係為特色，強調情感上的支
　 持、成員的相關性、聚會和文化交流等。
2. 傳統社交導向：重視參加聚會、兩性互動，也注重正規結構和組

織，如：常規、計畫表、既定行程和秩序等。

3. 支持成長導向：強調參與、情感支持和個人在非競爭情境下的學業成就。

4. 競爭導向：對各種活動的參與情形，可以多元標準來衡量。

5. 獨立導向：鼓勵學生各方面的表現，且不侷限於社會標準的約束或控制。

6. 知識導向：由學生組成主題社群、學習中心與合作組織，強調知識和專業。

近年來政大積極營造校園人文空間，除了打造「山居學習中心」與「博雅書房」，更規劃興建通識教育大樓。配合政大書院的揭幕，落實政大學宿合一的理念，從半山腰的藝文中心到山上宿舍，包括博雅書房、舜文大講堂、外語自學中心、安九食堂、運動場、山居學習中心，打造政大專屬的生態、藝文、運動、教學和生活學習圈。博雅教育所重視的「境教」精神由上述空間連結而成一個共同的學習與體驗場域。希望透過博雅教育場域的營造以及書院通識課程之規劃，發展融合課程與生活、正式與非正式課程、知識與體驗的創新通識課程典範，重新定位學習型態、書院教育與體驗學習的意義，逐步建構全人教育所需要的「知識大學城」之場域（吳思華、陳幼慧，2010）。

相較於諸多限制的正式課程，書院的住宿學習制度乃落實博雅教育與通識教育的最佳學習方式，透過實施多元教學策略，舉凡同儕互動、經驗傳承與分享、課業輔導、心靈諮商、團膳交流、團體運動、培養多元能力、實踐服務精神等。書院的住宿學習也是極大化運用學習空間與時間，不僅滿足了吃喝睡覺等基本需求，更昇華為知性、美感與生活的融合，內化每個人生命中的心靈能量（陳幼慧、莊祐端，2013）。

（四）公民素養

「公民社會」的形塑是國內外公民教育的核心理念，強調由下而上的公民自覺的自主性，誠如莊富源（2007）給予「公民社會」

以下的操作性定義：係指基於彰顯現代公共生活中公民或公民資格
（citizenship）重要性的前提下，在崇尚及宏揚近代民主政治思維及市
場經濟體制的同時，並強調不受政府公權力及經濟場域的干預與涉入，
從而產生相對於國家以外的一種由下而上，且具多元化運作型態的自主
性實體（social reality）。透過書院共學、共宿的機制是形塑培養理想的
公民資格的最佳場域。

　　Wells（1996）指出，成功的校園社群需具備承諾、強烈的責任感
與休戚與共的共識等條件（引自 Strange & Banning, 2001）。Komives
（1994）認為宿舍是培養學生責任感、學習與實踐共同領導經驗的場
所，透過宿舍教育的培養可讓學生發展人際關係、增進學生參與，促使
學生與宿舍社區有所連結，書院作為有效率的住宿社區，必須使住宿學
生瞭解住宿生活的共同目標，並且對公共利益有所貢獻。

　　以美國威廉斯學院（Williams College）為例，多數學生均住宿校
內，透過住宿社區（neighborhoods）與住宿書院制度，促進教師與學
生、學生與學生間的緊密交流。每個住宿社區成立「住宿社區領導團
隊」（The Neighborhood Leadership Team, NLT），由學生擔任「社區總
監」（Student Neighborhood Director），發揮領導技能，規劃各式學習活
動，組織團隊並委派事物、解決問題與提出建言等。為使自己所屬的住
宿社區脫穎而出，住宿學生皆積極參與社區活動，共享活動成功榮耀
（Williams College, 2013）。史丹佛大學更將發展多元社群列入住宿教
育的目標之一，讓每個學生都能夠被接納、相互關懷、交換個人觀點，
自由表達不同的文化與政治上的想法（Stanford university, 2013c）。

　　Gilman, Meyers 與 Perez（2004）認為參與學校活動與社區活動最
能培養歸屬感，是學生學習動機與成就的基礎。透過書院多元的活動方
案，鼓勵書院生的投入與參與，讓書院生彼此在互動中產生情誼，進而
產生凝聚力與歸屬感，對於書院活動與公共事務將不再漠不關心。

參、研究方法

一、研究對象

　　以本校 101 學年度入學的新生為對象，施測時間為大一下學期期末考試前（第二波），截至撰寫報告時共收 1,115 份有效樣本進行分析之用，其中女性占 63.9％。全體 101 入學新生填答率 48.9％，以文學院最高 57.0％，其次是社科院 54.7％，而有效樣本中以商學院居多占 25.1％，其次為社科院占 24.5％，詳細人數與百分比如下表 2。

表 2　各學院填答人數與百分比

學院	實填人數	應填人數	填答率	百分比
文學院	102	179	57.0%	9.1%
外國語文學院	167	336	49.7%	15.0%
法學院	83	196	42.4%	7.4%
社會科學學院	273	499	54.7%	24.5%
商學院	280	583	48.0%	25.1%
國際事務學院	24	68	35.3%	2.2%
教育學院	30	60	50.0%	2.7%
理學院	70	140	50.0%	6.3%
傳播學院	86	218	39.5%	7.7%
總和	1115	2279	48.9%	100.0%

二、研究工具

（一）大學生博雅核心能力量表

　　政治大學自 98 學年度起，推行為期 5 年的整合型全校課程地圖建置計畫，由教務長擔任主持人，通識中心為行政幕僚，統籌規劃、推動全校課程地圖計畫。藉由全校課程地圖的建置，讓校、院系重新反思人才培育目標與定位，以及應具備之核心能力。結合全校課程地圖計畫的建構，擬藉由能力導向的學習之推動、核心能力檢核機制之建立、教師

自我檢核之分析評估和學生能力雷達圖之建置等方式來建立課程的品質保證機制，讓全校課程發展能呼應社會發展趨勢、產業發展與職場需求、學校特色與定位、家長與校友期望與學生能力發展（吳思華、陳幼慧，2010）。

植基於上述文獻分析與課程地圖的建置理念基礎，政治大學博雅核心能力學習成效的檢核工具——「大學生博雅核心能力量表」（陳幼慧、陳柏霖、洪兆祥，2012）之發展，乃針對八大博雅核心能力（如表1所示）設計共80題，包含學術目標（跨領域知識、宏觀視野）、個人目標（創造力、批判思考、自主學習、終身學習、自我實現與健康樂活）、社會目標（社會關懷、倫理素養、民主法治素養、科學素養、資訊媒體素養與美感素養）與就業目標（口語書寫溝通、團隊合作、問題解決、國際移動）等。施測採用網路作答，尺度為 Likert 六點量表，作答時間約需 30 分鐘可完成。

101 學年度入學的新生起，針對每位同學進行五波的博雅核心能力縱貫性研究，各波的時間點為：第一波為新生入學時間、第二波為大一下學期期末考試前、第三波與第四波分別在大二、大三下學期期末考前、第五波則是大四下學期開學的時間。

（二）書院教育學習成效量表

第一波與之後各波的差別在於：學校活動參與及生活學習此部分，尤其新增 8 題書院教育學習成效（生涯定位、跨領域學習、打造學習生活圈、公民素養）的題目，通識中心擬透過追蹤的方式，瞭解學生經過一學年的學習與生活體驗後，對其核心能力與學習表現之影響，進而勾勒出書院及博雅教育之人才圖像與學習成效。

三、資料分析

本研究之資料分析共有下列步驟：

1. 以項目分析考驗書院教育學習成效量表的題目是否符合常態性，

以利後續之分析進行。

2. 信度分採用內部一致性（internal consistency）之 Cronbach's α 係數估算。

3. 效度部分除專家內容效度之外，還採用驗證性因素分析考驗其建構效度，檢驗因素結構的適切性。

4. 接著以正式問卷施測所得資料，進行描述統計與人口變項的差異檢定，以評估目前大一新生的在各項指標上的初始狀態。

資料分析所採用之軟體包含 SPSS 21 以及 Amos 20。

肆、研究結果

一、量表內容發展

（一）專家效度

本研究問卷編製完成後，函請 7 位具有高等教育理論與實務經驗的專家學者協助填答，針對問卷的題目與內容加以檢核鑑定，並建請惠賜修正問卷之寶貴意見，如表 6 所示。

表 3　建立專家內容效度之人員名單

專家	現職	專長
A 專家	美國田納西大學	工業與組織心理學
B 專家	美國紐約州立大學哲學博士	大學生學習成效評鑑
C 專家	美國哈佛大學博士	書院課程
D 專家	臺灣師範大學教育學博士	多元學程規劃、教育創新
E 專家	臺灣師範大學教育學博士	大學生發展
F 專家	政治大學國家發展所碩士	學生事務參與
G 專家	臺灣師範大學教育學博士	大學生成功學習

（二）項目分析

項目分析以平均數、標準差、偏態及相關係數（與該項目總分）

做為檢驗題目之方式。其中偏態係數以不超過正負 4 為標準，相關係數不低於 .35 為標準。項目分析結果顯示，絕大部分題項符合常態分配之假定，平均數、標準差、偏態係數皆落在合理範圍內，且相關係數遠高於 .35，予以全部保留做為正式分析之用（表 4）。

表 4　項目分析摘要表

	平均數	標準差	偏態	相關係數
生涯 1	2.927	1.3002	-.101	.811**
生涯 2	3.125	1.3624	-.231	.822**
跨領域 1	3.616	1.3716	-.689	.799**
跨領域 2	3.187	1.5623	-.126	.756**
生活圈 1	3.814	1.4119	-.668	.702**
生活圈 2	2.364	1.3170	.534	.678**
公民 1	3.339	1.5088	-.305	.692**
公民 2	4.178	1.3787	-.943	.559**

**p<.001

（三）信度分析

　　信度乃係測量的穩定性，本研究採用內部一致性係數做為信度指標，將內部一致性係數與分量表之間相關係數一併呈現如表 5。結果顯示，各個目標內部的分量表之間具有中高度相關（.5 以上），達到可信程度；對角線為各分量表之內部一致性係數，介於 .468-.922 之間，部分分量表係數值偏低之原因很可能是因為題數過少的關係，將於後續測量階段以增加題目的方式進行補救。

表 5　內部一致性係數與分量表相關係數表

	1	2	3	4
1. 生涯定位	.922			
2. 跨領域學習	.718**	.682		
3. 打造學習生活圈	.639**	.649**	.501	
4. 公民素養	.460**	.597**	.579**	.468

（四）效度分析

效度乃係測量的正確性，本研究在量化分析部分採用驗證性因素分析做為建構效度之驗證方法，借此檢驗本量表之結構是否具備足夠的適切性。

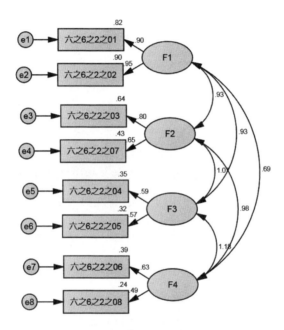

圖1　書院教育學習成效驗證性分析

分析結果發現，單階斜交模式的適配值如下：χ_2=365.762，p<.001，df=14，RMSEA=.150，SRMR=.055、NNFI=.849、CFI=.925，顯示理論模型與觀察分數適配。此外，大多數題目之因素負荷量皆達到 .6 ～ .8 以上，唯公民 2（六之 6 之 2 之 08）的負荷量稍低，需要在後續樣本的分析中特別留意其變化。各個因素的解釋變異量皆接近與超過 50%，數據十分理想，顯示其因素結構具有良好的適切性（圖1）。

二、書院教育之學習成效

依據參與書院課程、活動與團隊次數（包括：大學入門、新生專題、行動實踐課程、主題書院課程、導師之夜、總導師時間／職能電影院、中文讀享夜、料理工作坊、中文寫作中心文學營、自主學習小組、Happy Hour、書院達人徵選、大一結業式、主題書院活動、宿舍助理輔導員、書院記者、樂山人、主題書院團隊等）分為高、低參與組。不曾參與書院活動為低參與組 377 人（占 33.8％），參與過上述活動 2 次以上為高參與組 384 人（占 34.4％），進一步探討書院教育對本校大學生之博雅核心能力與學習成效之影響。

（一）書院參與程度對本校學生博雅核心能力之影響

研究結果發現，在學術目標上，高參與組與低參與組在「跨領域知識」與「宏觀視野」這 2 項指標上有顯著差異。這可能與書院所舉辦的課程與活動提供學生接觸不同領域的人與觀點，因此能跨界學習、開拓視野。

相較於其他教育目標，在個人目標上，高參與組與低參與組僅在「創造力」一項指標上有顯著差異。這可能是因為個人目標所涵括的「思辨與創新」（創造力、批判思考能力）與「自主發展」（自主學習、終身學習、自我實現、健康樂活）這兩大類能力，需要長期的薰陶養成，而非短短一年可蹴。但可預期的是當這批學生接受書院教育後，隨著時間與投入程度增加，這方面的能力亦將向上提升。

在社會目標上，高參與組與低參與組在「倫理素養」、「民主法治素養」、「科學素養」、「資訊媒體素養」、「美學素養」、「公共參與」等 6 項指標上有顯著差異。這可能與書院的課程與活動奠基於政大「培養公共知識份子」的教育理念，鼓勵書院生養成具備倫理、民主、科學、媒體及美學等公民核心能力，積極參與實踐環保或公共議題的活動。

在就業目標上，書院教育所提供的豐富學習資源，有助養成書院生的「書寫溝通表達」、「團隊合作」、「問題解決」與「國際觀」之就

業相關能力，因此高參與組與低參與組在這 4 項指標上有顯著差異（表6）。

表 6　書院參與程度對本校學生博雅核心能力之差異分析摘要表

教育目標	核心能力	低參與組		高參與組		F	顯著性
		M	SD	M	SD		
學術目標（2/2）	跨領域知識	4.79	0.63	4.90	0.66	5.677	.017
	宏觀視野	4.36	0.75	4.51	0.75	7.446	.007
個人目標（1/6）	創造力	4.23	0.73	4.48	0.73	22.811	.000
	批判思考	4.74	0.66	4.78	0.63	.585	.445
	自主學習	4.63	0.67	4.71	0.67	2.962	.086
	終身學習	4.67	0.64	4.76	0.65	3.721	.054
	自我實現	4.60	0.77	4.69	0.82	2.803	.095
	健康樂活	4.49	0.79	4.54	0.81	.699	.403
社會目標（6/7）	倫理素養	4.33	0.79	4.48	0.72	7.746	.006
	民主法治素養	3.21	0.98	3.47	1.10	11.736	.001
	科學素養	3.63	1.02	3.94	1.00	17.647	.000
	資訊媒體素養	3.40	0.97	3.65	0.94	12.955	.000
	美學素養	3.73	1.09	4.12	1.00	27.193	.000
	公共參與	3.35	1.19	3.79	1.20	25.424	.000
	多元尊重	4.85	0.89	4.96	0.86	3.040	.082
就業目標（4/5）	口語溝通表達	4.28	0.88	4.36	0.82	1.777	.183
	書寫溝通表達	4.12	0.81	4.29	0.79	8.239	.004
	團隊合作	4.39	0.88	4.57	0.88	8.219	.004
	問題解決	4.41	0.76	4.55	0.73	6.881	.009
	國際觀	3.58	0.97	3.76	1.07	6.275	.012

（二）書院參與程度對本校學生書院教育學習成效之影響

　　書院教育學習成效分為「生涯定位」、「跨領域學習」、「打造學習生活圈」與「公民素養」等 4 個向度、8 個指標。研究結果顯示：高參與組與低參與組在學習成效上皆有顯著差異，可能與政大書院以「新生住宿教育」為起跑點，從大一新生入學開始，建立了完善的輔導制度與課程規劃。透過生活輔導凝聚書院生的高度向心力，並在師長引導下達成

生涯定位。此外，書院更營造了知識大學城的學習生活圈，提供優良師
資、師生互動良好，培養學生跨領域學習、團隊合作、宏觀思考、理性
思維等能力，並鼓勵書院生積極參與實踐環保或公共議題的活動，養成
具備倫理、民主、科學、媒體及美學等公民核心能力，為未來人生做準
備（表7）。

表7　書院參與程度對本校學生書院教育學習成效之差異分析摘要表

書院教育學習成效		低分組		高分組		F	顯著性
		M	SD	M	SD		
生涯定位	1. 書院課程與活動幫助我找到未來想做的事或發展方向。	2.51	1.32	3.38	1.26	84.940	.000
	2. 書院課程與活動讓我深度思考人生與社會的重要議題。	2.61	1.35	3.65	1.29	117.438	.000
跨領域學習	3. 書院課程與活動讓我認識不同領域的人與觀點。	3.08	1.47	4.10	1.20	109.408	.000
	4. 我會和室友或參與書院課程活動認識的朋友共同從事課外活動。	2.69	1.58	3.69	1.45	82.610	.000
打造學習生活圈	5. 我會固定上學校聯合報名系統尋找或報名有興趣的活動，並確實出席。	3.40	1.56	4.13	1.26	50.751	.000
	6. 我和書院宿舍助理輔導員（tutor）或書院人員討論過學習與生活的問題。	2.04	1.22	2.73	1.43	51.148	.000
公民素養	7. 我會利用山居學習中心從事知識或生活學習相關的活動。	2.95	1.57	3.68	1.43	45.681	.000
	8. 在專業學習以外，我目前有想要積極投入的事務。	3.80	1.62	4.43	1.15	39.278	.000

伍、結論與建議

一、結論

　　為提升本校學生競爭力，除了系所的專業知識養成外，輔以「博雅教育」為主軸，積極思考如何創新人才培育模式。因此，自 2006 年起積極推動書院計畫，從初期「政大學堂」的構想，到 2008 年正式掛牌成立「政大書院」迄今，透過書院制度、硬體設備、師生互動、學習能力、住宿品質與生活輔導等全方位養成計畫，讓學生從大一到大四的求學過程中，逐步培養基礎核心能力，方足以讓下一代預備適應未來、創造未來的能力。

　　本研究係以 101 學年度入學新生為對象，擷取第二波調查資料進行分析，探討經過大一年，書院教育對於本校學生博雅核心能力與學習成效之影響。研究結果發現，書院教育對於與「學術目標」、「社會目標」與「就業目標」相關的博雅核心能力都有正向影響，高參與程度學生的表現都顯著高於低參與組。進一步探討書院教育對於學習成效之影響，在「生涯定位」、「跨領域學習」、「打造學習生活圈」與「公民素養」等面向上，高、低參與組都有顯著差異。

二、建議

　　本校將博雅核心能力定為重要的檢核項目，並依此發展測量工具，期盼透過長期的追蹤研究，了解學生在博雅核心能力上的變化以及影響因素與機制為何。因本次研究之追蹤樣本尚未收集完全，因此僅進行第二波橫斷面資料分析，並提出以下建議：

1. 期盼透過多波段、多面向、多層次、多來源的方向，完整掌握學生博雅核心能力的本質與成長機制。
2. 博雅核心能力的測量在抽樣上應為普測，必須獲得所有新生的資料，以建立長期追蹤的基礎。除本次（第二波）結合書院教育學

習成效評估外，建議未來將此量表的施測與其他評量系統結合，以確保學生的填答。

3. 未來建議納入更多客觀指標與數據進行分析，如：全人系統、學科成績、Ucan 測驗結果、專業系所核心能力、學習歷程檔案等資料綜合分析，以求得更正確的資訊。

參考文獻

王知春、王穎（2009）。住宿學院制對當前中國高校生先進宿舍文化建設的啟示。**中國電力教育**，146，頁 187-189。

余民寧、韓珮華（2009）。教學方式對數學學習興趣與數學成就之影響：以 TIMSS 2003 臺灣資料為例。**測驗學刊**，**56**（1），頁 19-48。

吳思華、陳幼慧（2010）。建構高等教育人才培育新典範：政治大學通識教育發展理念與策略。**通識在線**，**28**，頁 45-48。

李坤崇（2012）。大學基本素養與核心能力的檢核機制。**教育研究月刊**，**218**，頁 5-24。

林福來（2010.10.08）。臺灣科學教育四十年研討會──從臺灣社會發展脈絡看科學教育。臺灣科學教育四十年研討會。**科學月刊**。中央圖書館。

政大書院（2013）。認識政大書院。取自 http://college.nccu.edu.tw/index.php?option=com_flexicontent&view=items&cid=4&id=70&Itemid=55。

洪玉珊（2014）。**我國大學生參與書院教育滿意度研究**（未出版之碩士論文）。國立政治大學。

國際基督教大學（2013）。教育サポート。http://www.icu.ac.jp/liberalarts/educational/support.html。

張雪梅（1999）。**大學教育對學生的衝擊**。臺北：張老師文化。

莊富源（2007）。**轉變中的學校公民教育**。高雄：高雄復文圖書出版社。

郭昭佑（2011）。大學評鑑建置學生學習成效確保機制之研究。論文發表於國立政治大學通識教育中心主辦之「學生學習成效評量」研究成果發表及工作坊，臺北。

陳幼慧（2011a, 11.5-6）。波隆納歷程（Bologna Process）與歐盟高等教育

發展趨勢。「學生學習成效評量」研究成果研討會及工作坊。國立政治大學。

陳幼慧（2011b.12.19）。職涯共通能力（軟實力）檢核指標與機制之發展。大專校院就業職能計畫（UCAN）教學應用與學習成效提升研討會。教育部。

陳幼慧、洪崇淵、江志軒（2012）。核心能力檢核機制與多元評量。載於陳幼慧（主編），**通識最前線：通識與書院教育人才培育圖像**。臺北：政大出版社，頁 37-61。

陳幼慧、莊祐端（2013）。大學精神與通識教育的辯證發展。載於陳幼慧（主編），**通識最前線：博雅與書院教育人才培育圖象**。臺北：政大出版社，頁 3-30。

陳幼慧、陳柏霖、洪兆祥（2012.11.3-4）。博雅教育學生學習成效檢核機制。2012 通識教育與學生學習成效評量國際研討會。國立政治大學。

陳柏霖、孟恬薪（2010）。全球化時代大學生關鍵能力與高等教育制度革新之研究。載於蘇永明、方永泉（主編），**全球化時代的課程與教學革新**。臺北：學富文化，頁 11-36。

彭森明（2010）。**大學生學習成果評量：理論、實務與應用**。臺北：財團法人高等教育評鑑中心基金會。

彭森明（2011）。落實以學生學習成效為主軸的評鑑措施與挑戰。論文發表於國立政治大學通識教育中心主辦之「學生學習成效評量」研究成果發表及工作坊，臺北。

馮朝霖（2002）。橫繫理性與網化思維。**通識教育季刊，9**（1），頁 1-20。

黃玉（2000）。大學生事務的理論基礎——臺灣大學生心理社會發展之研究。**公民訓育學報，9**，頁 161-200。

劉維琪（2010）。推動學生學習成果評量的機制。**評鑑雙月刊，26**，頁 6-7。

蔡連康、陳幼慧、藍美華（2013）。書院教育與住宿學習型態之探究——以政大書院為例。**通識最前線：博雅與書院教育人才培育圖像**。臺北：政大出版社。

Astin, A. W. (1993). *What Matters in College? Four Critical Years Revisited.* San Francisco: Jossey-Bass.

Bologna Declaration (Jun 19th 1999). The Bologna Declaration of 19 June 1999.

Joint declaration of the European Ministers of Education. Retrieved Oct 14, 2011, from http://www.ond.vlaanderen.be/hogeronderwijs/bologna/documents/MDC/BOLOGNADECLARATION1.pdf

Chickering, A. W. & Reisser. L. (1993). *Education and Identity* (2nd ed.). San Francisco: Jossey-Bass.

Chickering, A. W. (1969). *Education and Identity*. San Francisco: San Francisco: Jossey-Bass.

Fletcher, A. (2005). Guide to students as partners in school change. Retrieved from http://www.soundout.org/MSIGuide.pdf

Fletcher, A. (2007). Defining student engagement: A literature review. Retrieved from http://www.soundout.org/student-engagement-AF.pdf

Gilman, R., Meyera, J., & Perez, L. (2004). Structure extracurricular activities among adolescents: Findings and implications for school psychologists. *Psychology in Schools*, 41(1), 31-41.

Komives, S. R. (1994). Increasing student involvement through civic leadership education. In C. C. Schroeder, P. Mable, & Associates (Eds.), *Realizing the Education Potential of Residence Hall* (pp.218-240). San Francisco: Jossey-Bass.

Kuh, G. D. (2008). Promoting engagement for all students: The imperative to look within. Retrieved from http://nsse.iub.edu/NSSE%5F2008%5FResults/docs/withhold/N

Marcia, J. E. (1980). Identity in adolescence. In J. Adelson (Ed.), *Handbook of Adolescent Psychology*. New York: Wiley.

Moss, R. H. (1976). *The Human Context Environmental Determinants of Behavior*. New York: John Wiley & Sons.

Pace, C. R. (1990). *The Undergraduates: A Report of Their Activities and Progress in College in the 1980's*. Center for the Study of Evaluation, Los Angeles, CA: University of California.

Pascarella, E. T. (2001). Identifying excellence in undergraduate education: Are we even close? *Change*, 33(1), 18-23.

Pascarella, E. T., & Terenzini, P. T. (1991). *How College Affects Students: Findings and Insights from Twenty Years of Research*. San Francisco:

Jossey-Bass.

Princeton University (2013). Residential Life. Retrieved from http://www. princeton.edu/pub/ph/residential-life/

SSE2008_Results_revised_11-14-2008.pdf

Stanford University (2013a). What Does ResEd Do?. Retrieved from http:// studentaffairs.stanford.edu/resed/about/what

Stanford University (2013b). Get to Know ResEd. Retrieved from http:// studentaffairs.stanford.edu/resed/about/introducing

Stanford University (2013c). Residential Education. Retrieved from http:// studentaffairs.stanford.edu/resed

Strang, C. C., & Banning, J. (2001). *Education by Design: Creating Campus Learning Environments That Work*. San Francisco: Jossey-Bass.

Timothy, W. G., Jamie, C. Y., & Carlye, J. K. (2001). Connecting the freshman year experience through learning community: Practical implications for academic and student affairs units. *College Student Affairs Journal*, 20 (2), 37-47.

Warner, D. B., & Koeppel, K. (2009). General Education Requirements: A Comparative Analysis. *The Journal of General Education,* 58(4). P. 241-258.

Williams College (2013). The Neighborhoods. Retrieved from http://student-life.williams.edu/student-involvement/residential-programs/the-neighborhoods/

學務系統與書院教育

陳彰儀

政治大學新生書院總導師、前任學務長

林月雲

政治大學企管系教授、前任學務長

朱美麗

政治大學經濟系教授、學務長

劉育成

政治大學國際發展書院學術導師

摘要

　　政大新生書院計畫自推行以來，最重要的理念就是「培養博雅創新的政大人」。透過結合住宿與學習的方式，一方面協助大一新生在初入大學時能很快地熟悉新的學習場域，另一方面也協助大學生規劃未來的學習並且定位自己，不僅有博雅的視野與胸襟，也同時具有創新與創意的膽量與實踐的能量。「書院」即是此一願景的具體實現，將住宿學習、通識教育改革、未來領袖培養，以及新生輔導計畫整合起來，除了補充專業知識的學習方式，更期待打造一個不同於過往的校園學習氛圍與師生關係。這四個面向與大學制度裡的學務系統有密切關連，在推動書院計畫的過程中，必然要面臨「書院」概念與既有學務系統之間可能的互動。本篇文章將從既有學務系統所掌管的課外活動、住宿輔導與導師制度出發，進而檢視並思考政大書院教育與學務系統的互動內涵、遇到之困境，以及未來之展望。

關鍵字：書院教育、學生事務、導師制度、團膳、tutor 制度

壹、書院教育計畫在政大

　　政大的書院計畫為頂尖大學計畫的一部分，最先推動的為新生書院，以下論述乃針對新生書院為主。書院計畫其中一個重要目的即為檢視專業教育與通識教育的關係。臺灣的大學教育越來越朝向著重專業教育的方向發展，而逐漸忽略非專業領域（課堂外）的學習。通識教育的推動即為此一失衡提供了一個方向，除了專業課程之外，在大學裡的學習還需要兼顧其他非專業領域，讓學生在生活層面、人際交往、做人處事這幾個面向，也有一定程度的學習。書院教育的推動一方面作為通識教育改革的一環，另一方面也期待以宿舍為基礎，透過學宿合一的想像，建構一個更為豐富與多元的學習環境。

　　在頂尖大學的計畫裡，政治大學對未來大學部教育的思考是，除了維持新生入學後與院、系間的關係之外，更期待運用頂大計畫的經費（得以補助日益拮据的學務預算），以實驗的方式，提供入學新生集中住宿、完整的生活學習與輔導機制，也整合住宿教育與通識教育的內涵，讓學生不僅能夠學習與他人相處，更可以學習與自己相處，進而培養面對未來未知的能力。具體的成果便是新生書院與各主題書院的設立。從早期「政大學院」的規劃、超政新生定位營的舉辦，到「政大書院」正式掛牌運作，都是秉持著書院住宿學習的理念，讓學生不僅可以在教室裡學習，也可以在生活中學習。因此，書院教育期待本身不只是課堂的，也不是只有知識的傳授，還有包括做人的道理、待人處事、如何認識自我等。臺灣的教育方式在大學之前都是非常緊湊，而且是採比較制式的教學，而大學是比較多元與彈性，是調整人格很好的時機，因此在大學裡的學習該要涵蓋各個面向。然而，我們的教育過早的分流，造成的現象就是，在專業知識的培養上或許是不錯，但可能不知道如何生活，然而生活本身是很重要的。書院教育透過以住宿為基礎的學習，嘗試塑造一個團體生活的環境，在團體裡其實是可以學到很多課堂學不到的東西，書院「學宿合一」的形式其實是可以在某方面補足我們

過往教育上的不足。在觀察國際著名大學（如哈佛、普林斯頓大學等大學），我們認為在臺灣發展書院有三個關鍵內涵：住宿輔導、課外活動，以及團膳。這三者均與目前大學院校裡的學務系統有密切關係。

　　大學裡的學務系統主要掌管與學生有關的事務，包括生活事務、課外活動、藝文活動、住宿輔導、生涯規劃，以及身心健康等。其目的是希望學生在專業學習之餘，可以同時兼顧非專業的學習、課外活動的參與，以及提供有關生涯規劃與身心健康諮詢等服務，讓學生的大學生活可以取得平衡、在生活上與未來就業或升學上獲得協助。這些業務內容與書院教育強調的住宿學習、導師制度以及新生定位等，均有密切關係。然而，儘管書院的理念與精神經常被強調，但實際的執行成效如何，則是有待更進一步的檢視與檢討。對於書院教育的推動，是否對學生事務真正有幫助，或許是另一個更值得探究的議題。

貳、書院教育與學務系統：住宿輔導與 tutor 制度的建立

　　住宿輔導是學務系統很重要的業務之一，參與輔導者有住宿組的行政人員、宿舍裡的學生宿舍顧問（以下簡稱舍顧）[1] 及宿舍服務委員會（以下簡稱宿服會）[2] 的成員，多年來他們在協助學生適應宿舍生活上貢獻甚大。然而，在面對六、七千位學生的需求，基於經費與人力的限制，大多停留在行政與制度層面，以確保住宿的安全、品質及公平性，並未有太多能量深入其他諸如態度學習或生活學習等面向。在最初

---

[1]　學生宿舍顧問為經過住宿組甄選之學生，駐點在各宿舍區，協助執行各項行政與管理工作。
[2]　宿舍服務委員會為住宿生之自治團體，住宿生為該委員會之當然成員，各寢室先推選出室長，再由室長推選出樓長、舍長、總舍長等幹部。各宿舍區皆有各自之宿舍服務委員會，負責訂定各宿舍區之宿舍公約，審核各宿舍區之獎懲，並成立志工團，依各宿舍區之宿舍文化，辦理各項活動。各宿服會的總舍長可參與宿舍管理委員會，審議重要之住宿政策。

的計畫裡，書院制度並非是脫離學務系統而進行規劃的，而是在學務的內涵裡嘗試將書院的概念納進來。因此，在構想之初，參考國際著名大學，如哈佛大學、普林斯頓大學，我們認為書院最關鍵的內涵之一就是tutor（助理輔導員）。因此，在規劃上，希望在原有的制度裡，透過書院來增加tutor制度。這裡對tutor的想像不同於舍顧。舍顧他們主要擔負有關生活紀律方面的事務，透過規則與相關獎懲的方式來維持宿舍的運作與居住品質。相反地，tutor則比較是一種學長學姊的運作模式，透過實地的關心行動，協助解決住宿學生們生活上、情緒上的問題等。這個制度在規劃初期，應該可以將原來學務的功能予以大幅度的提升。然而，這樣的構想在後來做了修正，將「書院」這個概念賦予更大的想像與可能性，甚至是作為通識教育改革的基礎等。通識教育屬於教務系統，由於學務系統無法處理與課務有關的部分，因此便嘗試將「書院」概念拉出來成為另一個單位。在理想上，政大書院計畫便期待成為一個涵蓋教務、學務的組織，除了通識課程的開設之外，另也負擔部分的住宿生活與輔導，從學務系統的一部分，轉變成是期待與學務系統發揮相輔相成之作用。然而，實際的情況或許仍有需要檢討之處。例如在宿舍的管理上，書院並未能夠接手管理所有的宿舍事務，再加上近年來學務系統在住宿學習與生活輔導上都有了許多精進計畫，例如形塑住宿文化、開辦工作坊、宿舍安全關懷等，以宿服會、舍顧以及住宿生的參與和互動，實踐住宿學習的理念，因此，對於書院原本的規劃而言，似乎未能充分發揮預期的效果。

　　從原本作為學務系統的延伸或精進，一直到「政大書院」獨立運作，全校師生都有過許多討論。學務部分的課外活動與住宿，與書院比較有關係。在加入書院概念這個元素後，學務系統與教務系統也有了重新認識自己的機會。其中之一就是對於宿舍與學習環境、氛圍的想像。原先的宿舍透過行政人員、舍顧、宿服會的管理，讓每個住宿生可以生活得很安靜，沒有被打擾，生活品質還可以。然而，住宿學習或許不只如此，而其具體的計畫就是tutor制度。tutor是由學長或學姊來擔任，

理想上我們期待這群 tutor 在學業、品行方面都是比較好，在水準之上的大學生，因此可以作為大一學生的楷模與學習對象，而且他們的經驗可以幫助新生解決許多適應上的問題或困擾。建立 tutor 制度的重要因素是因為大學與高中有很多東西是不同的，大學裡有不同的課程、同一課程有不同的教師、不同的教室、不同的課程組合，實在有很多不同的選擇，剛從高中畢業的新鮮人面對這許多選擇，常會覺得很徬徨，或感到措手不及，如果這個時候有一個較資深學長姊可以引領，或許可以讓新生很快地適應大學生活。有研究發現，如果學生在大學一開始便有好的、穩定性的開始，對往後大學四年的學習會非常重要，而這或是書院教育可以切入的部分。在實際執行上，推動 tutor 制度的第一、二年實施得頗有成效，一方面，當時 tutor 制度只針對部分學生，大約是 900位，其中男生約 600 人，女生約 300 人，男、女生各有 8 位 tutor。另一方面，相較於後來全面實施之後的調整，一開始的 tutor 待遇與福利較有吸引力，聘請到的 tutor 素質相當高，其中有不少研究生。在施行至 1,600 位新生之後，一方面所需經費大量增加，以致於 tutor 待遇與福利降大幅調降，且需要聘請的數量增加，因此素質相對降低不少。以目前的狀況，大學生 tutor 月薪是 3,000 元，以時薪 115 元來計算的話，理論上每月只需工作 26 小時，一週只要工作 6 小時，但實際工作量遠大於此。這也是目前書院教育在推動 tutor 制度上的困境之一。

　　另外，就學務處推動的住宿學習而言，住宿組的工作內容是很獨立的，主要是安排宿舍的分配，處理一些行政上的事務。如果我們用硬體（hardware）與軟體（software）來看的話，住宿組提供比較多硬體方面的東西。當然，這不是說，住宿組並未關注軟體的部分。在過去幾年來，住宿組在宿舍經營與形塑宿舍文化上仍有很好的成績，例如以運動或者是樂活為主題的宿舍。藉此，或可營造出宿舍自身的文化與活動，也可以提供住宿者更多的學習機會與管道。軟體就是「內容」（content）本身，在書院的概念裡，內容指的比較是除了制度或規範以外的「照顧」內涵。儘管在使用硬體與軟體這兩個概念上，或許有容

易二分之嫌。然而，這或許也是一種可行的觀察方式。儘管住宿組的工作範圍除了就硬體、分配等事項做好之外，也擔負部分提供「內容」的責任。然而，我們要問的是，在書院概念元素進來且增加一些人力資源後，書院是否有強化既有的住宿學習與宿舍氛圍營造的部分？書院在這方面的執行成效是否有達成預期？總的來說，不論是學務處各組，或者是書院的推動者，或許在某種程度上也都受到書院理念與精神的影響，如今不僅只是從硬體維持或提供者的角度來思考，而是會多從內涵或使用者的角度來思考，哪些東西，或者是什麼樣的活動，對學生會比較有益？這樣的影響對學務輔導系統與書院教育的工作同仁來說是有幫助的，雖然工作的挑戰性也因而增加。

在住宿層面，政大在發展書院後的正向影響，除了讓學務系統有機會進行自我觀察與提升視野之外，在內容上或許也有實質上的變化。書院這個概念的注入，除了期待作為通識教育改革的基石之外，對於學務系統的運作著實有更深的影響，更是挑戰了許多既有的制度與思維。例如，男、女生混住在同一宿舍區、女生入住山上校區，以及宿舍房間分配以不同系共住為原則等。男、女生住在一起，就像是家庭一樣，而理想上的一個宿舍區應該是有男有女，將男、女性放在同一個宿舍區，可以活化單性宿舍的氛圍，也可以使男、女生學習如何合宜互動。另外，女生入住山上宿舍也顛覆過去的迷思：山上宿舍很危險、女生需要極度被保護等。然而，讓女生入住山上宿舍，毋寧是給政大師生以及行政單位的成員一個很大的挑戰，這在過去是很難想像的。除了硬體設備的考量，包括廁所的設置、安全性設施等之外，還得讓男生女生有互動，但又要有某種程度或意義上的隔離與界線。因此，在安全性上，住宿組規劃了幾項安全方案，例如由學生自組的校安巡守隊、學校警衛、警車的支援等。如今，校園裡對於女生入住山上宿舍已經是習以為常，也不認為有危險。這有部分或許與書院概念的注入有關，從而有機會讓學務系統重新思考，進而挑戰原來方便管理的思維。這樣的影響也促使了山下宿舍區域的規劃，例如取消宿舍圍牆、交誼廳男女共用等。因此，書院

教育在政大扮演的也像是顛覆過去、挑戰過去既有的管理、方便等思維的角色，而非只是生活上的學習。

參、書院導師制度

我們現在談的書院，很早是從英國大學開始的，其制度裡很重要的一個元素就是「導師」。在團體的住宿生活過程中，有很多東西需要學習。對比其他的課外活動，例如社團或系上的活動，這些活動都有時間性的，並非如住宿般的生活在一起，而後者對於學習者而言會產生不同的效果。一方面，這也與目前的家庭結構有關，很多家庭都只有一個小孩，學校的住宿生活便可提供一個非常好的補足效果，大家一起學習，一起完成一件事情，以及隨時有導師在旁及時給予協助。在英國的系統裡，導師有很多是專業課程的老師，同時也擔任某個 college 的導師。在哈佛等大學的書院架構中，書院會聘任一位總導師，總導師輔導書院導師，書院導師督導 tutor。書院導師的主要任務除了與學生互動之外，更重要的是帶領 tutor 進行輔導等工作。書院導師設立的原因有以下幾點：

1. tutor 多數是由校內高年級的學生所組成，本身也需要被指導、關懷、鼓勵與輔導。
2. tutor 人生經歷不多，許多問題無法面對。
3. 書院輔導有部分是關於學習、生涯輔導，沒有教師身份者不容易做好。
4. 作為院生與 tutor 的模範（role model）。

基於上述原因，政大書院教育在思考 tutor 制度時，也規劃了書院導師的角色。但可惜沒有太多教師願意投入書院工作，多年來書院導師都由書院行政人員擔任，他們年紀輕，閱歷不多，不易讓 tutor 信服，

且他們大部分對學校、書院了解不深，對如何幫助學生學習與做生涯規劃也了解不多，推動書院業務常感到很吃力，加上此職務是在頂大計畫下，工作保障低，故離職率高，書院導師對業務內容不熟悉，經驗也就無法傳承，因此輔導 tutor 狀況不甚理想，也影響了整體 tutor 制度的成效！

　　書院導師與系所導師有可能整合？在資源有限的狀況下，書院是否可整合系所導師制的資源？在談整合前，大概須先了解目前系所（書院外）導師制的狀況，目前大概現象如下：

1. 教育部規定系所必須為每一位學生安排導師，因此名義上的導師甚多。
2. 老師過去「人師」的角色多轉變為「業師」的角色，使得老師扮演系所導師的角色與功能不如預期。
3. 教師研究、升等壓力過大，沒有太多時間、精神關心學生，教師擔任導師的意願一般不是太高。
4. 輔導學生的成果在教師升等與評鑑上分量不重。
5. 導師與學生接觸少，輔導內涵不多（只是一學期聚餐一、兩次、在餐桌上聊聊天）。
6. 有些學生覺得沒有從導師得到太多實質幫助（因為接觸少，不易被了解）。
7. 有些學生覺得不需要導師，且覺得這個制度對他而言是個干擾。

　　書院教育裡所需要的導師，儘管與目前學校內正在運作的導師制度有所不同，但兩者其實有密切關聯，應可以整合。整合之前大概先要解決教師擔任導師的動機與經費問題。動機方面，若教師升等可分流（可選擇研究、教學或行政三者之一）或擔任導師有更多誘因，在升等與評

鑑上所占比重更高，[3] 甚至提供足夠資源，如有足夠經費與學生互動，得到許多輔導學生的資訊，給予許多導師相關培訓課程，教師會有較多意願擔任導師。

經費方面，可從減少導師數目著手，既然一些學生不想要系所導師，一些老師不想當導師，若作某種調整，部分導師費就可以被釋放出來。資源釋放出來以後就會有很多空間，可以做很多其他的事情。這或可以管理學裡談到的兩股力量來說明之，其一是推力，其二則是拉力。推的力量就像是制度或法規，或者，我們也一直鼓勵學生找老師談，說服老師要多多照顧學生等。這些都可屬於推的力量。然而，制度的推動成功與否，我們或許還需要有一個拉的力量，也就是「動機」的問題。這個動機不一定是實質上的經費，也可能是一些無形的東西，例如老師照顧學生所獲得的成就感等。因此，假如法規上能夠鬆綁的話，我們就可以重新配置資源，將資源投入在那些願意擔任導師的老師身上，以及需要協助的學生上，讓真正有熱情的老師來扮演好導師的角色與功能。此外，因為過去我們對老師這個角色是有期待的，大多是專業知識傳授上的期待，在書院教育加進來之後，也有可能讓系所的老師在某種程度上對導師這個角色有更深刻的認識，或許也可以吸引更多老師投入書院教育，或者豐富並真正落實導師制度。

肆、課外活動與非正式學習

在書院的規劃裡，除了少數正式課程、住宿學習之外，更強調的是非正式課程的學習，即參與各種活動的學習。在理念上，書院原本的規劃是擔任「平臺」的角色，整合校內的資源與各種活動，提供學生諮詢與媒合的建議管道。然而，在實際運作上，書院在擔任「平臺」角色

3　中央大學與成功大學均將輔導學生納入教師評鑑，且占有之百分比不低於「服務」一項。

上似乎沒有發揮功能。此外，書院自身也舉辦許多活動，且每一個主題書院也都幾乎有專屬的課程與活動。儘管對學生而言，似乎是提供了許多不同且多元的選擇。然而，這也讓書院原本擔任「平臺」的理念無法落實。目前非正式活動多與課程結合，並且透過認證的方式，讓學生自行選擇書院內與書院外單位舉辦的活動來進行認證。成效如何，卻仍有待檢驗。從學務的角度來看，書院的非正式學習與活動，提供了不僅是書院生，也給予全校學生參與，以更認識自己或者是世界。學務處課外組負責輔導社團活動，除了社團活動外，學務處包括藝文中心等單位，也會舉辦很多活動。原本書院的活動是屬學務處的一部分，不過分開後，或多或少會產生活動各自辦理的問題。在總量上，學校活動的增加提供了學生更多元的參與管道與學習機會，但活動增加也會稀釋學生們參與的比例，甚至影響活動的品質。書院所舉辦的課外活動，有部分是希望讓那些較少參加的學生能夠有機會接觸到各種不同的活動內容。理想上，還是期待書院作為一個平臺，作為整合全校活動的角色。在規劃上，透過認證的方式讓學生參與。然而，書院本身的活動也很多，甚至偶爾會出現各主題書院彼此之間的活動相衝突的狀況，不僅資源未能有效運用，也有資源重疊的問題，如果仍期待書院發揮平臺的角色與功能，在未來仍有努力的空間。

　　活動辦理上的平衡點的確不容易拿捏，但若是回到高等教育的問題，如今的人才爭奪戰是全世界的，教育本身必須有足夠的深度與廣度，也要紮實，才有可能面對外界的競爭。學生忙於活動，有時候難免無法專注於專業知識上的學習，而且活動太多、選擇太多，或許對學生來說也不見得是件好事。臺大的葉丙成老師在 TEDxTaipei 的分享裡就提到，真正的學習或教學是要 starve them，而非 stuff them。讓他們飢餓，對於知識或學習對象渴求，如此一來也才會有主動學習的機會。在活動很多的情況下，也許並未讓學習者對於知識產生渴求、饑餓，而是不斷地餵養，不斷地給予。在這種情況下的學習就不容易有主動的心理，太多的選擇或許只是造就一種等著被餵養的心態，而缺少了積極主

動尋求的學習心。很多的抱怨或許來自於這樣的一種等待餵養、等待服務的心態，並且視之為理所當然。

學務系統擔負照顧學生的責任，無論是住宿適應、生活學習或課外活動，輔導扮演重要角色。作為通識教育改革之一環的書院教育，則期待能夠帶入「全人教育」的想像，不僅對既有的硬體與學習環境提出自身的想法，在軟體與制度上，更是提出挑戰。然而，我們也應該問的是，書院教育制度的推動是否有達到或朝向實行「全人教育」的方向前進，甚至是已經產生一定的變化？全人教育或許在既有的制度下不容易達成，但理想上，住宿學習或許可補充這一塊。然而，就書院的推動來說，住宿學習仍有大部分依賴學務系統的支援，書院在這方面的運作成效似乎仍有待加強，例如宿舍學習氛圍的營造、宿舍活動的推行等，有部分還是以宿服會的方式來推行。

在課外活動與強化住宿學習這部分，原本所提出的書院理念在於作為整合平臺的角色，但書院的運作似乎逐漸放棄這樣的角色。此外，大規模的書院制度在運作上面臨困境，例如新生書院從過去的所有大一新生參與，到如今約 200 人的規模，以及國際發展書院從每屆招收 120人，逐漸縮減為 80 人，甚至更少的境況，也許說明的是，目前的書院運作模式與內容都需要更進一步、更深刻的檢視。規模小一點，也許可以繼續下去，可以繼續嘗試扮演整合的平臺角色。書院制度並非是要取代學務系統，而是相輔相成，並且還需與教務系統進行合作與整合。書院教育在政大，除了對硬體與學習環境提出挑戰外，更重要的或許是對於制度的反思，以及更多軟體的提供。政大期待培養下一個世紀的年輕人、領導人才，很多是要從「內容」著手，而不一定是從硬體而來。一方面，未來的學習可能不再有實體的校園，在校園裡或許也看不到很多學生，因為線上學習或許會取代目前的學習機制，例如臺大的葉丙成老師在 Coursera 上開的課程，完全可以在線上完成學習並取得學分。此外，Coursera 的許多線上課程是由世界各地的大專院校所提供，範圍涵蓋各知識領域，在程度上也納入從初級到高階的課程，內容既紮實且豐

富，其中更有不少大師級授課的課程。面對這樣的未來學習趨勢，我們或許更應該將校園營造成一個互動（interaction）的地方。或者說，那些可以獨立完成的東西都不需在校園裡發生。那麼校園的角色會產生一個根本的變化，在校園裡著重的是互動，期待更多的是「人師」的角色，因為「業師」的角色或許都可以從線上獲得。因此，要如何讓校園變成一個 facilitating, nurturing 的環境，應是下一步要走的。書院教育對於校園的挑戰、對於學務系統的挑戰，有一部分就是在強調「人師」的角色，對於專業學習之外的非正式學習，或許思考的重點在內容的提供，以及如何讓校園裡的互動、師生之間的互動有更深刻地學習內涵。

伍、團膳

國外書院認為團膳在住宿學習上扮演很重要的功能，院生們可藉著共餐更享受在一起的時光，另外經常一起用餐會增進院生彼此的關係，也增加 tutor 與院生的關係，幫助院生擴大交友圈，並能增加與他人接觸機會，也能從此一溝通中吸收到不同的知識、資訊。因為熟悉，也可一邊用餐一邊針對時事、相關課題加以討論，提升社會參與感。更重要的，長期聚在一處用餐會大大提升對宿舍的認同感。

團膳固然重要，但就目前狀況，書院辦理團膳時會與學務系統（住宿組）可能在下列項目造成一些緊張的關係：

1. 團膳場地：團膳時，使用單位為書院，而管理單位是住宿組，因使用、管理單位不同，有時在權利、義務部分不是很容易釐清或界定。

2. 器材的使用與維護：團膳時用到某些器材，如投影機、擴音器，若發現故障時，因還有其他不同團體使用，有時責任之歸屬不易確定。

3. 團膳場地的使用時段：場地目前只限於用餐時使用，讓書院生能共同討論、聯誼的時間甚短，使住宿學習的效果不易發揮太大。

4. 團膳場地音量與住宿安寧：為了配合團膳，書院某些課程與活動也借用該場地辦理，但因團膳場地緊臨宿舍，活動若音量過大就會遭抗議，對舉辦活動者帶來一些壓力。

陸、結論

在學務系統與書院教育的關係裡，從一開始規劃屬於學務的延伸與強化，到後來成立「政大書院」，事實上都在對政大校園與師生關係與學習等，不斷地拋出問題，不斷地引領大家思考，到底何為學習？什麼樣的環境適合學習？什麼樣的師生互動值得追求？什麼樣的活動可以帶給學生更好的收穫？什麼樣的未來人才是政大期待造就與培養的？從書院教育強調的住宿學習與輔導、導師制度來看，對於既存的學務系統，的確提出了不少挑戰。但另一方面，書院自身也在運作這些制度與實踐這些理念上，遭遇到許多問題與困難。這或許是政大書院教育之於政大校園最重要的貢獻之一。如果「互動」將會變成未來校園裡很重要的一項特徵，那麼書院教育所期待引入的價值，包括師生關係的重構、學習過程與內容之共創與反思等，似乎也都在反映著這個未來的趨勢。

整體而言，書院是值得推動的制度。書院的關鍵要素包含 tutor、導師、課外活動以及團膳等，均與學務系統有密切關係。目前學務系統的發展已經不錯，其對象與規模是以全校的學生為主，書院的價值或許就在於，可以將學務系統小部分的業務做得更深入、更精緻。然而，書院的推動與學務系統或者其他系統，彼此之間須協調的介面很多，相關政策的推動也需循序漸進。此外，書院要發展得好，需要投入相當多的資源（經費、人力、時間等），在教育部經費逐年縮減的情況下，新生書院的規模或許不宜太太（200-400 人），另外，若僅有部分比例的學生受益，似乎也應該考慮「使用者付費」的概念，書院學生須多交一些費用，以期帶來更好運作成效。

現在的學習呈現 M 型的態勢，有一部分學生的表現非常優秀，學

習態度很好，但有另一部分學生或許比較懶散、對自己與未來沒有太多期許、課堂上的參與情況也參差不一。然而，這些學生將來進入職場仍舊要與他人互動。此外，如何教導學生「多走一哩路」（run extra mile）或許不只是多一點競爭力而已，而是對自己更深刻地認識，對社會與世界更多的理解。書院教育不是專業教育，而是一種啟發教育，協助學生、啟動他的思考，導師則從旁協助。這是一種氛圍的營造，是一種文化。這種文化就像是有一群人是有理想的，這群人能夠凝聚起來 do something。書院期待的是啟發這樣的人，觸發他完成某一件事情的動機。這樣的小團體越來越多，就會變成一種自我管理（self-management）。無論是住宿學習、生活學習，或者是緊密的師生關係，其實都是在促進營造這樣的學習氛圍。這或許也是政大書院教育值得繼續走下去的價值之一。

專業學習與書院教育

陸行

國立政治大學應用數學系教授

余政和

國立政治大學應數系碩士班

摘要

在進入 21 世紀前，臺灣的大學專業教育與通識教育的互動漸趨頻繁，通識的多且雜，已經讓許多大學生有著「營養學分」的心態。而書院教育的建立，就是希望能夠重新建立起大學專業教育與通識教育之間的橋梁，讓通識學分不再只是大學生心中的「營養學分」。本文將以政治大學目前的三個主題書院，針對其上課目標並結合一些學習方法，來討論兩者間的課程進行方式。

關鍵字：閱讀文本、拱心石計畫、探索、經驗金字塔、拼圖法第二代

壹、背景與教育目標

國立政治大學自民國 16 年創立，民國 43 年在臺復校，迄今已逾 87 年。從復校初期僅含「教育、政治、新聞、外交、邊政」共 5 學系，至今日成為含 9 學院、34 學系之綜合型大學，政大始終秉持著「和諧、自主、均衡、卓越」之創校宗旨及「親愛精誠」的校訓精神辦學，期許學生可以傳承人文社會科學之優良傳統，成為具備「人文關懷、專業創新、國際視野」的領導人才。

　　早期各大學都有大一共同科目的設計，如大一國文、大一英文、中國通史和國父思想等。部分原因是意涵承襲著中國古代傳統的書院精神，例如在中國湖南長沙的嶽麓書院成為湖湘學派的發源地，培養出一批影響清朝發展所謂的「嶽麓巨子」。爾後共同科目的設計遂成為原始構思通識教育的種子。

　　回顧通識教育，黃俊傑推崇前臺大校長虞兆中先生的功勞，虞校長於民國 71 年 12 月 25 日在〈大學通才教育的理論與實際〉的演講中強調，

> 大學生最重要的是啟迪其創造力，文明的進展就是一次一次標準答案的突破。他強調，教育如果不能突破標準答案，地球到現在還該是方的，太陽到現在還該是隨著地球轉動。

虞校長規劃的通才教育包含兩個部分：人格教育和專業教育。

　　繼虞校長推動通識教育後，到進入 21 世紀前，臺灣的大學專業教育與通識教育的互動漸趨頻繁，但通識的多且雜，已經讓許多大學生有著「營養學分」的心態。政治大學於民國 92 年 11 月 22 日第 125 次校務會議訂定學士班共同必修通識課程 28 至 32 學分，先後訂定通識先導課程和核心通識課程以強化通識教育的含「金」量，加深課程中的專業性。書院配合通識教育，就是希望能夠建立起大學專業教育與通識教育之間的橋梁，讓通識學分不再只是大學生心中的「營養學分」。爾後季淳參考歐美和亞洲，建議書院教育主題化，

> 將通識課程教育、住宿教育、校園（環境）教育（導師制、業師制、學長制）、社團教育、社區教育、公民參與、和國際化教育全部囊括以期真正深化我國的書院教育。

一、政治大學書院歷史與教育目標

　　國立政治大學自民國 95 年始推動書院計畫，推行「學宿合一」，提

出「政大學堂」的概念，至民國97年成立書院籌備委員會，同年9月正式掛牌「政大書院（Chengchi College）」。民國100年，政大獲得教育部肯定，執行第二期「邁向頂尖大學計畫」。配合教育部計畫執行目標「回應產業及社會需求，培育跨領域頂尖人才」、「加速頂尖大學國際化，擴展學生之世界觀」，政大除了極力形塑國際一流的人文學術殿堂外，亦發展書院培養跨領域領導人才。一直以來，政大書院以培養「博雅創新的政大人」為宗旨，持續進行檢討、改制，追求「平等的卓越」，以期可以使政大學生個個「旁徵博引，進退有度，無入而不自得」。

政大書院根據「人文關懷、專業創新、國際視野」三大核心價值，定出「通識、藝文、語文、創意、健康促進、生涯定向、多元包容、社會關懷」八大目標元素，透過通識教育及住宿學習，期許政大學生可以成為行動自由的生活全人與思想自由的思想全人。書院教育主張「學習無所不在」，藉由住宿與生活，在校園每個角落創造出學習的氛圍，致力於培養出類拔萃的「通才」。

目前政大書院架構下，設有新生書院及博雅書院、國際發展書院、X書院三個主題書院。大一新生進入學校後，先接受新生書院的洗禮，在新生書院由生涯導師及宿舍助理輔導員的陪同下，學習適應大學生活，找到人生的願景及目標。二、三年級後，即可憑各人意願選擇加入不同主題書院，透過閱讀、討論與實踐，培養獨立思考及自由行動的能力。

貳、書院課程現況

政大目前擁有四個書院，除了新生書院之外，另有博雅書院、國際發展書院（簡稱國發書院）及X書院等三個主題書院。博雅書院計有「世界文明與歷史思維」等七項課程共20學分；國際發展書院計有「國際發展與臺灣」等三項課程共7學分，外加一個服務課程；X書院

計有「問題、創意與實踐」等三項課程共 6 學分必修及 2 學分選修，外加一個服務課程：營造 X 書院生活學習圈。

表 2.1　主題書院開課一覽表（以 101 學年度新生為例）

博雅書院		國際發展書院		X 書院	
世界文明與歷史思惟	3	國際發展與臺灣	2	問題、創意與實踐	3
大學之道	2	全球城市發展論壇	3	X 計畫	3
全球化與區域發展	3	世界探險隊	2	溝通、合作與領導	2
算數、幾何、天文與萬有引力	3	服務學習課程	0	服務學習課程：營造 X 書院生活學習圈	0
日常物理	4				
學思歷程	2				
專題研究與論文寫作	3				

一、博雅書院課程

博雅課程是一個以通識博雅教育為核心理念所規劃的跨領域學分學程，希望院生可以成為文理兼備、眼界開闊、謙和敦厚的知識分子。其所修習之學分數，恰好為政大畢業學分中，通識課程扣掉中文通識與外文通識的學分數總和。

博雅書院的每項課程都非常重視分組討論，不會只有老師在臺上的單方面授課而已。其分組的形式皆隨機分組，每項課程之間的分組，也都打破書院內的家族單位，讓各個院生都有機會可以接觸所有其他當屆的博雅院生。更重要的是，博雅書院的課程強調要在課前預習，才能在課堂中或是在助教的討論課時，能有深入的討論。

在博雅書院的「自然科學或專題研究」這門課中，就如同拱橋的最後一顆拱心石那般，要學生運用在博雅書院中的所學，提出一個問題的「拱心石計畫」。該計畫就是要學生自己或幾人一組，找一個問題，然後想出解決方法並且實行。例如曾有學生想要改善政大的學生餐廳、推動環保餐具、推動偏鄉國小閱讀以及客家文化的保存等議題。以下大致介紹幾門博雅書院的課程內容與方式。

　　「大學之道」是博雅院生的第一堂課，其主題較傾向為希望大學新生能在大學生涯中，找到自己的定位。在前半學期的課程中，每一組都會有小助教針對課程內容或是文本進行討論。其文本是在上課前先行給予同學，而同學也必須在上課之前，先行對文本進行重點摘要。每堂課程的小助教，則是由已經結業的書院院生擔任。除此之外，還有一個負責統籌的大助教，是由研究生擔任，同時也是結業的院生。後半學期的課程中，則是由各組修課同學上臺報告，報告內容為介紹政大校園周遭。其目的是希望書院院生，能從關心自己生活的周遭環境開始，也培養與人合作的團隊精神。

　　「學思歷程」是個希望培養修課院生可以擁有獨立思考的課程。課程進行方式是以四週為單位，第一週會請名人前來進行專題演講；第二週則是由小助教帶領進行主題式討論。由於此課程一學期只有 1 學分，在專題演講及主題討論的兩週時，皆為兩小時課程，因此在第三週與第四週時，則以較為輕鬆的對談取而代之，其內容則是讓學生發想「專題研究」的主題。其中，有次演講的主題為宗教時，在第二週的小組討論中，由於正逢當時多元成家議題的熱絡，而該組成員又正好有基督教徒，因此該次討論課中，就讓組員們延伸討論了多元成家與基督教的相關議題。

　　「全球化與區域發展」是一門希望強化書院院生國際視野的課程。上課方是以教科書與文本讀物為主，偶而也會有相關影片，此為討論課時的基礎內容。在助教課中，會利用小組辯論的方式，針對課程中的內容或文本資料主題來做更深入的討論與思考。

　　「專題研究與論文寫作」為博雅書院的「拱心石」課程。希望學生在修完一系列博雅書院課程之後，能夠找到一個感興趣的研究計畫，然後與指導老師互相討論，以求增進專業研究領域知識的了解。此課程設有助教，藉由每週討論、每月進度報告來協助學生釐清在研究過程中所遇障礙，並解決問題，以使學生順利完成此專題研究的論文。

表 2.2　博雅書院課程簡表

課程	大學之道	學思歷程	全球化與區域發展	專題研究與論文寫作
課程目標	找尋自我生涯定位	培養獨立思考的能力	強化國際視野	發現問題解決問題
上課方式	文本討論分組報告	專題演講主題討論	文本授課分組辯論	學生自由發揮老師從旁協助

二、國際發展書院課程

　　國際發展書院的主要任務，是希望可以培養學生具備國際移動的能力，讓學生能夠帶著夢想和工具勇闖天涯。國發書院的特色是重視教室外的學習，無論是校園、宿舍、社區、城市甚至於世界都是可以學習的場域。國發書院課程學分數不多，只有三門課總計 7 學分而已，但最後的 240 小時國際歷練，是最能代表國發書院課程目標的結業認證課程。

　　扣除掉認證部分的世界探險隊，國際發展書院的兩門課程中，與先前所述之博雅課程一樣，擁有許多課前文本資料需要閱讀。其文本資料的範圍包羅萬象，速度文化、臺灣風格、傳媒科技、城市政治、空間與城市乃至於全球化與社會變遷的主題，全部都在這兩門課程之中。

　　與博雅課程較為不同的是，國發書院在全球城市發展論壇的課程中，就會讓學生以分組的方式，自行選定想要深度探索的問題，並且籌辦小型論壇。而其院生所研究的主題有探討老人搭乘公車便利性的問題，也有討論公共自行車使用便利性的問題，更有討論流浪狗主題的議題，這些都是我們在現今的城市中所經歷得到的問題，而社會性的問題，也有如外籍移工對社會的影響等議題。以下大致介紹國際發展書院的課程內容與方式：

　　「國際發展與臺灣」是國際發展書院院生的第一門課，是國發書院的理論工具課程，希望院生能夠在修完課程之後，具備分析全球性議題的基本概念與思維能力，並且可以連結臺灣社會的現況。上課前一樣有

相關文本資料需要被事先閱讀的，而在整學期的修習期間，需要對其閱讀文本完成三次的課前提問，以及在上課後完成六次的課後反思。有時候也會邀請與議題相關的人士，前來替院生進行專題式的演講，像是請記錄片的導演，讓院生能夠對該議題有進一步的了解。

「全球城市發展論壇」是以「國際發展與臺灣」為基礎，定位在行動實踐的課程。主要目的是要讓學生體驗社會真實的樣子。上課方式與上述之「國際發展與臺灣」雷同，一樣有課前文本閱讀與演講活動。此課程最不同的地方在於，最後會由全院師生合辦一場，由校內外學者專家共同與會的正式論壇。此論壇的目的是希望院生能夠在真實問題的情境中，與人溝通合作並解決問題，讓所有上課所學，不僅止於課程中的理論，而是可以被學生帶得走的行動知識與能力。

國際發展書院的結業認證課程「世界探險隊」，希望學生可以自己當自己的老師，為自己設定學習目標、安排學習內容、布置學習情境和檢視學習成果。此課程的認證方式與政大生的英文畢業門檻一樣，是在學生確定完成認證之後，再由書院方面灌檔認證。這是一門希望學生用至少 240 小時的時間，去構思學習自己仍有不足的地方。院生們可隨時向自己的老師討論計畫內容，並且在適當的地方得到老師鼓勵與協助。此課程鼓勵學生勇於走出自己的舒適圈，去體驗察覺不同文化背後的社會規範，而後能從跨文化的互動中，磨去自己的稜角，進而達到隨處隨物皆可學習的目的。

表 2.3　國際發展書院課程簡表

課程	國際發展與臺灣	全球城市發展論壇	世界探險隊
課程目標	具備分析與 思維的能力	體驗社會 與人溝通合作	勇敢走出舒適圈 學習調整、調整學習
上課方式	課前文本閱讀 相關人士演講 課後學習心得	課前文本閱讀 發現問題，解決問題 籌辦論壇發表	學生當自己的老師 老師從旁鼓勵協助

三、X 書院課程

　　X 書院規劃了三門必修課程及一門選修課，結合通識教育、專業教育與「X 書院」的實驗體驗教育。提供學生不斷的探索自己，發掘自己內心，並且進而創作的一連串過程。X 書院在總計 6 學分必修、2 學分選修外加一門 0 學分的服務課中，讓 X 書院變成一個有溫度、有歸屬感的地方；讓書院中的學生用不同角度去思考問題；讓院生得到自信；讓院生們了解到「停下來比橫衝直撞重要」。

　　與其他兩個主題書院很大的不同點在於，X 書院課程多是利用探索教育中的 PA（Project Adventure）活動，讓書院院生探索自我內在，發掘自我潛能。X 書院藉由活動與許多的小故事，讓學生從了解自己開始，進而去追求自己的目標，完成自己想要完成的計畫與創作。每個人都有不同的特質，而且每個人的特質都是珍貴的，不論這個論點你是否認同，文玲老師在與每個院生相處的過程中，完完全全地實踐這種價值觀，讓每位院生的特質與潛能，都能得到最好的發揮。以下大致介紹 X 書院的課程內容與方式：

　　「問題、創意與實踐」主要是由各種不同類型的工作坊中，探索自我、認識自己。藉由皮拉提斯的放鬆，去感受自己的身體記憶；藉由自由書寫的活動，去挖掘深藏內心的想法；藉由安全的信任遊戲，去交出信任給予夥伴；藉由曼陀羅的活動，去整合自我意識與潛意識。在無數次探索自我與創作的循環之後，學期最後以六七人為一組，整組需要創作出一個遊戲，來作為這門科目的期末成果。

　　「X 計畫」的上課方式，與「問題、創意與實踐」大致雷同，但每次給與院生體驗的課程活動皆不相同。由學生發揮創意、整合所學知識，與志同道合的夥伴一同提出專案計畫，具體實踐並評估成果。此課程所創作出的計畫中，有將每位學員的創作集結成書籍出版的「我爸爸」漫畫書；有提供「現場放送」歌曲服務的「走音電臺」；有將所有個人感情抒發於其中的「X 立評論」。這些計畫都是當初成立計畫的同

學們，用自己生命去熱愛的。在此課程中，陳文玲老師希望學生可以做自己真正想要做的事。因為如果一個人可以真正做他想做的事，那麼他的眼睛是會發光的。

「溝通、合作與領導」亦是由許多的工作坊組成，每個學生可以選擇自己感興趣的工作坊去參與完成。有做手工書的「書寫工作坊」、有設計自己推車的「推車計畫」、有教人唱出和諧音律的「梵音教唱」。每種工作坊都有專業的老師帶領，讓學生在參與自己感興趣的工作坊時，可以真正學習到相關專業的知識。

表 2.4　X 書院課程簡表

課程	問題、創意與實踐	X 計畫	溝通、合作與領導
課程目標	探索自己 認識自己	發揮創意、整合所學 與人溝通合作	合作與領導 能力的學習
上課方式	基礎課程教授 各種不同體驗活動 發掘自我並創作	基礎課程教授 各種不同體驗活動 提出計畫並實行	各種不同的工作坊 院生擇一參與

參、專業學習與書院教育

政大有 9 學院，各有專業領域。關於專業教育的實質意義為何？我們從國家教育研究院學術名詞的詞彙解說中，得到以下的名詞解釋：

專業之「業」，主要是由「行業」這個概念而來。由於被視為專業的行業是需要高度專門性知識與技能的職業，因此要從事這些專業的人，便必須具備這些專業所要求的特定知識與技能。專業教育便是讓欲進入專業服務的生手，能夠透過有系統的學習或訓練過程，獲得該專業要求的特定知識、理解、態度、技藝和能力。此一學習或訓練過程是在特定的教育系統中進行，在結合嚴謹的學術訓練和實務的應用下，讓學習者最終能夠藉由取得檢定證明、職業執照或其他正式的認可，證明其已具備該專業必備的知識與技能，是具有專業資格的專業人員。

相對於上述之專業教育，通識教育是作為大學教育與核心教育的基

礎，是學術層面上最基本的質素，其具有貫穿專業教育的重要性。通識教育也是一種素養教育，可以是人文領域、社會領域及自然科學領域。其為形塑文化層面中最基本的成分，包含道德觀、倫理觀、守法精神、態度、人生觀、溝通能力、執行力和領導能力等。

一、書院課程與專業教育

在博雅書院與國際發展書院的課程中，全部都是屬於通識學分。而通識教育是一種跨學科整合的教育，既可以涵養人文精神，也可以建立數理邏輯概念，是可以做為各學系專業科目的基礎學問。

從兩書院的上課內容與方式中，不難看出兩書院希望培養學生擁有自主學習與獨立思考的能力。在以人文教育為重的政治大學中，博雅書院更是將「算數、幾何、天文與萬有引力」及「日常物理」兩門自然領域的通識課，納入書院學分要求。足可看見博雅書院課程不只想要成為人文科目的基礎，也想培養學生成為全人的最終目標。相對於博雅書院將目標放在形塑學生成為全人，國發書院則是將課程重點，放在學生的國際移動能力與應變能力，希望培養學生在能獨自面對未來的任何改變，並找到適應各種陌生環境的能力。

專業學習的最終目標，仍是在於進入職場貢獻一己之能力。現在世界各國所考慮的就業能力，不僅僅是其專業能力而已，還包含一般的就業能力，或是稱為核心能力：人生觀、態度、與人相處、領導能力、抗壓力以及面對問題並解決問題的能力，如圖3.1。而這些能力，正好就是書院所想要學生學習到的基本能力，恰恰也解釋了政大主題書院的課程，與專業能力的系所教育是相輔相成，甚至可以說是專業教育的基礎。

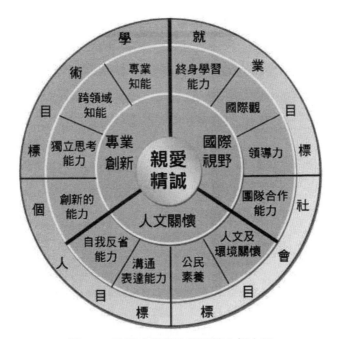

圖 3.1　政治大學學生學習核心能力圖

二、上課方法

　　著名的美國教育家戴爾（Edgar Dale），在 1970 年發表了經驗學習的相關理論中提到，學生的學習效果，與自己在學習之中的參與經驗程度成正比。博雅書院事先有閱讀文本，課中又有小助教分組的深入討論，學生本身的參與程度遠遠是高過於傳統課堂間的板書授課方式。國際發展書院除了也有事先閱讀的文本外，更時常有院生在課外時間，找尋自己的老師討論。X 書院的課程是屬於體驗課程，利用自身在活動中的體驗，去挖掘自身內心想法與了解自己內心價值，進而能夠創作出具有自己風格的創作。綜上所述，三個書院之中，以 X 書院的自身體驗課程，最符合戴爾在經驗金字塔中所述之 Direct Purposeful Experiences（直接有目的的經驗），也是讓學生的學習能更加深刻的方法。

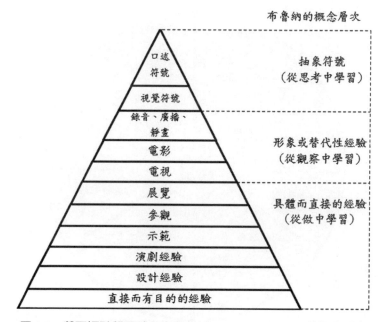

圖 3.2　戴爾經驗學習論與布魯納（Jerome S. Bruner）概念層次

　　此外，對於討論課程的進行方式，由艾洛森（Elliot Aronson）所發展的拼圖法第二代，是可以被利用在這種針對某一特定主題的分組合作學習法。在事前將討論主題，分成等同於組員個數的小主題，並且由各組員分配加強各自的小主題。只要將跨領域的部分如下，便可發展出適合書院課程的討論學習方式。修改拼圖法第二代後的進行方式如下：

1. 分配學生到各小組。
2. 在小組內分配每位同學一個小主題。
3. 研讀全部的學習單元，並加強自己的小主題部分。
4. 每個小組中同小主題之學生，應先行聚集精熟討論該小主題。
5. 回到各自的小組，報告自己研究的小主題。
6. 各小組有了更多小主題的背景知識後，進行更深入的主題討論。

　　舉例來說，今天想要討論「三國時代」，老師將 A1、A2、A3、A4 四位同學分成一組；將 B1、B2、B3、B4 分成一組等，如表 3.2。並且

分別給予四個小主題「魏國」、「蜀國」、「吳國」以及「司馬氏篡位」。請各同學在上課之前先行閱讀相關資料，與著重自己所分配的小主題上。

在上課之時，先請 A1、B1、C1 等負責「魏國」此小主題的同學先行進行專家小組討論；於此同時，各組內分別負責「蜀國」、「吳國」及「司馬氏篡位」等小主題同學，也一同先行進行專家小組討論。之後則帶著各專家小組的分析與探討，回到各自的小組進行原本的小組討論。

此修改後的方法，可以讓學生先藉由同樣小主題的認知討論後，進而將所有人事先查閱的資料統整，不僅可以讓所準備的小主題知識量變多變廣，也可讓學生互相學習彼此查閱資料的方式。於更多的背景知識帶回原小組後，各主題都擁有更多認知與了解，相信也可以使最後的小組討論中，對原主題有更加深入的探索。

表 3.2　主題討論「三國時代」各小組分配表

	小主題 1 魏國	小主題 2 蜀國	小主題 3 吳國	小主題 4 司馬氏篡位
A 小組	A1	A2	A3	A4
B 小組	B1	B2	B3	B4
C 小組	C1	C2	C3	C4
D 小組	D1	D2	D3	D4

這樣的設計也可以形成跨領域的學習。例如討論主題是「環境」，小主題 1 的同學可以來自文學院、小主題 2 的同學來自商學院、小主題 3 的同學來自理學院，而小主題 4 的同學來自社科院等等。

三、專業學程教育

近年國內外各大學專業學程成為學生們於獨立系所的修課外另一重要的學習選擇。因為學程的設計大都在於讓學生可以修習跨領域的專業知識，對於學生未來就業和增加職場競爭力有明顯的加分作用。政大在

過去幾年即順應社會和學生的需要設立不少新的專業學程。

　　因為專業學程可以為學生準備跨領域的學習環境，若再配合學院的生活學習和表 3.2 的交錯討論的上課方式，即可打造最適當的「人格教育和專業教育」的生活與學習環境，讓學生主動地不但學習做人的道理也學習做事的道理。

肆、結論

　　根據「人文關懷、專業創新、國際視野」，此政大的三大核心價值，政大書院以培養「博雅創新的政大人」為宗旨，設有新生書院及博雅書院、國際發展書院、X 書院三個主題書院，希望學生能夠透過閱讀、討論與實踐，培養獨立思考及自由行動的能力。博雅書院的每項課程都非常重視分組討論。國際發展書院的特色是重視教室外的學習。X書院是以體驗教育為特色。

　　結合政大的專業課程與跨領域學程設計，書院教育可以建立起大學專業教育與通識教育之間的橋梁，藉由專業與倫理教育，達成全人教育的任務和培養學生終身學習能力的目標。當然，更可以幫助同學同時達到跨領域學習、增加職場競爭力和生活學習的多重目標。

參考資料

X 書院課程介紹 http://www.creativelab.nccu.edu.tw/course.html，檢索日期：2014 年 2 月 11 日。

王梅玲（2008）。圖書館與資訊科學專業教育之探討。**圖書與資訊學刊，21**，38-56。What is professional education? February 3, 2012, from http://www.answerbag.com/q_view/1917617#ixzz1j9Il4qjV。

季淳（2011）。「書院教育」主題化的必要性與發展策略。**通識在線，32**。

拼圖法第二代 http://content.edu.tw/wiki/index.php/% E6% 8B% BC% E5%

9C％96％E6％B3％95％E7％AC％AC％E4％BA％8C％E4％BB％A3.

政大書院大事記 http://college.nccu.edu.tw/index.php?option=com_flexiconte nt&view=items&cid=4&id=72&Itemid=56，檢索日期：2014 年 2 月 12 日。

政大書院介紹——認識政大書院 http://college.nccu.edu.tw/index.php?option= com_flexicontent&view=items&cid=4&id=70&Itemid=55，檢索日期：2014 年 2 月 12 日。

政大新生書院介紹 http://college.nccu.edu.tw/index.php?option=com_flexico ntent&view=category&cid=11&Itemid=60，檢索日期：2014 年 2 月 12 日。

政治大學網站關於政大 http://www.nccu.edu.tw/about，檢索日期：2014 年 2 月 12 日。

國立政治大學新制課程結構內容 http://aca.nccu.edu.tw/download/must/98/ new_course_98.pdf，檢索日期：2014 年 2 月 12 日。

國家教育研究院——雙語詞彙、學術名詞暨辭書資訊網 http://terms.naer. edu.tw/detail/1678834/。

國發書院課程地圖 http://rcid.nccu.edu.tw/course/super_pages.php?ID=course1， 檢索日期：2014 年 2 月 12 日。

國發書院課程說明 http://rcid.nccu.edu.tw/course/super_pages.php?ID=course2， 檢索日期：2014 年 2 月 12 日。

教育部邁向頂尖大學計畫——緣起與目的 http://140.113.40.88/edutop/ index_3.php，檢索日期：2014 年 2 月 12 日。

博雅書院招生簡章 http://aca.nccu.edu.tw/download/news/1010807B.pdf，檢 索日期：2014 年 2 月 12 日。

黃俊傑（2006）。**轉型中的大學通識教育：理念、現況與展望**。臺北：中華 民國通識教育學會。

劉金源（2006）。**大學通識教育實務：中山大學的經驗與啟示（1996-2006）**。 國立中山大學出版社。

蔡淑麗（2004）。從專業倫理談專業教育與通識教育的會通暨跨領域協同教 學。http://www.ntcc.fju.edu.tw/co-teach.pdf，檢索日期：2014 年 2 月 11 日。

Aronson, Elliot; Bridgeman, Diane (1979). "Jigsaw Groups and the Desegregated Classroom: In Pursuit of Common Goals", *Personality and Social Psychology Bulletin* 5 (4): 438-446

Dale, Edgar. "A Truncated Section of the Cone of Experience." *Theory into Practice* 9, no. 2 (1970): 96-100.

Lalley, James P. and Robert H. Miller. "The Learning Pyramid: Does It Point Teachers in the Right Direction?" *Education* 128, no. 1 (2007): 64-79.

致謝

　　能夠順利完成這篇文章，需要感謝的人非常多，尤其是協助我們了解各主題書院課程進行方式及書院運行制度的政大書院院生。先是在一月底時利用網路的方式訪談了 X 書院的林同學；在過年期間分別利用網路及電話的方式，訪問了博雅書院的陳同學及國際發展書院的江同學；在初六開工的第一天，更是面訪了博雅書院的吳同學；在之後也利用網路與電話的方式，訪問了國發書院的吳同學及蔡同學，以及 X 書院的黃同學。感謝以上各書院同學，在過年期間願意接受訪問、協助我們了解書院課程與制度。

PART IV

書院教育與高教發展

從政大書院到高醫書院：回顧與展望

鍾昆原

高雄醫學大學心理學系副教授兼主任

摘要

　　為了改善高等教育過度偏重專業教學的風氣，國內幾所大學不約而同地在校園內推動書院教育，其中，清華、東海與高醫等校皆以小型書院開始，書院生僅占全體新生的一小部分，唯獨政大書院一開始即企圖以全校新生為書院教育的對象。經過數年運作後，政大書院的新生書院決定縮小規模改採自由參加，相對地，高醫書院卻是在人文社會科學院成立後，全面擴大辦理書院教育，將所有新生納入書院教育計畫。本文僅就個人在兩校參與書院教育的觀察與體會，並參酌福智大專營視角，對兩校書院教育進行回顧與展望，最後指出三項建議：正視孕育書院良師專案、勇敢建立百年樹人視野、觀摩並善用外界資源，期能作為後續推動書院教育之參考。

關鍵字：政大書院、高醫書院、住宿學習、新生輔導

壹、前言

　　十幾年前，有緣常到海內外為業界上課，相較於那些認真上課的老闆與高階主管，大學校園內散漫而不想學習的年輕人簡直讓人無法忍受，於是開始對教學工作不滿，甚至想要離開教職，直到參加福智文教基金會舉辦的教師生命成長營，看到一群穿著黃背心的大專生，他們快

樂地幫參加營隊的老師們提行李、開心地在餐後為千餘人洗碗筷，內心充滿了驚異，到底是誰教他們的？為什麼學心理學而且獲優良教學獎的我卻是對大學生不滿與失望？為此還特別花了五天時間到雲林科技大學，實地觀摩同樣由福智文教基金會舉辦的大專生命成長營，從中我知道是這個年復一年的大專營孕育了一群群讓我感動的大學生。於是經過一段時間觀察與學習後才恍然大悟，原來學生不想學習的問題錯不在他們，而是我不會教。

若干年後，與母校陳彰儀老師的一通電話讓我意外地知道，一群以吳思華校長為首的政大師長們，有感於政大學生過去在企業界是傑出的領袖，在公部門是國家重要機構的領導人，然而現在的政大好像除了專業之外，沒創造機會給學生學習其他重要的東西，因此希望藉由書院教育的建置，協助同學們在大學生活裡有豐富的學習。就是這通電話讓我與書院教育結下不解之緣。

坦白說，個人並不是因為懂高等教育或者對教育有熱忱而回到政大，主要是因為被「教育是人類升沈的樞紐」這句話所感動，同時又對母校充滿了期待，希望有更多好人出來共同努力讓這個社會變得更好。正因為沒有嚴謹的高等教育理論訓練，本文擬就個人多年的觀察與體會進行回顧與展望。

貳、政大書院回顧

為了改善高等教育過度偏重專業教學的風氣，國內幾所大學不約而同地在校園內推動書院教育，其中，清華、東海與高醫等校皆以小型書院開始，書院生僅占全體新生的一小部分，唯獨政大書院一開始即企圖以全校新生為書院教育的對象。

一、計畫特色

　　在參酌中國書院精神與西方住宿學院制度後，整合校內各單位，共同規劃與推動「政大書院」。希望透過「通識教育」的跨領域思考，並藉由「住宿學習」結合生活與學習，逐步建構全人教育所需要的「環境」與「系統」，培養博雅創新的政大人。實施初期，書院以環境營造、新生輔導、住宿學習及博雅創新等四大主軸，串連成一有系統的行動計畫。

　　【環境營造】

　　完成楓香步道、山居學習中心、創意實驗室、博雅書房、外語自學中心、多功能教室、中文寫作中心及舜文大講堂等整建工程。期望透過優雅的環境，涵養學生美學品味，也藉由豐沛的學習資源營造主動與團隊學習的氛圍。

　　【新生輔導】

　　歷經兩年小規模實驗後，於 2009 年全面為新生舉辦四天三夜的「超政新生定位創意營」，幫助新生開始想像未來。不僅透過一系列的活動了解政大的過去與現在，更重要的是開啟新生認識自己、發揮想像，進而擁有追求自己夢想的力量。透由營隊中不同主題與實作，讓學生從做中學並設定自我目標，啟動豐富大學生活的築夢踏實。

　　【住宿學習】

　　新生住宿打破系別圍籬，依照學生興趣與作息需求進行寢室分配，同時配合住宿輔導體系，由宿舍導師與助理輔導員等人就近協助引導，讓學生透過日常生活互動，學習生活自治、多元包容、與社會關懷等能力。

　　同時，在新生舍區設立「山居學習中心」，除了包含由研究生課業輔導員，提供「一對一」個別輔導或「一對多」團體輔導外，更會在此安排一系列活動、展覽、講座，讓老師、學長姐、新生及書院導師保持良好互動與聯繫。其中，書院導師之夜，陸續邀請校內師長與傑出校

友，前來山居與學生席地而坐閒聊人生經驗。

【博雅創新】

通識中心於 97 學年度開始，規劃各類優質通識，其中最具代表性的是「大學入門」，由校長吳思華及四位學院院長親自擔任授課教師，透過大班上課、小組討論，並輔以研究生組成的教學助理團隊，帶領新生及早適應大學生活與校園文化，為「探索自我、改變自己」的大學之旅做準備。

此外，校園內豐富的藝文活動，讓學生有多元的思想與生活刺激，拓展個人視野；而中文寫作與各類語言的學習引導，則讓學生有足夠能力表達自我思考的見解，並透過人際互動開創無限可能；政大獨一無二的創意實驗室，更是一個促進對話與互動、學習和共創的有機空間。在創意實驗室，學生可透過持續的經驗分享、團體討論等方式感受創意氛圍，藉由流動圖書館、翹腳電影院、讀詩會、繪圖與書寫工作坊等實作專案，讓學生有機會執行專案，於踏入職場前，提前擁有實踐的真實體驗與寶貴學習機會。

二、組織運作

以書院辦公室為核心，除有固定之專兼職人員（含執行長、執行秘書、宿舍導師、行政助理、tutor 等）外，上有校長與副校長定期召集相關單位進行橫向聯繫會議，積極參與的單位含跨教務、學務、總務等一級單位，總投入之人力資源與其它軟硬體資源應屬國內第一。

三、相對優勢

1. 人力資源優勢：以校長為首之書院團隊，含括了校內重要單位首長及望重士林的顧問群，在資源整合效能上發揮了重要功能，而幾位魅力型教師的投入更是讓書院光芒更加繽紛浪漫，這些都大大鼓舞了第一線執行同仁與同學的士氣。

2. 環境營造優勢：總是讓人眼睛一亮的山居學習中心與舜文大講堂，為政大書院傳達了豐富的意象，形同政大決心推動書院教育的堅定誓言。

3. 傑出校友優勢：傑出校友的量與質絕對是政大的驕傲，更難能可貴的是，幾乎全數返校擔任書院導師之夜講座的校友都極力支持書院教育計畫。

四、潛藏問題

1. 書院辦公室係屬計畫型編制，非正式組織，因而選才與留才不易，導致第一線人員異動頻繁，不利業務之延續與創新。

2. 雖然有校長、副校長等高層之全力支持，也有望重士林的總導師坐陣，但是校內專任教師投入仍不多，甚至還存在一些反對的聲音，恐不利未來書院教育體制化的推動。

3. 書院教育目標仍不能深深打動學生的心，復由於學生固有活動甚多，相對排擠了參與書院學習的時間。

參、高醫書院回顧

在導入書院教育之初，高醫選擇清華與東海模式，以小型的實驗書院開始。經過數年運作後，政大書院的新生書院決定縮小規模改採自由參加，相對地，高醫書院卻是在人文社會科學院成立後，全面擴大辦理書院教育，將所有新生納入書院教育計畫。

一、計畫特色

注重醫學人文素養與關懷弱勢族群是高雄醫學大學創校以來的教育特色與傳統；另一方面該校具有小而美的特性以及師生緊密互動的優良校風，又於 2012 年 8 月增設人文與社會科學院。是以，整合全校人文

社會背景之教師於一堂，乃將已執行三年（99-101 年）且小有成效的高醫實驗性書院生培育計畫，加以擴大為全校大一新生的全人教育計畫，連結通識知能的學習，拓展高醫學子對文、史、哲、藝及公民素養等領域接觸的深度與廣度，並且提升學子的基本語文和資訊能力，使之在充滿人文藝術氛圍的校園中與體能健康管理完善的系統裡，將學校與書院的課程、活動所學，內化於人格、思想中，進而反映於日常生活與人際關係之上，發揮運動精神及團隊合作的能量，以兼具醫療專業與人文關懷的實力和素養來服務人群、貢獻社會，充分落實「尊重生命，追求真理」的核心價值。主要實施策略如下：

1. 建構良師益友

　　網羅校內外專家成立書院教育委員會，規劃培訓課程，培育書院導師和書院生活學習助理作為校園中之良善種子，期能在全校新生入學之初，即透過正向而緊密的師生互動，順利進入正確而豐富的學習軌道。培育方案如下：

　　（1）培育書院導師：以通識中心專任教師為主，全面招訓將接任大一書院導師之教師，首先透由系列專題演講，協助教師熟悉全球書院教育之發展與現況，然後以工作坊、社群、研討及參訪等深度學習方式，策發教師群共同發展出符合本校特色之書院論述與實務作法，並將其融入大學入門與服務學習課程中，強化新生導師之書院教育輔導知能。

　　（2）培育書院生活學習助理：招收原實驗書院與宿服會幹部大二以上學生為對象，透由專題演講、工作坊、社群及實際進行生活輔導等方式，培育其書院生活學習輔導知能。主要任務為協助書院導師輔導全體大一新生之生活學習。

2. 開展書院教育學習途徑

　　（1）整合新生課程：結合「大學入門」與「服務學習」等正式課程，輔以非正式的潛在學習活動，展開書院教育的學習途徑。藉由中央

廚房概念，研擬「大學入門」與「服務學習」共同課綱，協助大一導師以生動活潑及內涵豐富的教學感動學子，順此養成重視博雅學習的正確態度。

（2）規劃第零哩學習週：整合新生訓練、英語營、大學入門及書院學習導論，規劃大一第零哩學習週，期能引領新生展開豐富的學習之旅。

（3）規劃主題書院：比照香港中文大學書院模式，讓新生自由選擇感興趣之主題書院（參見表1），同時依據不同主題安排書院學習導師群，負責設計社會參與活動，並協同書院生活學習助理群，常態性舉辦師生可共同累計成長點數的藝文賞析、體育競賽及人文講座等活動，活化非正式學習管道。

（4）書院護照「12345」：為引導新生有多元豐富的課外學習，特別制訂具體目標如下：參與1個社團（如校內社團、校隊、學生自治會組織、班級核心幹部等）、參與2場賽事（運動比賽、運動會精神錦標賽、啦啦隊比賽、徵文比賽、社區服務專題競賽、散文獎、歌唱比賽等）、觀賞3場藝文表演（親近藝術關懷生命系列動態藝文活動）、聆聽4場講座（各主題書院的共學日講座、或親近藝術關懷生命系列講座為主）、參訪5場藝文展覽（親近藝術關懷生命系列靜態藝文活動的開幕茶會及LA導覽場次為主）。

表1　高醫書院主題書院簡介

濟世書院（醫療服務）	理念	本書院以「關懷助人」為核心理念。本校創校精神即為勵學與濟世，本書院希從行動中實踐醫療傳愛、健康守護。因此，透過相關課群設計，期望引領學生認識自我，並能從自我關懷的角度，進而成為能關懷他人與社會的行動者，並內化為面對所有生命的態度，透過具體的社會參與行動，培養具有利他關懷的情操。
	目標	1. 培養學生瞭解自我及反思的能力。 2. 提昇學生利他關懷的情操。 3. 促進學生積極參與社會的實踐行動力。

傳習書院（文化涵養）	理念	本書院以「文化美學」為核心理念，人文素養與人格教育是長期持續的累積過程，更是永續的生命價值。因此，本書院期透過文化傳統的書院教育薰陶，以六藝精神、文武合一策略，結合現代化的操作模式，藉由實際的體驗，深入文化內涵，轉化為日用生活美學，完成生命探索的生命，成為術德兼備的現代公民。
	目標	1. 陶冶生活美感與生命情操，以涵養更具品味的人生。 2. 引領學生落實本土文化關懷，建立宏觀的文明視野。 3. 透過典範的觀摩與學習，達到經驗傳承的目標。
懷愛書院（公民議題）	理念	本書院以「公民議題」為核心理念。關懷社會不是口號，應化為具體行動，本書院期培育學生成為以具體行動展現關懷社會的公民。因此，學習活動設計乃以學生為中心，問題導向教學作為策略，誘使學生在思想層次、情感層次與實踐層次都能同步成長，激發並培養學生成為具有同理弱勢、關懷社會情操的公民。
	目標	1. 培養學生主動發掘社會問題及元處理訊息的能力。 2. 培養學生關懷弱勢、參與社會實踐能力。 3. 培養學生促進社會福祉、成為現代公民的素養。
日新書院（創意發想）	理念	本書院以「創新求變」為核心理念。面對資訊科技發展迅速、社會多元、劇變的時代，唯有與時俱進，才能擁有應萬變的能力。因此，本書院以創意思考為基礎、解決問題為導向的策略，透過具體的操作與團隊合作的實踐，激發院生的創意思考，並培養包容差異的心胸，進而凝聚團隊意識，共創組織的成就。
	目標	1. 培養學生獨立與創新思考的能力。 2. 培養學生解決問題以應變的能力。 3. 培養學生團隊合作的精神
厚生書院（生態環保）	理念	本書院以「民生、科學」為核心理念。科學與物質文明在發展過程中必然對環境產生影響，甚至造成傷害，如何在發展與永續中取得平衡？是本書院規劃的重點。因此，本書院以富厚生命為出發點，結合醫學科學與人文社會概念，輔以問題導向思考與具體行動，教導學生學中做，做中學，深化對自然生命的關懷。
	目標	1. 培養學生認識科學化邏輯及批判思考的能力。 2. 深化學生對環境與社會發展間的衝突與調和理解。 3. 培養學生對社會文明永續發展的理念。

資料來源：高醫書院網頁（http://college.kmu.edu.tw/front/bin/home.phtml）

二、組織運作

　　以新成立之人文社會科學院為運作核心，因院長兼書院執行長之故，全院教師與行政人員都在院長勸勉下，協辦書院業務。其中尤以通識中心之專任教師為主力，除少數教師外，幾乎全數投入書院導師行列。高醫書院組織架構如圖1。

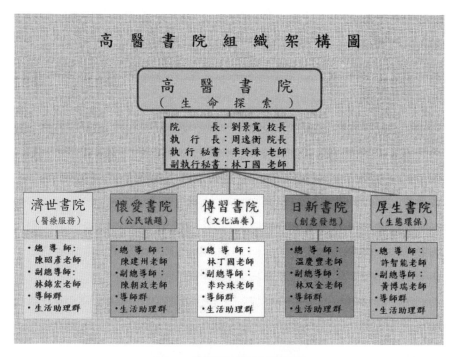

圖1　高醫書院組織架構圖

資料來源：http://college.kmu.edu.tw/front/bin/ptlist.phtml?Category=69

三、相對優勢

　　1. 人力資源優勢：雖然高醫書院目前仍非實體組織，但實質運作卻是由人社院統籌，除行政人力穩定外，投入之專任教師達四十位以上，其中又以通識教育中心師資為主。

2.中央集權優勢：源於醫學大學注重權威特色，重要議題（如人事、預算等）只要高層同意即能迅速成辦，省去許多溝通協調時間。因而書院導師加計點數、宿舍床位重整、大學入門課程設為必修以及各單位行政人員無條件協助書院事務等重要議題皆順利到位。

3.校園文化優勢：高醫校園具有小而美的特性，教職員生很容易在校園的各個角落相遇，無形間形塑了親切溫暖的氛圍。另外，長期來小班導師制（每位導師只有十幾位導生）以及高年級學生實習課程需有老師督導的機制，已建立師生緊密互動的泛書院校風。

四、潛藏問題

1.從實驗書院擴充為全校書院的籌備期過於倉促，復因由上而下的決策模式，無論在理念凝聚與人員準備上都是憑著一股熱情勉強上陣，因而執行過程中，參與的教師與學生難免會有些許困惑，間接影響了大家對書院教育的期待。

2.由於 KPI（關鍵績效指標）的盛行，高醫書院不能免俗地規劃了許多量化指標，雖立意良善，但在時間壓力下，容易讓師生感受到規範多而自主性少，間接削弱了豐富學習的內在動機。

3.限於私校財源不足，與書院配套相關的硬體建設較少，境教氛圍較淡。

肆、書院教育之展望

置身西方博雅教育多年的季淳教授指出：書院教育的精華不在於一套「機械式」地提供的課程，而在於教授們對於書院教育「春風化雨」，近於無私的承諾與奉獻。值得注意的是，前述回顧可知兩校書院教育各有其優勢，特別在兩校歷史特色與人力資源方面，相當有利書院教育的生根發展。

　　然而，兩校也存在共同有待克服的困難，其中又以書院導師培育及放下急功近利的心態特別關鍵。底下僅就個人有限的見識提供建議如下：

　　（一）正視孕育書院良師專案：萬善根本從師出，書院教育成敗的關鍵在老師，而能否創造可以孕育書院良師的制度與環境是其關鍵。有意推行書院教育之學校，宜把握教育部鼓勵教師升等分流計畫，創造可以孕育書院良師的制度與環境。

　　（二）勇敢建立百年樹人視野：政大書院與高醫書院的主要經費來源都是教育部，毫無辦法避免成效考核的魔咒，在無可奈何情況下，難免會有捨內涵而遷就量化指標的壓力，而這些不得不的惡往往是澆熄書院推動者熱忱的原兇。除非有人創造新論述來服眾，否則要改變目前的遊戲規則恐怕不易。緣此，建議未來可試行兩案：

　　1. 所有推行書院教育之學校共同制訂成效評估指標，作為回報教育部的參考。

　　2. 依據 IPO 模式建立階段性評估指標，初期以投入書院良師培育的質與量為主要績效指標，也就是別急著繳交學生學習成果報告，讓有心推動者能真正落實百年樹人的神聖使命。

　　（三）觀摩並善用外界資源：值得注意的是，除了學校外，社會上有不少機構也重視教育問題，除了是免費推行生命成長營隊，其學習成效甚至是一般學校所不能及。以福智文教基金會每年舉辦之大專營為例，歷年來已經改變了許多年輕人的生命，略舉數例如下（摘自大專營學員心得，資料來源：福智青年網頁 http://youth.blisswisdom.org/）：

> 我很佩服日常老法師，他開展了這麼多營隊，像是大專營、教師營……就是為了教導我們，讓我們學到更多更好的東西。日常老法師說：「只要你自己不放棄，我很樂意陪你走完最後一程。」這句話最讓我感動，我也很佩服他能夠發這麼大的願望。

大專營的一切讓我感觸良多，我從每位來參加的學員眼中看到純真，從義工眼中看到真誠，從法師和講師身上學到的內容是我大學生活裡最棒的禮物。

看到日常老法師的笑容和他無私的愛，我又震撼又感動，心裡有種正面能量在慢慢萌芽，我發願可以繼續學習，跟他一樣有無私的胸襟繼續關懷他人。

高中時沒有認真寫報告，老師評論說：「說得頭頭是道，卻眼高手低。」嚴厲的責備令我很受傷；如今體會到老師是因為關心才會罵我。感謝「觀功念恩」讓我能夠轉念並看見老師的恩德。

從上述案例可歸納出幾個生命教育的關鍵成功要素，也可做為書院教育參考：

1. 偉大的心靈永遠能打動人心，只要有機會讓年輕人看到聖者或角色楷模的行誼，心的格局就會擴大，這正是書院導師極為重要的原因。

2. 身教重於言教，營隊中默默無言的義工往往是讓年輕學子感動的泉源，年輕人往往是看你做了什麼而不是說了什麼，這也是慎選書院導師或書院 tutor 的關鍵。

3. 所學能具體應用於生活，營隊中最能打動學員的課程幾乎都跟生活息息相關，例如食物真相的介紹撼動了長久來的飲食習慣，觀功念恩概念與經驗分享翻轉了重要的人際關係，特別是親子關係。同理可推，書院教育目標與內容既要脫俗又要兼顧現實生活的苦與樂，才能讓年輕學子停下流浪的腳步，專注於書院規劃的學習課程與活動。

伍、結語

書院教育之於高等教育革新的重要性已有許多經典論述，對於已經

推行多年書院教育的政大或高醫而言，縱然有許多困難仍需面對，但在過去團隊的努力下，已創造難以取代的領先優勢，極有可能成為臺灣乃至亞洲高等教育革新的標竿。因而，不再徬徨於要不要繼續推行，進而關注如何長期紮根書院教育，會是兩校值得努力的神聖使命，也會是留名青史的難得機會。

政大書院與臺灣高等教育

林從一

臺北醫學大學醫學人文研究所教授、國立政治大學哲學系教授

摘要

　　臺灣高等教育近年來的發展與政大書院兩者之間關係密切，本文試圖梗要地梳理出兩者之間的關係，同時希望對於兩者的未來有所建議。本文主要論及 1. 政大《獎勵大學教學卓越計畫》、2. 教育部《通識教育中程綱要計畫》、3. 政大書院計畫與 4. 教育部《現代公民核心能力養成中程個案計畫》四個計畫，其中計畫 2. 與 4. 用以代表臺灣高等教育的相關發展。本文主張，計畫 1. 影響了計畫 2. 與計畫 3. 兩者，計畫 2. 則影響了計畫 4. 與計畫 3. 兩者，而後兩者則彼此相互影響。最後，本文認為，政大書院與臺灣高等教育未來的發展方向將包括也應包括「跨領域整合的教育趨勢」、「以通識教育為軸線重新定位大學」、「從知識本位到學習本位的教育轉向」以及「教學成就成為重要學術成就」四個方向。

關鍵字：通識教育、政大《獎勵大學教學卓越計畫》、教育部《通識教育中程綱要計畫》、政大書院計畫、教育部《現代公民核心能力養成中程個案計畫》

　　臺灣高等教育近年來的發展與政大書院的發展兩者之間關係密切，本文梗要地梳理出兩者之間的關係網絡，同時希望對於政大書院與臺灣高等教育兩者的未來有所建言。本文主要論及政大《獎勵大學教學卓

越計畫》（簡稱《政大教卓計畫》，2005）、教育部《通識教育中程綱要
計畫》（簡稱《通識中綱計畫》，2007-2010，2006 規劃）、政大書院計畫
（2007）與教育部《現代公民核心能力養成中程個案計畫》（簡稱《公
民核心能力中程計畫》，2011-2014，2010 規劃）四個計畫，同時，本
文主張，這四個計畫相互之間具有下述圖表所示的影響關係。

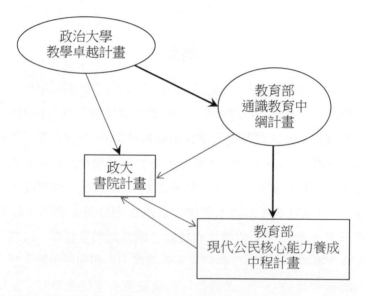

　　我們將透過兩份資料來說明政大書院的緣起與形塑，並進而說明政
大書院的主要意義，這兩份資料分別是 2005 年《政大教卓計畫》以及
2008 年 1 月向校務發展會議提交的政大書院計畫報告。然後，我們透
過另外兩個計畫來闡述臺灣高等教育在通識教育的一些重要發展，這兩
個計畫分別是教育部《通識中綱計畫》以及教育部《公民核心能力中程
計畫》。在臺灣，官方主導了大學的發展方向，「所有大學都是教育部大
學」的宣稱相當真實，而很遺憾地這個現象在可見的未來仍是大學需要
面對、克服的挑戰。而最近十年來，教育部最具實質指導性的計畫，就
是方才提到的《通識中綱計畫》和《公民核心能力中程計畫》。最後，
我們將說明這些高教發展與政大書院兩者之間的關係，並且，基於這些
討論，本文將對政大書院與臺灣高等教育的未來提出一些建議。

壹、2005 年政大「獎勵大學教學卓越計畫」

在頂尖大學計畫開始前一年（2005），教育部開始臺灣第一次獎勵大學教學卓越計畫，政大鄭瑞城校長請該校哲學系林從一教授主筆政大的計畫書，後來《政大教卓計畫》獲得教育部九千五百萬補助，僅次於東吳大學（劉兆玄先生時為校長）的一億元補助。《政大教卓計畫》為政大（甚至於部分臺灣高教）後來十年的教育及教學發展指出了一些重要方向，政大吳思華校長於 2006 年推動的政大書院計畫的精神及內涵亦深受其影響。

《政大教卓計畫》的摘要一開始便標舉出三項政大教育目標的構作原則：「教學與研究並重」、「理論與實際並重」與「國際化與本土化並重」。緊接著，該摘要說「為達成教育目標，本校設定〈大一、大二不分系〉、〈學程制取代系所制〉、〈推廣國際化課程〉以及〈個人化教輔〉為中長期教學改進措施的「火車頭」（導引性概念）」，而這四個火車頭概念實際引導政大在 2000 年以降「於課程規劃、師資提升、教學改善、學生教養等面向上的諸多措施，諸如課程學分結構調整、擴大輔系制度、發展學程制度、建構通識教育體系、推動專業基礎課程整合、推動人文社會科學素養學程、推動國際化課程、進行系所調整、設置教學發展中心、推動教學助理制度、推動個人化教學補濟、輔導……等。」

在《政大教卓計畫》四個火車頭概念中，〈推廣國際化課程〉與政大書院的相關性最低，〈推廣國際化課程〉的重點是國際化，而書院教育中國際化的目的是完善通識教育的一個手段，前者作為目的，後者作為手段，兩者不同。為此，我們只專注討論其餘三個與政大書院教育關係密切的火車頭概念。

〈大一、大二不分系〉與〈學程制取代系所制〉兩者關係密切，而且直接衝撞臺灣高等教育體制。眾所皆知，我國大學體制是系所制，大學教育一開始就定位為專業教育，系所制與專業教育實互為表裡。從學生端來看，在系所制中，學生入學之初就掛號入專業科系，之後，理所

當然地將研習重點置於專業課程，學習的內涵主要是套裝知識的學習，而作為大學共同教育的科目如通識教育、博雅教育、素養教育等等，便自然地被視為補充式乃至於點綴式的教育。〈大一、大二不分系〉與〈學程制取代系所制〉皆是為了鬆動系所制以及獨厚專業教育的大學取向，讓通識教育、跨領域教育、學習多元化、個人化學習等的高等教育發展產生更大的空間與可能性。前段的引言中所提及的教育措施諸如「課程學分結構調整」、「發展學程制度」、「建構通識教育體系」、「推動人文社會科學素養學程」以及「推動國際化課程」等等皆是在〈大一、大二不分系〉與〈學程制取代系所制〉的觀點下所推動的措施。

第四個火車頭概念是〈個人化教輔〉，而落實此概念的措施是「設置教學發展中心」、「推動教學助理制度」以及「推動個人化教學補濟、輔導」，與書院教育關係密切並不呈現於這些具體措施本身，而是其中所隱含的「以學習為中心」的教育觀念轉向。

《政大教卓計畫》的具體實施內容更呼應我們的觀察。該計畫共包括〈課程結構調整改進計畫〉、〈國際化課程及學程推廣計畫〉、〈優質師資——教學發展中心設置計畫〉、〈優質教學環境建構計畫〉和〈量身定做學生教輔計畫〉五個主軸計畫。我們將略過〈國際化課程及學程推廣計畫〉，因為，如同先前所說的，其中國際化這個核心概念與本文的主題兩者之間相關性低。

〈課程結構調整改進計畫〉的「改革特性」最明顯，它是〈大一、大二不分系〉與〈學程制取代系所制〉兩個火車頭概念的主要承載者。〈課程結構調整改進計畫〉所針對的主要是課程整合、新學程設置以及通識課程深化的改革，具體項目包括下列分項計畫：

（1-1）專業基礎課程深度整合計畫

（1-2）跨領域學程設置計畫

（1-3）通識核心課程實施計畫

（1-4）〈政大卓越講座課程〉實施計畫

分項（1-1）是專業基礎課程的整合，課程整合自然能挪出學時、

師資及其他教學資源，為多元、跨域的學程制創造出可能性、可行性，然而，專業基礎課程整合所創造出來的空間主要是為〈院不分系〉而非〈校不分系〉，畢竟它是依循專業教育而非通識教育邏輯所進行的措施。分項（1-2）、（1-3）與（1-4）則是全校性的，從大圖像來看，它們都是為〈大一、大二不分系〉與〈學程制取代系所制〉創造條件所進行的措施。

一如其名，〈優質師資──教學發展中心設置計畫〉的直接目的是設置「教學發展中心」（Center for Teaching and Learning Development，簡稱「教發中心」），但設置的目的是為了配合全校課程整合、深化通識教育、實現個人化教輔，以帶動教學品質的提升。「教發中心」雖然是一個教學輔助單位，但是其在高教的意義不小。政大教發中心是全國大學中第一個一級單位層級的教學發展中心，下設教師發展組、學習資源組、數位學習組及規劃研究組。政大教發中心的工作在臺灣常具有領航的性質，舉例來說，臺灣 TA 制度的大規模推動便從政大教發中心的成立開始，而兩年之間臺灣超過 70 所大學成立性質類似的中心。同時間可以比肩的是江宜樺教授所領導的臺大教學發展中心。

〈優質師資──教學發展中心設置計畫〉的最終目的自然是提升教學品質，但是其中介手段是全校課程整合、深化通識教育以及實現個人化教輔，推動帶小組討論的 TA 制度是為了實現個人化教輔，實現個人化教輔也是深化通識教育的重要手段。通識教育是全校性教育，所以無論是全校課程整合或深化通識教育，只要是全校性的課程強化與整合，都是為〈大一、大二不分系〉與〈學程制取代系所制〉創造發展條件。

與〈優質師資──教學發展中心設置計畫〉搭配的是〈優質教學環境建構計畫〉，後者透過教師授課負擔之合理化、教學助理制的推行、改善教學設備、改進教學方法、鼓勵教材創作等方式，改善政大之教學環境。該計畫包括五個分項計畫：優質 TA・優質課程計畫；博士生參與教學計畫；校園知識管理系統建構計畫；教學設備卓越計畫；人文社會科學教學叢書計畫。明顯的第一及第二項是重心，同時，這兩項也與

〈優質師資——教學發展中心設置計畫〉關係密切。這裡值得一提的是，政大將其所發展的 TA 制度視為「大學優質教師的養成制度」，從 TA 補助、訓練、參與實務工作到博士生以教師身分參與教學計畫，一體成形，成為大學優質教師的養成路徑。

第五個主軸計畫是〈量身定做學生教輔計畫〉，這也是 2005 年《政大教卓計畫》的最後一個主軸計畫。此計畫針對學生學習補濟措施之系統性和「個人針對性」進行強化工作，但這也是針對學生基本素養所進行的強化工作，因此，該計畫實行學習指導中心（Tutor Center）設置計畫、資訊素養培育計畫、表達能力卓越計畫以及個人化職涯培育計畫。如同我們說過的，這個部分與書院教育關係密切之處並不呈現於這些具體措施本身，而是其中所隱含「以學習者為中心」的教育觀念轉向。

總地來說，《政大教卓計畫》的核心概念是：〈大一、大二不分系〉、〈學程制取代系所制〉、〈推廣國際化課程〉以及〈個人化教輔〉，而其中的跨領域學程設置計畫與通識核心課程實施計畫兩個子計畫是核心實踐策略。四個核心概念中的〈大一、大二不分系〉、〈學程制取代系所制〉以及〈個人化教輔〉等概念中所呈現出的「以學習為中心」的教育觀念轉向，對政大書院的影響最深。

貳、政大書院計畫

從 2007 年規劃推動以來，政大書院計畫經過數次的調整，這些調整雖然看似不大，但每次調整的理路不同，使得後來越來越難看出政大書院諸多措施背後的原則。政大書院計畫正式的提出是在 2008 年 1 月 16 日的 96 學年度第 1 學期第 4 次政大校務發展委員會，這個版本不僅是第一個版本，也是經過正式程序所通過的版本，以這個版本為基礎，我們才能看出政大書院的原貌。本文所談的「政大書院計畫」就是 2008 年 1 月提交校務發展會議的政大書院計畫報告。

　　政大書院計畫首先標舉出四個「我們對政大大學部教育的未來想像」，包括：

1. 學程制逐漸取代系所制
2. 行動導向的知識學習形式
3. 課程朝整合型課程發展的趨勢
4. 住宿生活與學習生活緊密結合

　　緊接著，政大書院計畫以「我們對政大大學部教育的未來思考」來標定策略以實現上述四個想像，這些策略包括「大一：生涯奠基與探索」與「大二、大三、大四：專業發展」兩個階段。其中，「大一：生涯奠基與探索」的內涵是「新生入學→大學導航→書院生活＋通識教育＋專業基礎教育」；而「大二、大三、大四：專業發展」的內涵分成兩部分，分別是「專業分流→專業學院 or 文理學院 or 外語學院」以及「專業漫遊：學分學程＋學位學程」。「大二、大三、大四：專業發展」所主張的是以第一年之通識教育學習成就，作為申請轉系、輔系、雙主修與選修第二專長學分學程之參考依據。當然，這裡無法將「大一：生涯奠基與探索」直接理解為大一、大二全校不分系，因為前者還包含專業基礎教育，但是明顯的它是大一、大二全校不分系的前導。

　　在這些教育思想與策略的考量下，政大書院計畫設定六大目標：

1. 建立完善的招生與新生輔導制度
2. 深度融合住宿生活與通識教育
3. 推動通識教育的革新與全面發展
4. 引領學生探索自我與建立職業意識
5. 養成優質世界公民與未來社會領袖
6. 樹立我國大學教學體制的變革典範

　　為達成這些目標政大書院計畫實施：1.〈招生與新生輔導計畫〉、2.〈四大書院建制計畫〉、3.〈通識教育改進計畫〉以及 4.〈未來領袖養成計畫〉等四個計畫。子計畫 1 與子計畫 4，偏向政大既有教學制度的整合、擴充與持續推動。子計畫 2 與子計畫 3 則是相對新的概念，也是

突破性的作法，稍後本文會對後兩項計畫作比較多的說明。這四個子計畫的細部規劃可以從下述計畫架構圖看出。

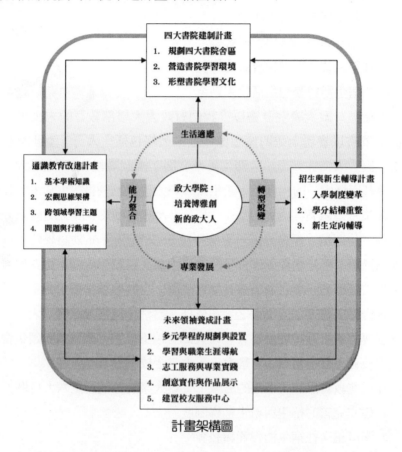

計畫架構圖

〈四大書院建制計畫〉包括「四大書院舍區整建計畫」、「學院文化環境形塑計畫」以及「學院學習環境營造計畫」三個分項計畫。在政大學院計畫中建議設立四個書院，不是單純地回到過去，也不是簡單地模仿歐美的大學住宿學院制，而是在既有的基礎上賦予一種「學宿合一」的內涵。它是一種生活社區與學習社群的概念，是政大大學部教育的「第二課堂」。書院計畫希望透過制度的設計與教育的關懷，來引領學生，幫助他們認識大學、認識政大、樹立遠大的理想和抱負。〈四大書院建置計畫〉企圖將使學生充分感受到大學校的氣魄，也感受到小學院

的凝聚力。學生不僅是專業學院的學生，也是書院的學生和主人，參與書院的自主管理。

〈通識教育改進計畫〉的基本理念是：辦好大學部的基礎教育，才能有效落實政大培育優質世界公民與未來社會領袖的教育使命，而辦好大學部的基礎教育，端賴通識教育的徹底落實，這不僅是社會各界對政大的建議與期待，同時也是政大深刻反思後，亟欲革新的重點項目。

革新與發展通識教育制度的首要任務是課程品質的提昇與課程數量的精實，而課程發展以下列四類課程為主：1. 基本學術知識及取向；2. 宏觀思維架構；3. 跨領域學習主題；4. 問題與行動導向等四類課程。發展這四類課程時，同時鼓勵所有通識課程能將下列教學方法融入課程實施中：1. 議題導向教學；2. 行動導向教學；3. 學習者導向教學；4. 促進學生多元思考的教學法。計畫期待強化經驗與知識的交會，將教學融入生活，重視實境、實做、實驗、實習等活動，進而培養學生具備面向未來的核心能力。

子計畫 4〈未來領袖養成計畫〉中的 4-1 多元學程設立計畫、4-3 志工服務計畫以及 4-4 創意實作計畫與本文的關係較為密切。4-1 是學分學程、學位學程的規劃、設立，它提供更系統而完整的專業轉軌與漫遊機制。4-3 是服務學習與實踐課程的推動與深化，並結合通識問題與行動導向課程及 NGO 課程。4-4 則是體驗式學習及行動導向課程的開發。

在組織定位方面，當時規劃政大學院成為政大未來全面推動通識教育革新與有效組織各項教學制度的院級學術單位。在過渡時期，先成立「通識教育改革推動小組」，由教務長蔡連康擔任召集人，哲學系林從一教授擔任執行長，與通識教育改革推動小組成員，共同推動各項革新事務。

政大書院計畫與《政大教卓計畫》兩者之間直接重疊的核心概念是「學程制取代系所制」，而這也與《政大教卓計畫》所談及的〈大一、大二不分系〉直接相關；〈大一、大二不分系〉同時與書院計畫中的

「課程朝整合型課程發展的趨勢」、〈跨領域學程設置計畫〉與〈通識核心課程實施計畫〉直接相關。明顯的，政大書院計畫報告中「我們對政大大學部教育的未來思考」的「大一：生涯奠基與探索」與「大二、大三、大四：專業發展」兩個思考也與〈大一、大二不分系〉關係密切。

　　政大書院計畫最有別於《政大教卓計畫》之處，是其強調了住宿生活與通識教育的融合以及行動導向的知識學習形式。如我們稍後將指出的，政大書院計畫對於通識教育潛在教育面（主要以住宿學習的面貌呈現）的重視，影響了教育部《公民核心能力中程計畫》，而其對於行動導向的知識學習形式的強調，則源自於教育部《通識中綱計畫》。

參、教育部通識教育中程綱要計畫

一、計畫目的

　　《通識中綱計畫》的實施理由有兩個，一個是積極的，一個是消極的。積極理由是「通識教育是大學教育的核心、專業教育的基礎」，這點可以從《通識中綱計畫》的引言中清楚地看出：「具備創新、跨領域、知識統整等特質人才之養成，以及高等教育基礎品質之提昇，是當前科技人才培育亟待突破的一個主要關鍵。通識教育是全校性、跨學門的教育，大學若能建構一個高度系統性、整合性的課程制度，特別是一個以通識教育為基礎的課程制度，必定能夠有效連結各知識領域，成為社會人才養成的核心機制。」

　　消極的理由則是大家耳熟能詳的「改善重專業、輕通識的弊病」，但是《通識中綱計畫》特別針對了課程零碎化、淺薄化的現象，特別聚集在大學課程缺乏統整性的問題上。「在課程方面，非但通識課程出現零碎化、淺薄化現象，通識課程與專業課程之間更由於缺乏統整性的緊密連結，造成專業系所對通識教育的拒斥，『重專業、輕通識』的心態普遍存在。學生因為缺乏學習動機及學習方向感，而將通識教育視為營

養學分的情況也相當嚴重。各界普遍對通識教育認識不足，校內資源及各項公共資源的投入亦相對不足，致使校方強化通識教育的動機及行動力薄弱。」易言之，《通識中綱計畫》的主要目的在消解通識教育三項弊病：

1. 無整體規劃，課程零碎。
2. 優秀教師開授通識課意願不高，加上部分通識課程教師未認真規劃或不知該如何設計課程內容，而以專業課程中較淺易的部分來充數，導致部分通識課程內容空泛或淺顯。
3. 學生認為通識教育是營養學分，選擇又甜又閒的課，或不認真上通識課。

對治上述問題，《通識中綱計畫》希冀推動以能力導向為基礎的教學，實踐以問題解決導向為基礎的學習，發展出能夠培養學生知識反思能力、跨領域知識整合能力、知識創新能力的通識教育，以提昇整體國力及國家競爭力。更具體而言，從通識、大學教育與學生三個層面來看，《通識中綱計畫》的目的在於：

1. 就通識教育本身而言：經由吸引優秀教師、培育師資、課程內容精實、教法活化，以提昇通識課程的品質，達成通識教育應達成的功能，逐漸消除「通識教育學分為營養學分」的觀念及現象，並且將「通識教育可以養成學生基礎知識與核心能力」的理念落實到通識課程中。
2. 就大學教育而言：（1）消除「通識課程是專業課程的補濟、輔助、點綴課程」的觀念，推行及落實「通識教育是大學教育的核心、專門教育的基礎」的觀念。（2）推動全校課程的系統化，建構跨通識／專業課程的學習路徑，解決課程零碎化及其衍生的高教問題。
3. 就學生的面向而言：通識教育的目標從「知識廣博」（更遑論零碎的知識）的培養，轉向為「核心能力」的鍛造。大學生核心能力包括具知識反思能力、知識整合能力、知識創新能力、多元思

考能力、價值判斷能力、行動抉擇能力等。

換句話說，《通識中綱計畫》認為，通識教育的最終目標是培養大學生成為能表達、能批判、能研究、能創新、能行動、能合作、能領導、具人文關懷、具全球意識的社會公民。通識中綱計畫中「核心能力」、「全校課程地圖」與「行動導向／問題解決導向」等等概念一再出現，該計畫相信「『核心能力』的鍛造，貼近學生的需求，容易引發學生的學習興趣及學習動機，希望藉由『全校課程地圖』的建構，讓學生瞭解課程可以培養什麼樣的核心能力、達成什麼樣的生涯或職涯發展，亦彰顯通識課程與專業課程如何相輔相成，讓學生的學習具有意向性、方向感，並且藉由『行動導向／問題解決導向』教學方式的倡導，真正在課程中培養以及運用這些知識及能力，配合學生學習檔案的製作，培養好的校園讀書風氣，希望可以逐漸消弭學生將通識視為營養學分的心態，並真正在通識課堂中讓學生得到一生受用的收穫。」

二、計畫內容

《通識中綱計畫》中規模最大且與本文主旨最相關的是其分項計畫一〈以通識教育為核心之全校課程革新計畫〉（簡稱〈全校課程革新計畫〉）。〈以通識教育為核心之全校課程革新計畫〉的核心理念是：「通識教育是全校性的教育，通識教育應該放在全校性的脈絡、讓全校一起動起來，以『校』為單位，以『學習者』為中心，將通識教育與專業教育二者的關係重新定位，發展出具系統性、融貫性、統整性的全校課程新結構，並進行通識課程的深化與活化，才可能消弭教師重專業輕通識、學生將通識視為營養學分的心態，才可能扭轉大學教育零碎化、通識教育膚淺化的現象。」

〈以通識教育為核心之全校課程革新計畫〉的計畫策略主要是：要求以校長或副校長為受補助計畫主持人，補助學校以「校」為單位，透過發展通識核心課程，進行專業與通識教育的學習路徑整合，將傳統上

認為相互獨立的課程，如通識教育、系外選修及系所專業科目，加以整合成一個融貫的系統，達到教學資源的合理分配、有效運用及累積；一方面挽救大學教育零碎化、通識教育膚淺化的現象，一方面，促進各知識領域之有效連結，擴展學術視野，發揮知識整合的跨領域創新力量。同時，有意識的將學校各種資源以系統的方式加以整合起來，加強全校性參與，增進學生及專業系所對通識教育的功能及重要性的認知，以強化學生的學習動機及方向性，創造出一個以學習者為中心的校園文化。

〈全校課程革新計畫〉發展項目如下：

1. 規劃並開設通識核心課程

〈全校課程革新計畫〉以「修課規定」及「課程旨趣」兩個側重點定義其所推動的通識核心課程。就修課規定而言，通識核心課程屬「低度選修」或強調為「必修」之課程，且非傳統之共同科目；就旨趣而言，著重學術典範意義，課程內容代表或反映一知識領域之核心價值，為當代各類學術入門基礎，可創造不同學術領域間對話、溝通與融合之可能性，進而培養學生知識批判能力、知識統整能力及知識創新能力。

2. 規劃並開設行動導向、問題解決導向通識課程

所謂「行動導向通識課程」指的是以行動學習為主要學習方法的通識課程，而行動導向學習係闡揚「從做中學」（Learning by doing）。強調（a）處理真實存在而非虛擬之問題、（b）與他人共同學習並向他人學習、（c）將問題視為己任，並提出可施行之解決方案或計畫。

行動導向通識課程（如服務學習型課程）應將上述模式應用於課程中，使學生於解決生活、社區、學校、社會等各層面問題時，獲得知識整合能力、問題解決能力及行動抉擇能力。

「問題解決導向通識課程」中的學習係基於現實世界問題，以學生為中心之教育模式。強調把學習設定到複雜、有意義的問題情景中，透過學習者的合作以解決真正問題，從而學習隱含在問題背後的科學知識，形成解決問題的技能與自主學習的能力。

3. 規劃並開設跨通識及專業課程之整合型學程

以學習者為中心，打破通識與專業課程藩籬，而以系統方式加以整合，以達成教學資源整合、學術視野擴展、各知識領域有效連結之目標。

4. 建構全校課程地圖並開設地圖上應有而未有之通識課程

「全校課程地圖」指的是學生大學四年之清晰修課學習路徑參考地圖。其目的為協助學生選課前、後能夠規劃、組織、整合所修之課程乃至於學程。

課程地圖所涉之課程內容與目標應互有融貫鍊結，且具系統性與層次感，而非僅是單一課程之綜合。同時，應開設具備完整性與系統性之課（學）程，以做為全校課程地圖之映照，發揮全校課程地圖指導課程開設之目標。

除了上述四項工作外，〈全校課程革新計畫〉還包括了「優質核心通識課程數位化製作」以及「建置優質通識課程學生學習檔案 e 化上網」兩個工作要求，由於此兩項工作與本文相關性低，於此就不予論述。

三、與其他計畫的相關性

一方面，以〈全校課程革新計畫〉為代表的《通識中綱計畫》推動了通識核心課程、跨通識及專業課程之整合型學程乃至於作為配套的全校課程地圖。另方面，政大書院計畫包含了「課程朝整合型課程發展的趨勢」、〈跨領域學程設置計畫〉和〈通識核心課程實施計畫〉等項目。我們可以看見，這兩計畫的這兩組工作彼此之間若合符節。而《政大教卓計畫》與前述兩計畫直接重疊的核心概念是「學程制取代系所制」，而如先前已指出的，這也與其所談及的〈大一、大二不分系〉直接相關。以時間序來決定因果關係，《通識中綱計畫》的核心課程、跨通識與專業的整合型學程乃至於（間接的）作為配套的全校課程地圖建構，

都是源自於《政大教卓計畫》。

　　本文先前指出，政大書院計畫最有別於《政大教卓計畫》之處，是其強調了住宿生活與通識教育的融合以及行動導向的知識學習形式。而現在我們可以看見，政大書院計畫中對行動導向的知識學習形式的強調，是源自於教育部《通識中綱計畫》，特別是其下的〈全校課程革新計畫〉所推動的行動導向、問題解決導向通識課程。

肆、教育部現代公民核心能力養成中程個案計畫

一、計畫目的

　　《公民核心能力中程計畫》成案的理由包括「全民進大學的時代」、「企業界的需求」、「行動導向／問題解決導向的知識學習形式」以及「課程朝整合型課程發展的趨勢」四項。茲分述如下：

> ➤ 全民進大學的時代：毫無疑問地，臺灣高等教育早已不是菁英教育，《全民核心能力中程計畫》認為，在全民進大學的時代中，具有高度系統性、整合性課程制度的大學，才足以透過有限資源幫助為數眾多的學生，而一個以通識教育為核心的課程制度，有效連結各知識領域，才足以幫助學生在這個快速變化的世界中面對專業的、個人的及社群生活中的諸多挑戰。

> ➤ 企業界的需求：《全民核心能力中程計畫》認為，臺灣社會應該深化知識經濟，而知識經濟時代講求研發創新，亟需的是具備創新、跨領域、知識統整等特質的人才。大學教育若只是訓練技術、培養專業，並不足以據以培養出能夠為社會、為企業做出貢獻的人才，大學教育必須同時重視通識教育，因為「通識教育強調通達貫穿之知識，立基於人文、社會科學、自然科學與生命科學等基礎知識上，著重演繹能力、批判能力之養成，意在使學生得以秉持人文關懷，貫穿理解龐雜的社會，並掌握獲取新知的能

力。」

➤ 行動導向／問題解決導向的知識學習形式：未來的教育場域及主
題已逐漸向外擴散，範圍不再限制在校園內，議題也擴及社會及
職場的議題，事實上，未來的教育希望培養出同時具有全球視野
以及能於公共領域中積極參與各種事務的學生。研究發現，當學
生將他們所學的分析技術及倫理判斷方法運用在現實世界的具體
問題時，亦即將理論與實務結合時，無論是就理論、實踐能力或
社會責任心的養成面向而言，學生的學習效果均為最佳。以行動
為導向的學習形式、以問題解決為核心的學習過程，已經成為未
來教育的潮流。由於通識教育重視分析能力、批判思考、倫理推
理、有效溝通、實踐智慧以及社會責任感的養成，因此它將成為
未來教育潮流的核心。相對的，通識教育要扮演此核心角色，則
必須更有意識的突顯出它的這些實踐面向。事實上，強調通識教
育的實踐面向將有助於整合各專業領域，因為現實的議題通常非
常複雜，一方面它們可以從不同角度加以解讀，另一方面，要解
決現實問題也需整合各種方法及各種理論所帶來的不同視野，方
可奏效。在這個知識整合的時代中，以實踐、問題解決為導向的
學習更顯重要。

➤ 課程朝整合型課程發展的趨勢：近年來以學習者為中心、強調經
驗與反思學習的整合型創新課程，已經成為引領大學課程改革的
重要方向。整合型課程依其整合面向的寬窄，可以分為以下幾種
類型：1. 學術與生活世界的整合型課程、2. 跨校學程、3. 跨專業
領域的主題導向的整合型學程、4. 跨系所的基礎專業科目整合型
課程、5. 通識課程與專業課程的整合型學程、6. 通識教育課程的
整合型學程、7. 跨領域主題導向的整合性單一課程。整合型課程
除具有促進教師教學負擔的合理化、增進教學資源的有效使用及
累積、強化學校課程系統性以及學生學習的方向性等優點之外，
其中的跨領域學程更具有積極的意義——領域間的連結往往因為

處於主流領域的邊緣而遭到忽視，但領域間的聯結也往往是創造新領域、創造新典範或甚至學生創造新職場的契機。然大多數整合型課程需要許多重要制度的轉變加以支持方可奏效，例如，畢業總學分數合理化、適度調降必修學分數等、調整課程學分結構、精實專業課程、合理規劃基礎課程、增加選課彈性、適當規劃通識教育課程、強化輔系、規劃學程等。

一如其名，《公民核心能力中程計畫》的目標是培養現代公民的核心能力，特別是倫理素養、民主素養、科學素養、媒體素養、美學素養等五大素養。重點是，該計畫認為現代公民能力的養成具有以下特色。首先，倫理、民主、科學、媒體、美學等等現代公民的核心能力的培養，需要適當的生活環境與長時間的浸淫、薰陶。依此，該計畫將協助學校規劃校園的制度性環境，使得教師與學生能產生密切的、有意義的長期互動。其次，現代公民的核心能力需要在真實處境中培養。未來的教育場域及主題已逐漸向外擴散，範圍不再限制在校園內，議題也擴及社會及職場的議題，事實上，未來的教育希望培養出同時具有全球視野以及能於公共領域中積極參與各種事務的學生。

更具體而言，《公民核心能力中程計畫》希望達成下列目標：

➢ 以學習者為中心，落實「全校性」通識教育制度性措施，將校園營造成「生活學習圈」乃至於「文化學習圈」，打破師生疏離，讓師生之間產生有意義的深度互動。讓優秀老師樂於參與其中，成為學生的人生導師；校園重新成為學生生活的重心、學習的染缸、生命經驗的豐饒之地，從中陶塑出倫理思辨、民主參與、科學知識、媒體詮釋、美學鑑賞等等現代公民核心素養能力，以行動書寫出具全球視野與在地（文化與社會）關懷要素的生命故事。

➢ 推動以行動為導向的學習形式、以解決真實問題為核心的學習過程。現代公民的核心能力的培養需要在真實處境中培養，相關課程、制度與活動的實踐面向必須被凸顯出來。研究發現，當學生

將他們所學的分析技術及倫理判斷方法運用在現實世界的具體問題時，亦即將理論與實務結合時，無論是就理論、實踐能力或社會責任心的養成面向而言，學生的學習效果均為最佳。以行動為導向的學習形式、以解決真實問題為核心的學習過程，已經成為未來教育的潮流。由於公民素養教育乃至於通識教育重視分析能力、批判思考、倫理推理、有效溝通、實踐智慧以及社會責任感的養成，因此它已成為未來教育潮流的核心。

➤ 推動「現代公民核心能力」的相關課程師資強化工作。

二、計畫內容

《公民核心能力中程計畫》的執行策略及方法包括許多部分，與本文最相關的部分是〈公民素養陶塑計畫〉，讓我們專注討論它。公民素養陶塑計畫的目的是完成以校為單位的教育環境營造，加強通識教育之全校性參與，提升大學課程之統整性及融貫性，強化學生之學習動機及方向性。課程制度面的著重點在於通識年（見下述說明）、通識核心課程深化，課程面則聚焦通識核心課程與通識化的專業課程，學生學習面的重點在於強調「大一年」的重要性（大一課程、環境教育、潛在教育面更能體現「大一做為學術奠基、生涯探索階段」的精神）、課程設計與實施則持續推廣行動導向／問題解決導向的學習、環境教育面以住宿學習為操作平臺、學習及課程輔助面則以全校課程地圖的深化為主。凡此種種皆以培養學生倫理素養、民主素養、科學素養、媒體素養、美學素養等等公民核心能力為最終目標。

更具體而言，〈公民素養陶塑計畫〉的發展項目有：全校課程地圖、大學入門、通識核心課程、通識年、社會參與式的學習、專業課程通識化與、住宿學習等七項。明顯的，「全校課程地圖」、「通識核心課程」以及「社會參與式的學習」等三個項目是《通識中綱計畫》原有的項目，只是在此它們更強調公民核心素養的養成，舉例來說，〈公民素

養陶塑計畫〉對其中「社會參與式的學習」的說明就非常強調公民事務的參與：「公民素養不僅是知識素養，更是價值與行動素養，這些素養通常必須透過社會參與行動，在真實性的社會經驗中才能養成並內化。因此，本計畫鼓勵大學推動有效連結社區、參與公眾事務的學習制度、課程與活動。譬如說（更有效的）服務學習制度、與社區一起學習（參與社區大學課程）、行動導向課程／真實問題解決導向課程。」但由於這三個項目的基本精神並未改變，在此就不重複論述之，僅就其餘四個項目說明如下。

1. 大學入門

大一是大學生核心能力培養的關鍵期，因此〈公民素養陶塑計畫〉規劃推動「大學入門」正式課程或非正式課程，讓大學新生對諸如「大學的意義、理念與社會責任」、「學習如何學習」與「移動自己的視野，與世界對話」等等主題有基礎性的理解，架構出自己對於知識、價值、社會責任的詮釋框架，做為對於未來大學生活乃至於整個人生的行動指導原則。〈公民素養陶塑計畫〉同時做了一個關於課程規劃的一般性建議，這個建議特別是關於生活與專業的連結。該計畫認為，如果「大學入門」以課程方式進行，則其內容由簡而深，從學生的生活出發，與學生的專業發展扣連，螺旋循環，每一主題包含：教師講授、小組活動與學生自學等教學模式。

2. 通識年

「通識年」事實上是一個課程制度的名稱，它指的其實就是「全校大一課程不分系」。〈公民素養陶塑計畫〉體認大一是大學生核心能力培養的關鍵期，在「通識年」這個項目上，〈公民素養陶塑計畫〉希望，除保留極少部分的專業基礎課程（上下學期各約 4-6 學分）外，全校大一課程皆為通識課程。該計畫希望透過這「全校大一課程不分系」來體現「通識教育做為大學教育的核心、專業教育的基礎之理念」，同時也能具體反映「大一做為學術奠基、生涯探索階段」之精神。

3. 專業課程通識化

〈公民素養陶塑計畫〉認為公民素養或廣義的通識素養的養成不應侷限於通識課程，專業課程也是重要的管道。為此，〈公民素養陶塑計畫〉鼓勵系所之相關專業課程透過教學方法的改革、教材的多元化以及師資整合（如協同教學）等等方式，使得專業課程也能培養學生倫理素養、民主素養、科學素養、媒體素養、美學素養等等公民核心能力。舉例來說，專業倫理課程或職業倫理可以透過行動導向／問題解決導向的教學法，或者透過與具道德哲學專長的教師合作，讓課程更能培養學生的倫理素養。專業課程通識化的重點不在於協助通識教師與專業系所教師合作規劃、開設課程，而是更徹底的在專業課程的內容面與實踐面便注入通識教育的理念與方法。

4. 住宿學習

生活是學習最佳的場域，而「家」是生活的核心。住宿學習是未來大學環境教育的重點。具體而言，〈公民素養陶塑計畫〉認為，大學可以將宿舍區營造為「生活學習圈」，讓學生在完善的導師輔導體系、精緻的教學活動（如服務學習、典範學習、文化形塑、環境營造、社群營造）、優質的學習環境當中，進行經驗的改造、重組、統整與創新，使學生的生活、學習與文化經驗產生有意義的相互融滲。〈公民素養陶塑計畫〉特別指出，以「書院」方式進行住宿學習，也是可行的模式之一。

（三）與其他計畫的相關性

可以很明顯的看出，教育部《公民核心能力中程計畫》是《通識中綱計畫》以及政大書院計畫的綜合延續版，以《公民核心能力中程計畫》項下的「公民素養陶塑計畫」為例便可看出此點。「公民素養陶塑計畫」的七個工作項目中的「全校課程地圖」、「通識核心課程」以及「社會參與式學習」等三項工作是《通識中綱計畫》的舊項目，而其餘四項中的三項，亦即，「大學入門」、「通識年」以及「住宿學習」則是政大書院計畫的核心工作。

伍、結論

　　本文試圖梗要地梳理出臺灣高等教育與政大書院兩者之間的關係，同時希望對兩者的未來有所建議。本文主要論及《政大教卓計畫》、教育部《通識中綱計畫》、政大書院計畫與教育部《公民核心能力中程計畫》四個計畫。這四個計畫關係密切，彼此交互影響，同時影響臺灣高等教育近年來的發展。

一、政大書院與臺灣高等教育發展

　　本文主張上述四個計畫相互之間具有下述圖表所示的影響關係。

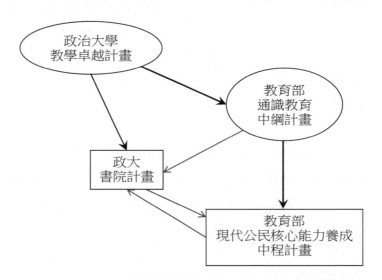

　　更具體地說，《政大教卓計畫》對於高等教育的兩個想像——〈大一、大二不分系〉以及〈學程制取代系所制〉，深刻地影響了政大書院計畫以及《通識中綱計畫》。《政大教卓計畫》對於政大書院計畫的發生影響的項目有〈學程制取代系所制〉、跨領域學程設置計畫以及通識核心課程實施計畫。而政大書院計畫中「我們對政大大學部教育的未來思考」的「大一：生涯奠基與探索」與「大二、大三、大四：專業發展」

兩個思考也與《政大教卓計畫》的〈大一、大二不分系〉關係密切。
《政大教卓計畫》對於《通識中綱計畫》所產生的影響是後者的核心課
程、跨通識與專業的整合型學程乃至於（間接的）作為配套的全校課程
地圖。

　　一方面，以〈公民素養陶塑計畫〉為代表的《通識中綱計畫》推動
了通識核心課程、跨通識及專業課程之整合型學程乃至於作為配套的全
校課程地圖。另方面，政大書院計畫包含了「課程朝整合型課程發展的
趨勢」、〈跨領域學程設置計畫〉和〈通識核心課程實施計畫〉等項目。
我們可以看見，這兩計畫的這兩組工作彼此之間若合符節。而《政大教
卓計畫》與前述兩計畫直接重疊的核心概念是「學程制取代系所制」，
而如先前已指出的，這也與其所談及的〈大一、大二不分系〉直接相
關。以時間序來決定因果關係，《通識中綱計畫》的核心課程、跨通識
與專業的整合型學程乃至於（間接的）作為配套的全校課程地圖建構，
都是源自於《政大教卓計畫》。而通識中綱計畫則影響了〈公民核心能
力中程計畫〉項下的的全校課程地圖、通識核心課程以及社會參與式學
習等等項目。

　　此外，〈公民核心能力中程計畫〉項下的大學入門、通識年以及住
宿學習是政大書院計畫的核心工作，由於時間相近，這兩個計畫彼此之
間的影響方向是不明的，但主要是兩者都強調了住宿生活與通識教育的
融合以及行動導向的知識學習形式。

二、政大書院經驗（精神）所帶領或參與的大學趨勢

　　綜合前述的梳理結果，本文發現，政大書院經驗（精神）所帶領
或參與的大學趨勢包括「跨領域整合」、「以通識教育為軸線重新定位大
學」、「從知識本位到學習者本位的轉向教育」以及「教學成就重新成為
重要學術成就」等四個大趨勢。茲分別論述如後。

1. 跨領域整合的教育趨勢

跨域整合是政大書院與臺灣高等教育最重要的發展方向之一。跨域整合包括，不同學科領域之間的跨域整合、通識與專業的整合、不同學術單位（不同校、院、系）之間的跨域整合、不同教育類型（課程教學／環境教育／潛在教育）之間的跨域整合以及大學與社會的整合。具體的作法可以從整合型課程的各種類型中看出：學術與生活世界的整合型課程、跨校學程、跨專業領域的主題導向的整合型學程、跨系所的基礎專業科目整合型課程、通識課程與專業課程的整合型學程、通識教育課程的整合型學程、跨領域主題導向的整合性單一課程。

從課程入手闡述跨域整合是因為課程是眾多教學因素的匯合處，課程是教育觀念、學生、教師、教材教法、學校制度等等諸多面向的交集點，這些面向的完善度將直接影響通識課程發展的完善度。從反方向來看，課程品質不佳也將顯示教育觀念、學生、教師、教材教法或學校制度面存在著尚待改進的地方，這顯示，探究課程尚待改進之處將有助於揭露更廣泛性的問題。跨域整合課程就需要許多重要制度的轉變加以支持方可奏效，例如，畢業總學分數合理化、適度調降必修學分數等、調整課程學分結構、精實專業課程、合理規劃基礎課程、增加選課彈性、適當規劃通識教育課程、強化輔系、規劃學程等。而這些也同時是近年來臺灣高等教育的發展重點。

此外，跨域整合也是政大書院與臺灣高等教育共同期待創新發生的地方。如同我們說過，跨域整合除具有促進教師教學負擔的合理化、增進教學資源的有效使用及累積、強化學校課程系統性以及學生學習的方向性等等優點外，跨域具有教育更核心的意義——領域間的連結往往因為處於主流領域的邊緣而遭到忽視，但領域間的聯結也往往是創造新領域、創造新典範或甚至學生創造新職場的契機。我們可以說，跨域之境容易產生異質的事物、新的事物。

2. 以通識教育為軸線重新定位大學

在巨變的時代中，將大學僅僅定位為專業養成的學習場域明顯是不

夠的。大學必須重新定位，而政大書院與臺灣高等教育過去十餘年的發展，都明顯的呈現出以通識教育為軸線來為大學重新定位的走向。這裡的重新定位所針對的主要是大學體制（學制）和大學的社會定位問題。

　　具體來說，以通識教育為軸線來為大學重新定位所針對的主要是大學學制和大學的社會定位問題。更具體來說，以通識教育為軸線來為大學學制重新定位的主要內容包括「一般大學大學部教育成為博雅教育」、「全校大一、大二不分系」、「系所制轉向學程制」、「專業學院」以及「通識教育中心轉型為文理學院」。

　　大學部教育從專業教育往博雅教育（或至少轉向博雅專業並重）的轉向，很難繞過「全校大一、大二不分系」（至少「全校大一不分系」）與「系所制轉向學程制」。反之亦然，如果「全校大一、大二不分系」與「系所制轉向學程制」沒有成真，諸多結構面的困境將使專業到博雅的轉向十分艱困，縱然沒有以立即失敗收場。這個轉向也代表著專業學院會轉變為「大學部小學程化、研究所成為院主體」型態的學院，亦即，專業教育將後撤到研究所才大幅展開。以通識教育為軸線來為大學學制重新定位還有一些衍生性的配套如通識核心課程（全校大一課程不分系）、校招生、AP 課程與第三學期，而近年來這些措施已逐漸展開。

　　此外，從社會參與式學習及課程的推動可以看出，大學對自我的期待不再僅僅是知識的傳承及創新者，也同時應成為社會創新與文化創新者；作為社會創新與文化創新者，大學將從只是消極的回應社會的需求，轉向對社會做出領導式、參與式、行動式的貢獻。

　　3. 從知識本位到學習本位的教育轉向

　　在教育觀念和教學方法上，政大書院與臺灣高等教育過去十餘年所標示出來的主要轉折，而且已經發展出一些具體作為的是「從知識本位到學習本位的轉變」。在教育目標上，與這個趨勢相呼應的是「從套裝知識到核心能力（基本素養）的轉變」。在教學現場上，過往教師比較偏重於課程主題與知識內涵的發展與堆疊，現在則越來越重視教學歷程的鋪展，因此更重視師生互動，也儘量營造學生可以積極參與教學的

環境，這也是推動 TA 制度的重要原因。此外，若干方法如學生課程日誌、遺書……等等，都顯示在課程操作面上更重視學生的個人生命與社會經驗的功能，更重視學生的自我發展。

在制度面，搭配著「從知識本位到學習本位的轉變」，除了教學發展中心（及相關制度如 TA 制度）的設置外，還包括了更為個人化但具系統性的學習路徑規劃工具，如全校課程地圖。

4. 教學成就成為重要學術成就

教學、研究與服務是大學教師的責任，它們甚至是法定責任，但是，就如同大家詬病已久的，臺灣的大學仍舊是「重研究、輕教學」。雖然研究與教育有關係，但相對於教學與教育的關係，研究與教育的關係畢竟較遠，因此，「重研究、輕教學」與「重研究、輕教育」兩者之間的距離並不遠，越「重研究、輕教學」的大學與教授離教育本質越遠。政大書院與臺灣高等教育過去十餘年的發展正是努力的想透過各種方式，讓教學成就重新成為大學與其教師的重要學術成就。

三、大學趨勢與政大書院的未來

無論從教育部或國科會所推動的各類計畫（如教育部的跨科際計畫、MOOCs 和翻轉教室以及國科會的《人文創新與社會實踐計畫》）看起來，臺灣高等教育未來的發展會是沿著過去十餘年發展方向，進行深化與精緻化的工作，而這些方向就是上述所談的「跨領域整合的教育趨勢」、「以通識教育為軸線重新定位大學」、「從知識本位到學習本位的教育轉向」以及「教學成就成為重要學術成就」等四個方向。於此不再贅述四個方向的內涵。

在這四個方向上，未來臺灣的大學會更凸顯「與社會同脈共振」的教研趨勢。以教學面為例，我們已經看見社會參與式學習的深化、（專業院系，乃至於全校性的）跨領域課程的發展、行動導向課程、真實世界問題解決導向課程以及以社會創新為主題的課程與學程的蓬勃發展，

可見與「與社會同脈共振」的教學及課程規劃趨勢正逐步上揚。

政大書院的未來應該與臺灣的大學趨勢偕手共進。

大學發展住宿學院的模式——
國際經驗與臺灣現況的比較

甄曉蘭

國立臺灣師範大學教育學系教授、系主任

吳明錡

國立政治大學政大書院行政專員、國立臺灣師範大學教育學系博士候選人

摘要

　　本文旨在探討大學發展住宿學院的模式和相關實務議題。本文首先分析大學教育革新與住宿教育的關係，其次介紹國際上有關住宿學院的重要案例，並說明我國大學發展住宿學院的概況。最後，再提出以住宿學院來發展住宿教育的若干省思。本文認為，宿舍作為大學教育的一項重要元素至少在學習、經濟和文化等三個面向上可以發揮相當可觀的功能。住宿學院是眾多實施住宿教育的取徑之一，而住宿學院也有各種不同的實施模式；大學可以依據自身的理念、傳統和辦學條件，選擇最適切的策略組合和推動方式。

關鍵詞：住宿學院、住宿教育、通識教育、大學課程、共學

壹、前言：大學教育革新與住宿教育的關係

　　近年來隨著高等教育內外在環境的轉變，大學也開始跟著調整辦學目標，並重組各項教育元素，以完成自身的使命，實踐所定之願景。自 1980 年代大學課程自主以來，臺灣的大學教育改革，仍普遍以「高

深學問」（high learning）的傳遞作為教育目標（王一軍，2011）。無論是通識教育的革新或專業教育的轉型，多習慣從「正式課程」的角度切入，希望透過畢業學分配置比重的調整、課程結構的轉型、教材教法的創新、專責單位的設立、課程地圖的繪製及評鑑方案的實施來落實大學培養學生成為現代公民的教育目標。

　　經過多年的努力，雖然多數大學的教育品質已經有相當程度的提昇（教育部，2012），但以教室、教師和教材為主的大學教育革新運動卻有其侷限，無法有效幫助學生因應急遽變遷社會所帶來的挑戰。因此，社會各界不免對當前的大學教育有更多的期待，希望學生在受過大學教育之後，除了可以具備相當程度的專業能力，能理性分析，有能力謀生和適應社會生活之外，也能主動關懷他人和公共事務、承擔作為公民的社會責任，並能在冒險、探索的過程中找到人生的意義和成功的定義（查修傑，2006；AAC&U, 2002; Snyder, Acker-Hocevar & Snyder, 2008）。

　　要達成這些新的教育目標，大學需要調整既有的課程架構，呈現新的知識布局，組織新的學習機會，才有可能預備學生適應社會，迎向未來（甄曉蘭，2008）。於是有越來越多的大學開始意識到單靠正式課程，不容易讓學生學到學科知識以外的能力，必須要透過「非正式課程」的體驗和「潛在課程」的潛移默化，才能相輔相成地促進學生的全面發展（林思伶，2010）。基於此，大學開始調整既定的框架，不再只關心老師在教室中教了哪些知識，也重視學生在學習的過程學會了哪些能力，以及更關心學生經過教育洗禮後的轉變。當大學重新回到學習的主體來思考，並嘗試以學習者的角度來設計各種能學習體驗和學習環境（Barr & Tagg, 1995; Dirksen, 2012; Land, Hannafin, & Oliver, 2012），就有可能改變過往「視為理所當然」的大學運作規則、形式與人才培育格局，透過新的視角來重新構築大學裡的知識、課程、教學與學習型態（陳伯璋，2004）。而在諸多大學教育革新理念與變通方案中，「住宿教育」的推動展現了新的教育思維，提供了新的學習契機。

一、學生宿舍作為創新大學教育的「策略支點」

　　相較教室或其他校園內的學習環境，宿舍是學生在學習過程中投入最多時間的地方。如果能妥善運用，就有可能使其超越宿費便宜、安全、休息和社交等基本功能的層次，發揮應有的教育潛力，為學生創造各種有助於個人成長及發展的機會（張雪梅，2003；Riker & Decoster, 1971），讓學生在住宿生活中，學會那些老師在教室很難教，但學生可以自己學的能力。基本上，宿舍作為大學教育的一項重要元素至少在學習、經濟和文化等三個面向上可以發揮相當可觀的功能：

（一）學習面

　　隨著資訊科技的發達和高等教育知識性質的轉變，教師、課堂和學校不再是學生取得知識的唯一管道，大學有必要重新設計學習的內涵、形式和過程；然而，要推動大學正式課程的革新，無論是通識或專業課程，都有許多結構性的困境，不容易在短時間內克服（黃政傑，2007，2009；宋明娟、甄曉蘭，2011）；且學校既有的教學場館和教學時段安排都不利跨科系的交流；以「宿舍空間」和「住宿生活」作為大學教育革新的切入點，有機會暫時繞過正式課程革新中可能的困難，在阻力相對較小的情況下，創造有利跨領域學習的環境，讓學生自己學會那些老師很難教，但可以自己學的能力，並充實學校應該教，但課程地圖懸缺或不足的知識。

（二）經濟面

　　宿舍不僅是學生投入最多時間的場所，同時宿舍的經營和維護也占學校教育支出相當大的比例，但可惜的是，並未發揮應有的教育功能，產生合理的效益（陳舜芬、葉紹國，2006）。如果能適度改變宿舍空間的使用型態，強化其教育功能，就有可能改善教育資源轉換的效率，讓學校在資源、時間和人力有限的情況下，發揮槓桿作用，創造更好的人才培育效果。對內，除了可以產生良好的同儕學習作用，也能在提高學

生的學習動機和參與程度的過程，讓學生去影響、激勵身邊的教師；對外，如果宿舍的經營具備清晰的理念和願景，也能創造新的使用價值，就有可能為學校引入有形的物質資源和無形的社會聲望。

（三）文化面

許多大學在規模擴大之後，校園空間的型態有越來越明顯的功能分化趨勢。張奕（2005）的分析指出，過去大學為了有效傳授高深學問，因而將校園生活中內容或性質相近的活動相對集中在同一區域，並讓區域與區域之間相對隔離。例如，當「寢室」被定義為睡覺的場所，它就不再負責提供學習的功能；當「教室」被定義為求知的場所，教師和學生只需要在課表排定的時間出場。當空間的用途劃分的越來越細，活動和活動之間的型態差異越大，不同型態的知識就很難在大學裡自然流動，同儕、師生和教師之間的接觸也越來越少。如果能創造機會促成不同專長教師間的對話、師生間的對話、以及不同學科同學間的對話，並讓這樣的對話是經常的、不拘形式地發生在教室以外的場合，自然而然就會形成一種知識性、社會性與文化性的溝通交流也才有可能讓大學成為一個有機的「學人社會」，也才有可能透過潛移默化的機會幫助學生發展其品格和公民素養。畢竟，品性的陶冶不能靠「說教」而必須靠「身教」，只有在一個心靈與一個心靈真誠相遇時，才能彼此發生感染力（金耀基，2000：16-20）。

二、住宿教育作為創新大學教育的「策略槓桿」

當大學開始重視宿舍的經營，期望藉由宿舍的轉型來促進學生的全面發展，住宿教育便成為大學在專業教育和通識教育之外，第三項人才培育的重要策略。歸納 Akens 和 Novak (2011)、Greenfield、Keup 和 Gardner (2013: 136) 以及 Ryan (2001) 等人的分析，住宿教育是一種結合住宿生活、正式和非正式學習的人才培育策略。大學可以透過宿舍環境的營造，讓住宿生在課堂內的學習可以延伸至宿舍生活，也能讓住宿

生在生活中獲得課堂中無法學到的默會知識（tacit knowledge）、生活體驗和情感支持，在住宿和學習整合的過程促進學生的發展，提昇學生學術知識以外的學習表現（Ladwig, 2010）。

住宿教育作為一種大學教育革新和人才培育的策略，在不同的學校脈絡下有不同的實施模式。根據 Inkelas 和 Soldner (2011: 2-6) 的分析，如以學習社群（learning community）的組織型態來看，大致可以分為以下五種模式：

（一）住宿學院（residential colleges）

這類型的住宿教育是植基於牛津、劍橋大學的傳統而來，主要的特色是四年師生同住共學、在博雅教育的理念下實施導師制與小班教學。

（二）住宿學習中心（living-learning center）

這類型的住宿教育會提供學術密度較高的學習方案，例如：語言或寫作訓練，或專業學習打底，例如：醫科預備（pre-med）、法學預備（pre-law）。

（三）主題宿舍（theme housing）

這類型的住宿教育會安排具有相同興趣或嗜好的學生同住共學，相對的學術元素就會相對薄弱許多，學術性的學習就不是此種模式關注的重點。

（四）住宿學習社群（living learning communities）

這類型的住宿教育會安排不同系級的學生混合住宿，但通常會讓他們在大一階段能至少有一年的時間能同住共學，以擴大交流範圍和深度。

（五）新生集中住宿（the freshman year experience）

這類型的住宿教育多因為學校床位資源不足，學校為了管理上的方便，會選擇將有限的資源集中，盡量優先安排全校大一新生同住共學。

上述的各種發展途徑，並不是去此就彼，住宿教育的組織依據也未必限於博雅或通識教育，也可從學生的興趣、嗜好或專業學習切入；不同的策略選項各有其優點與限制，大學可以依據學校定位、師生特質、

地理位置、教育資源等不同辦學條件，漸進發展最適切的住宿教育目標和策略組合。舉例來說，住宿教育在私立小型的博雅文理學院（liberal arts college）和公立中大型的研究型大學兩種極端之間所扮演的角色相當不同，對應而來的目標設定、行政組織、人事結構、活動設計和服務內容，也連帶會有相當程度的差異（Schuh, 2004）。

　　大學在決定策略選項時，應該把住宿教育擺在學校整體人才培育的脈絡下來思考，為什麼先採取某種選項，而不是另外一種？這個策略選項和學校人才培育目標之間又有什麼關係？學校希望不同特質的學生群體可以藉由住宿教育產生何種改變？為了達到那樣的教育效果，學校應該創造什麼樣的學習機會？在客觀條件的限制下（如：經費、人力、空間），學校該如何設定住宿教育的目標以及優先順序？這些問題的答案將指引住宿教育的發展方向和重點。

　　近年來我國有越來越多的大學借鏡國外的經驗，以「住宿學院」的理念和經營模式來發展住宿教育，但我國關於此一議題的相關研究或實務論述並不多見。

　　在對歐美學制和辦學模式了解有限又存有許多浪漫想像的情況之下，使得住宿學院的功能被過度放大，讓人無法客觀檢視其優缺點，更忽略住宿學院之外，其他發展住宿教育的可能選項。

　　以英國的學院制（collegiate system）為例，牛津和劍橋大學早期的住宿學院之所以能夠成功與英國提前分流的中學教育、貴族傳統、治理結構和財務資源規劃等因素息息相關（Duke, 1996: 171-175）；但晚近高等教育在大眾化、市場化和管理主義的影響之下，也有學者開始對這種共學傳統（collegiate tradition）在現代大學運作的可行性與未來發展提出質疑（Tapper & Palfreyman, 2000, 2011）。換言之，如果沒有了解國外實務現場或學者專家對其書院制的相關評論，又缺乏小規模的實驗來蒐集各種與在地脈絡有關的資訊和學生需求，也未建立其他學校成員的參與和對話機制，就容易在借鏡他國經驗的過程中產生越淮為枳的問題。

　　基於此，為拓展我國高等教育研究和實務工作的視野，本文首先介紹國際上有關住宿學院的重要案例，接著說明我國大學發展住宿學院的概況，最後，再提出以住宿學院來發展住宿教育的若干省思。

貳、大學發展住宿學院的國際經驗

　　自牛津和劍橋大學發展出舉世聞名的學院制後，隨著高等教育模式的擴散，已經傳播到美國、加拿大、墨西哥、荷蘭、德國、澳洲、紐西蘭、中國、香港、日本、韓國、新加坡等諸多國家的大學之中（O'Hara，無日期）。比較歐美重要國家對大學部教育的定位及其與中等教育的銜接（徐國興譯，2009：20-29；符碧真、王秀槐，2006），可以發現，在歐陸國家中文理基礎／博雅教育被看作其中等教育的教育目標，因此在大學階段通識教育的重要性明顯被弱化而以主修專長作為學生主要的學習內容。基於此，學院制在歐陸國家的大學中並不多見，大學並未期待透過宿舍發揮教育的功能。在英國，學生進大學後即進入明確的專業領域學習，學校並未開設通識課程，惟在學習過程中相當強調閱讀和寫作能力的養成，至於博雅教育的傳統和理念仍以學院制的形式繼續存在。在美國，由於高等教育大眾化，學生學術能力較歐陸中學畢業生薄弱，為充實學生基礎能力，其大學部相對著重基礎性、學術性的博雅教育，而專業教育或研究性學習則延緩至大學教育後期，多在研究所階段才進行；各種形式的住宿教育，除了促進學生成長和發展，也扮演跨科際交流的平臺，彌補一般教學場館的學科同質性過高的問題，並由同儕和學校輔導系統協助學生擇定專業方向。至於歐美以外的後進國家，其高等教育多半有機結合英國和美國之優點，在各自的學制脈絡中進行改善和調適，故仍可在其大學部教育中看見住宿學院的蹤影。

　　把「住宿學院」放在大學整體人才培育脈絡和歐美各國不同高等教育模式下來思考，有助於吾人找到適切之重要案例。以下將先簡述住宿學院的基本元素，再分述七個重要案例。

一、住宿學院的基本元素

根據 Duke（1996）在《牛津與劍橋的經驗輸出：英式住宿學院與美國大學》（*Importing Oxbridge: English residential colleges and American universities*）一書中的分析，各大學採用英式住宿學院的原因和側重面向不盡相同，例如：Harvard 是為了提供學生不分種族和階級，更為緊密的社交生活，促進不同文化的交流；Princeton 則是為了組織校內學生的反智活動；Pomona 是為了避免成為一所師生關係疏離，過度重視研究，缺乏人性的大學。經過多年的運作，雖然這些源自於英國傳統的住宿學院逐漸在各地長出自己獨特的樣貌、性格和傳統，但仍有一些的基本元素可以觀察。歸納相關文獻（香港中文大學新書院研究小組，2006；Akens & Novak, 2011; Chapman, 2006; Duke, 1996; O'Hara, 2009; Schuh, 2004），大致有以下幾項觀察指標：

1. 規模容量：學生人數以不超過 600 人為原則。
2. 與大學的關係：隸屬於大學或為獨立的法人組織。
3. 治理機制：由大學管理或自行設有決策機制。
4. 招生方式：由大學統一招生或由住宿學院自行招生。
5. 學生結構：院生的性質是相對同質或由相對多元。
6. 人事制度：配置專職教職員或由校內外教師支援。
7. 教學人力：以同儕輔導或由教師個別指導為主。
8. 學習內容：以正式課程為主，或以非正式課程為主。
9. 教學模式：以教學者為中心，或以學習者為中心。
10. 住宿安排：教師或輔導人員是否與所屬院生同住。
11. 膳食服務：是否提供具教育意義的膳食服務。
12. 空間選址：大學所在的位置在市區或近郊以及宿舍所在地點
13. 學習環境：各項空間設施為自設或與其他單位共用。
14. 經費來源：由大學提供經費來源或自有獨立財源。
15. 收費方式：是否因院生身分而需負擔必要的費用。

二、住宿學院的重要案例

　　為求聚焦，以下介紹之住宿學院重要案例，依序分別代表七種住宿學院的重要模式，[1]包括：住宿學院自治的原型（牛津大學）、本科生院（undergraduate college）下的住宿學院（耶魯大學）、四年制住宿學院（普林斯頓大學）、專業與通識相互融通之住宿學院（香港中文大學）、培育菁英之住宿式榮譽學院（北京大學）、跨境聯合辦學之住宿學院（新加坡國立大學）與作為促進大學學習國際化之住宿學院（延世大學）。

（一）住宿學院自治的原型——牛津大學

　　目前牛津大學的學院制共有 38 所住宿學院，每一所住宿學院擁有自主治理的權責，是設在大學內的自治機構。所有教師和學生在牛津大學必須隸屬一間書院。每所書院大約有 450 名大學生和研究生。書院不只提供學生住宿，還負擔招生、教學、輔導、生活教育等工作；而大學的任務是制定課程內容、設計考試制度、頒授學位和提供相關共通的教學設施。牛津大學的導師制度，以書院為基本運作單位學生在所屬書院的導師個別指導下，獨立修讀課程。學生每週至少有一次導生時間，每次約 1-2 人，互動的內容主要討論已經完成的課堂作業。在牛津大學的教學人員由大學和住宿學院共同聘任，其工作條件和工作內容由大學和書院共同議定；書院的經費來源是大學的學費撥款和書院捐贈基金的收入。和牛津大學採取相同治理模式的是劍橋大學。

（二）本科生院下的住宿學院——耶魯大學

　　目前耶魯大學有 12 所住宿學院，每一所住宿學院並無自主治

1　礙於篇幅所限，加上私立小型博雅文理學院之住宿教育理念與一般公立研究型大學並無二致，唯其作法與我國高等教育生態相去甚遠，故本文擬暫不探討其住宿教育和住宿學院型態。

理的權責，由大學負責管轄，各個書院直接隸屬於耶魯學院（Yale college）。每一位學生在耶魯大學均隸屬一間書院。每所書院大約有350-450名大學生，學生在獲得耶魯大學入學許可後，隨機分配至所屬書院；書院不只提供住宿，還負擔招生、正式課程、課外活動、教學輔導。每一位學生都需參與住宿學院所設計的儀式性高桌晚宴（high table dinner），和經常性的膳食計畫（meal plan），而校方會提供學生部分的團膳津貼。每個書院都有自己的院長和輔導長由耶魯大學的教授出任且住在書院，並為學生提供完善的學習支援系統，包含一位寫作輔導員和學科輔導員。書院的經費來源是大學的撥款。和耶魯大學採取類似治理模式的是哈佛大學哈佛學院、[2] 復旦大學復旦學院、浙江大學求是學院、東京大學教養部。此一類型住宿學院的特徵和優勢是能創造前段不分系的學習效果，而缺點教師分別隸屬住宿學院和專業院系的矩陣式組織設計，管理難度大且人員容易產生目標的衝突，難以兼顧教學和學術。

（三）四年制住宿學院——普林斯頓大學

　　目前普林斯頓大學有 6 所住宿學院，學生在錄取為普林斯頓大學的學生後，不隸屬住宿學院、學系或跨領域學程。該校的住宿學院無自主權且校方並未設有文理博雅學院（並未有類似哈佛學院或耶魯學院的專責博雅教育或通識教育的單位），該校書院不自行招生，是具有學習意涵的學生宿舍。目前六所住宿學院中，每所約 500 人，其中有三所為四年制的住宿學院，這三所書院每所招收 400 位新生和二年級學生，以及100 位三年級和四年級學生；另外三所則仍維持招收大一新生和二年級學生。各個書院不只提供住宿，還提供課業輔導、專題討論與各類社交與藝文活動。每一位學生都需參與住宿學院所設計的膳食計畫，而校方

2　雖然哈佛大學和耶魯大學都設有本科生院，但與耶魯大學不同的是，哈佛大學為大一新生單設宿舍與二至四年級分開住宿（張家勇，2011）。

並未提供學生膳食津貼且學生需自負部分書院活動費用。普林斯頓大學的書院人事相當精簡，每間書院有一位院長，由學校的資深教師出任，並設有輔導長一名，負責學術事務；學務主任一名，負責學生的課業輔導和生活管理；行政主任一名，負責相關院務工作的推動。與普林斯頓大學類似的有英國杜倫大學（University of Durham）和澳洲國立大學（The Australian National University）。此一類型住宿學院的特徵和優勢是能漸進發展不同住宿年限的住宿學院，也能創造學生的多元交流，特別是大學生和研究生互動的機會，但缺點是住宿學院不容易累積和建立其學風傳統，並讓住宿學院之間出現同質性的傾向。

（四）專業和通識相互融通之住宿學院——香港中文大學

目前香港中文大學有九所住宿學院，每一位師生在香港中文大學均隸屬一間書院。新亞書院、聯合書院、崇基書院和逸夫書院等四所舊書院每所大約有 2,500 名學生；而配合其學制變革所新設的五所書院學生人數為分別：晨興書院 500 人、善衡書院 600 人、敬文書院 300 人、伍宜孫書院 1,200 人、和聲書院 600 人。早期在舊制四所書院和大學的關係類似牛津大學和劍橋大學，但現在香港中文大學的住宿學院在法制上均隸屬校方管轄。各個書院不只提供住宿，還依據自身辦學理念開設書院通識課程並透過制度規範使其成為所屬院生的必修課程；除了課程之外，還規劃一系列的主題性的課外活動。校方為學生提供公共餐廳，但未替學生安排膳食計畫。各個住宿學院均自設校董會，以新亞書院為例，其人事編制包含：院長、副院長、輔導長、副輔導長、通識教育主任、副通識教育主任、院務主任、學生事務助理主任、助理主任、拓展經理、宿舍主任等相當龐大。此一類型住宿學院的特徵和優勢是能滿足學校擴張和資源募集需求，但缺點容易讓高等教育產生市場化，喪失一定程度的學術自主，並讓新舊書院產生資源分配公平性的問題。和香港中文大學書院系統相似的是美國加州聖地牙哥大學（UC SanDiego）的六大書院系統，六個書院均強調基礎學術訓練，設有正式學分，和專業

學科有相當程度的互補作用，但在學科主題方面各有側重。

（五）培育菁英之住宿式榮譽學院——北京大學

北京大學設有一所住宿學院（元培學院），不分專業領域對外招生，每一屆約 200 人。學生在錄取成為元培學院之院生後，即在導師的指導和教學辦公室的協助下，自由選擇課程和專業領域，惟全院共同必修「學術規範與論文寫作」；元培學院本身不具備專任師資，其學術導師為校方由各院系聘請資深教授約 50 位，並輔以高年級學生作為學習輔導員以開展各項輔導工作，協助學生適應大學生活，選擇專業，執行研究計畫；此外，在彈性學期制和混合住宿的配套之下，為學生創造自主學習和創造性學習的制度性保障。和北京大學採取類似治理模式的是密西根大學榮譽學院、浙江大學筑可禎學院。此一類型住宿學院的特徵和優勢是對學習動機較強、特殊天賦的學生給予差異化的照顧，但缺點是容易產生菁英教育的標籤化和資源分配的階層化。

（六）跨境聯合辦學之住宿學院——新加坡國立大學

新加坡國立大學和耶魯大學合辦 Yale-NUS College，該學院是新加坡國立大學下的一個獨立學院，享有該校的設施和資源；但其定位特殊，為該國的教育創新特區，故其享有自主性，且課程教學不同於新加坡國立大學，強調跨學科、國際實習、多元師資和生源，可以直接向全球招收優秀學生 1,000 名。學生入學後，進入轄下的 3 個住宿學院，每一個書院約招收 330 名學生，學生學習的模式與內容與耶魯學院的學生相同：都是在博雅教育的理念引導下，大一、大二修讀通識課程並參與相關課外活動，大三可以選擇專長主修，並在校方的安排下開始各項國際實習。此種以當地大學為主體與國外一流合作辦學的模式，為高等教育的創新發展帶來許多想像空間。此一類型住宿學院的特徵是讓大學和國家經濟戰略結合，比照經濟特區打造「教育特區」，藉此提高辦學彈性和競爭力，進而帶動國家經濟發展；但相對的，這種辦學模式需要面對以下四種挑戰：生源市場的不確定性、師資人力的流動率過高、不

容易兼顧兩校的利益以及學院的學術管理制度和學校既有體制的不相容（侯定凱，2012）。

（七）促進大學學習國際化之住宿學院——韓國延世大學

目前延世大學在仁川松島國際校區，設有一住宿學院，安排 2000 位大一新生與外籍生同住共學一學期，並預計在 2014 年完成為期一年之住宿學院規劃將全校 4,000 位大一新生全部納入住宿學院之中。在延世大學的住宿學院中，強調全球教育、全人教育與延世精神和創意教育等三個面向的人才培育工作，並希望在完整的輔導體系中，協助學生發展 5C 的能力，分別是溝通、創意、收斂、文化多樣性和教會領導 . 。此一類型住宿學院的特徵和優勢是將住宿學院視為招生國內外優秀學生的重要策略，並讓大學和城市發展結合，成為和世界連結的橋梁，但缺點是雙方學生的文化衝擊需要一定時間磨合、適應，而且學習的內容、形式和過程不容易設計，也需要一定程度的時間發展。和延世大學採取類似策略的有，淡江大學的蘭陽學園、東海大學的國際學院和早稻田大學國際教養學部。

綜上所述，從上述住宿學院的案例探討中可以發現，住宿學院的理念和作法傳播到各地之後，各校多依其立校精神、辦學傳統和教育資源，演繹出不同的樣貌。有的希望陶冶學生的品格氣質，有的強調學生的學術基礎，有的希望培養學生成為世界公民。無論各校的企圖為何，但從各校實際的實踐經驗來看，可以確定的是各校多將住宿學院視為整體校務發展和人才培育的重要策略之一。

參、國內大學住宿學院的發展現況

在臺灣高等教育發展的歷史脈絡中，住宿教育一直未受重視。過往在配合國家社會發展和經濟建設的情況下，大學之辦學目標以培養實用導向的法政、工商和科技人才為主，多半將有限的資源集中投入在學生

專業能力的養成，而非通識素養的培育。而大學學生宿舍方面，長久以來更是被定位為提供離家學生住宿服務，多著重於管理生活瑣事，在教育和輔導的功能方面則是相當薄弱（張雪梅，2003）。即便早自 1955 年起，就有少數大學（例如：東海大學、臺灣大學、清華大學）陸續倡議「通才教育」，並在政府政策的引導下，展開通識教育的改革，但各校仍多著重於組織體制和正式課程的革新（陳舜芬，2001），大學普遍缺乏足夠的人力編制和教育經費，讓學生宿舍能發揮其應有的教育功能。

　　1994 年以後，隨著大學法的修正、高等教育數量的擴張和學生人數的急遽增加，大學開始面臨招生市場的競爭，我國大學的宿舍因此也面臨與歐美大學相同的問題，紛紛以更低廉的收費並提供更高品質的服務來吸引學生入學（黃玉，2005；Blimling, 2003），因此宿舍的「服務」開始受到較多的重視。不過多數大學受限於觀念、人力和資源等因素，加上制度的慣性使然，還是將宿舍經營的重點聚焦在住宿問題的解決，諸如：床位數量不足、住宿品質低落、硬體設備老舊等，至於在寢室編排方式方面，仍是沿用過去以方便管理為目的，將同系學生安排在同一寢室，整體而言，普遍缺乏足夠的公共空間（陳舜芬、葉紹國，2006）。直到 2000 年以後，高等教育政策更加重視教育品質的提昇，大學教育工作者才慢慢開始將宿舍視為「學習」的場所。

　　其後，在一連串大學教育革新風潮的影響之下，淡江大學在 2005 年以英式住宿學院的理念推動蘭陽校園計畫（侯永琪，2004），但礙於主客觀條件尚未成熟，其規劃中的各種構想並未得以真正實踐。2008 年，東海大學、清華大學和政治大學三所大學則開風氣之先，以歐美住宿學院的教育理念和形式在各自的脈絡中，展開結合學習與住宿的大學教育實驗。雖然這三所學校不約而同在同一時間啟動住宿學院的實驗計畫，但細究三校的發展歷程，則不難發現，住宿學院的理念與元素，長久以來一直潛藏在東海大學和清華大學之校舍規劃中。

　　其中，尤以東海大學最具特色，可以說是全臺灣歷史最悠久，最具住宿學院精神的代表。在該校創校以前，通識教育在臺灣是前所未有

的創舉（沈君山、黃俊傑，1995；陳舜芬，2000）。從高等教育的源流來看，教會大學和世俗大學最大的差別在於，教會大學不僅是傳授學科知識和高深學問的地方，也透過校園環境和特殊的教育形式在生活中來塑造學生的品格、培養其靈性，給學生注入基督教的精神，而教會大學這種對待學生生活的態度和中國古代的書院傳統頗為相似（王一軍，2011）。只可惜在高等教育擴張、教育經費緊縮和學生結構轉型的影響下，東海大學原初的辦學特色逐漸淡化、師生關係和學生學習表現不復當年；所幸在高等教育政策和大學自我反思的雙重引導之下，東海大學在 2008 成立「博雅書院」，透過一系列的教學創新，試圖在新時代中找回當年的創校精神和核心價值，不只重視學生在知識上的學習，更希望強化學生在生活上的實踐與社會的服務（程海東，2008；林曉青、王偉華、王崇名，2008；王偉華，2009）。

至於清華大學雖是以科技興國為抱負，為國培養理工、科技實務人才，但未忘卻大學的人文精神。在臺復校前，該校即相當重視通才教育、學生人格的養成和文理會通的能力（徐葆耕，2002），其對校園環境營造的理念是「學校，猶水也，師生，猶遊魚也，其行動，猶游泳也。大魚先導，小魚尾隨，從遊既久，其濡染觀摩之效，不求而至，不為而成」（梅貽琦，2012：6）。在臺復校以後，清華大學對臺灣通識教育的發展也一直發揮引領的作用（沈君山，1994；沈宗瑞，2013），但可惜的是，在人力編制和經費有限的影響下，該校一直無讓學生宿舍發揮應有的教育功能，只能勉強維持床位數量和逐年整修宿舍，提昇住宿品質（陳舜芬、葉紹國，2006）。直到 2008 年在教育部「發展國際一流大學暨頂尖研究中心」計畫的支持下，成立「清華學院」，嘗試將學習的元素帶入宿舍之中，提供學生有別以往的宿舍生活和學習環境，培養學生自主學習和社會關懷的能力。

至於政治大學雖然不像東海大學或清華大學有其深厚的通才教育傳統；但該校之畢業學分結構相當特殊，明確規範「各學系必修學分以占各該系畢業總學分數的二分之一為上限」（政治大學教務處通識教育中

心，2008）；這個制度性的保障為日後該校推動通識教育革新和建置住宿學院創造相當大的空間。其後該校在教育部「發展國際一流大學暨頂尖研究中心」計畫的支持下，成立「政大書院」，嘗試以「宿學合一」的理念，培養學生成為思想的全人和生活的全人（吳思華，2008）。在上述三所學校的影響之下，目前臺灣計有 23 所大學校院 [3] 以「書院」為名，推動形式和內涵不一的住宿學院。為探討一般大學實施住宿教育的可行模式，以下僅簡述同為研究型公立大學之清華大學和政治大學推動住宿學院之經驗；而東海大學博雅書院因其教會大學的傳統，又為私立大學，其定位、理念、治理模式等影響書院運作之結構性因素又與公立大學相去甚遠，故本文暫不探討其住宿教育和住宿學院型態；

一、清華大學

　　清華大學於 2008 年設立清華學院，其理念是「先成為人，再成為公民，然後士農工商」。依此理念清華學院嘗試在學生的宿舍生活中經營一種學習環境，藉以促發學生的自我探索與社會關懷，協助學生發展屬於自己的人生方向，並且走向社會理想的實踐道路（清華大學清華學院，2012）。目前清華學院下設三個書院，每一所住宿學院均隸屬清華學院管轄。其中「厚德書院」的發展重心為社會關懷、「載物書院」則聚焦在跨領域學習。兩者的招生對象均為大一新生、招生規模約 120 至

3　1.政治大學（政大書院）、2.東海大學（博雅書院）、3.清華大學（清華學院）、4.中正大學（紫荊書院）、5.高雄醫學大學（高醫書院）、6.逢甲大學（種籽學習學苑）、7.淡江大學（蘭陽校園）、8.華梵大學（華梵書院）、9.中華大學（中華書院）、10.亞洲大學（三品書院）、11.大葉大學（四肯書院）、12.暨南國際大學（水沙連書院）、13.中國文化大學（曉風學苑）、14.明志科技大學（明志書院）、15.臺東大學（鏡心書院）、16.南臺科技大學（三自書院）、17.新竹教育大學（實山書院）、18.中國醫藥大學（北港書院）、19.臺北醫學大學（拇山書院）、20.勤益科技大學（明秀書院）、21.長庚科技大學（庚心書院）、22.嶺東科技大學（黎明書院）、23.法鼓大學（禪悅書苑）。

150 人，師資人力相近，也透過特色課程、學習家族、第三學期和興趣小組等方式讓學生在生活中學習。至於新設的第三個書院——「全球書院」，其規模約 13 人以拓展學生國際視野為發展重點，是校方為推展學習國際化所設立之住宿學院，其組織架構如圖 1 所示。

　　目前清華學院之院長由該校副校長兼任，其主要經費來源是頂尖大學計畫經費。和清華學院採取類似運作模式的在臺灣尚無類似之案例；在國外則有美國普林斯頓大學、美國加州聖地牙哥大學和澳洲國立大學。清華大學住宿學院的特色是，校方在行政支援和教育資源上能給予充分支持，維持其正常運作，其專任人力也是全國之冠，院生能獲得相對充分的照顧，其學習主題特色也逐漸鮮明。缺點是實驗過程中缺乏明確、清晰的定位、書院的人才培育目標與清華學院的辦學目標的關聯性有待加強、書院人力流動率過高以及既有專業院系參與程度不足，容易讓清華學院自外於學校人才培育系統之中，和既有教學與行政單位脫節。

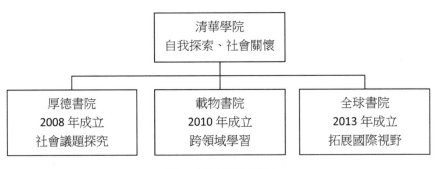

圖 1　清華學院架構

資料來源：修改自清華大學清華學院（2012：4）。

二、政治大學

　　政治大學於 2008 年設立政大書院，其理念是培養學生成為「思想的全人和生活上的全人」，並體現「政大人的核心價值」。依此理念政治大學在政大書院之下設有「新生書院」和「博雅書院」、「X 書院」與

「國際發展書院」等三個主題書院（政治大學，2011）。四個成員書院的招生對象、規模、學習主題、師資人力和住宿年限均不盡相同，新生書院每年招收大一新生 200 人，由書院安排學生參與各項新生定向輔導活動；博雅書院每年招收大一新生 60 人，由書院安排學生選修寬口徑、厚基礎之博雅文理課程；X 書院每年招收二、三年級學生 60 人，由書院安排學生參與各項與創新與創造力有關的活動，培養學生面對未知的能力；國際發展書院每年招收二、三年級學生 120 人，由書院安排學生參與各項能拓展國際視野之住宿學活動。有關政大書院之組織架構如圖 2 所示。

　　目前政大書院計畫直屬主管為副校長、下設執行長與各書院總導師，書院經費的主要來源是頂尖大學計畫經費補助。和政大書院採取類似運作模式的在國內有高雄醫學大學高醫書院；在國外有美國加州聖地牙哥大學和澳洲國立大學。政治大學政大書院的特色是，校方在理念和行政支援上大力支持多元主題的設置，能讓不同類型、天賦和興趣的學生能得到充分的發揮；缺點是各書院缺乏相對獨立、穩定的空間、資源、人事，在資源有限的情況下，書院的多元性不容易被肯定，容易被標準化、特定的績效指標消除其特色，也不易永續經營。

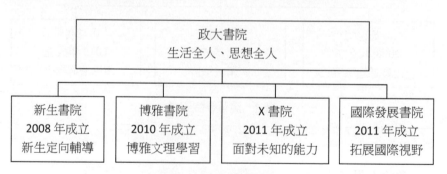

圖 2　政大書院架構

資料來源：修改自政治大學政大書院（2011：5）。

肆、住宿學院如何在臺灣落地生根？

根據前述國內外住宿書院的比較，並衡酌不同住宿學院的實踐經驗，本文有以下的省思與建議：

一、克服經驗移植的困境與迷思

根據 Duke（1996）的分析，Harvard、Chicago、Princeton、Yale、Claremont 和 Santa Cruz 等美國大學未能成功將英式住宿學院的理念加以轉化，落實於美國本土的原因有以下七個共通點：1. 對大學教育充滿熱情，但對所要借用的英式學院制的實質內容、精神和作法並不了解；2. 對牛津、劍橋大學充滿許多不切實際的認知與想像，使得學院制的缺點被明顯忽略；3. 嘗試引入住宿學院的理念，但忽略英國和美國高等教育環境和社會文化的差異，也未能創造讓理念可以發芽的實驗環境；4. 住宿學院的功能被過度放大，被主事者當作學校規模日益擴張的另類補償機制，期望藉由住宿學院來彌補重研究、輕教學以及師生關係疏離的缺憾和指責；5. 學生數量的持續增長，但宿舍空間、導師人力和其他辦學條件無法跟上，住宿學院的精神被嚴重稀釋；6. 在住宿學院影響學生之前，學生來源的結構和特質會明顯改變和定義草創初期住宿學院的樣貌和個性；7. 最後，英式學院制的落實需仰賴大量的資深教師和輔導人力；但美國在移植英國經驗時，多仍由研究生和年輕教員來執行第一線的輔導工作。影響所及，除了學習輔導工作無法深化，住宿學院的教師與其專業學門的同僚也將日漸疏離，最終住宿學院的教員容易被排除在所屬之學門領域之外，對教師生涯和士氣有相當程度之影響。

臺灣在發展住宿學院的經驗方面，或與美國有較為相似之處，未來各大學校院如有意以住宿學院的方式來發展住宿教育，為了降低教育實驗的風險和成本，或許可以擴大參照資訊的來源，不宜只以特定之案例或專家論述作為參照依據。大學應由幕僚人員釐清本科生院

（undergraduate college）、博雅文理學院（liberal arts college）、榮譽學院（honor college）和住宿學院（residential college）等概念，並深入分析不同案例的特色以及該案例實際執行上所面臨的問題和挑戰，而應不停留在表面活動形式的移植。如此一來，才能全面評估他國經驗對自身機構脈絡的適用性，避免意識形態的爭論，並針對可能產生的潛在衝突和非預期的隱性功能預做準備，讓住宿學院能順利融入既有的脈絡之中。

二、面對住宿學院背後的價值選擇

從本文探討的七個國際案例中可以發現，不同類型的住宿學院雖然發展重點不同，但一樣都有相對清晰的定位；各校在均等（equality）、卓越（excellence）、選擇（choice）或效率（efficiency）（Stout, Tallerico & Scribner, 1994）做出抉擇，讓住宿學院在學校整體的住宿系統中能準確的定位。例如，1. 學校讓大一新生全體住宿（耶魯大學）、或 2. 成立住宿式的榮譽學院培養拔尖人才（北京大學）、或 3. 讓學校的宿舍相對多元，學生可以依其需求選擇住或不住以及要接受什麼樣的住宿教育（普林斯頓大學）；4. 將外籍生視為辦學資源，透過宿舍空間和學習內容的重新組織，降低學校學習國際化的成本（延世大學）。這些價值分開來看，都值得追求，不過在資源有限、時間緊迫、資訊不足和內外環境不穩定的情況下，主事者不容易在各種衝突的價值中做出取捨和策略上的組合。特別是我國當前各校所推動的住宿學院均尚未體制化且經費來源仍未穩定，更加深了決策上的難度。只是當學校不願意（為了平衡不同利益團體）或無力（權力基礎不穩）面對艱難的抉擇，就不容易釐清住宿學院的目的、意義和定位，也容易產生矛盾，缺乏操作性、層次性和階段性的目標。

由於住宿學院的價值選擇，不僅涉及大學整體人才培育方向的確立，也牽動住宿學院組織內外關係的重整。未來各校如有意發展住宿學

院，宜回到學校對大學部教育的定位、大學和中學教育的關係，大學與研究所教育的銜接等基本問題的思考，比較能跳脫單位本位主義的立場和框架，以學校整體校務經營和人才培育的高度來替住宿學院定位、定性和定向。只有反覆誠實地從「誰獲益」的角度來檢視各種本質性問題，並審慎追問住宿學院的推動是否有關照到學生學習需求，並平衡不同利害關係人的利益。如此一來才有可能建立共同願景，以清晰的願景和階段性的目標，指引住宿學院的發展。

三、完善住宿學院所需要的條件

　　從上述各項討論，可以發現，要落實住宿學院的理念需要齊備各種條件，從可見的空間、組織、課程、活動、儀式、人力、經費、評量指標、品質管理和追蹤機制，到不可見的教育理念的認同、教師角色和師生關係的調整、內部治理與考核邏輯的轉變、組織文化的再造、跨單位權責範圍和業務流程的重整、參與成員的士氣激勵、組織變革的領導，缺一不可。就像植物生長一樣，沒有適合的氣候、陽光、空氣、水質和土壤，即使種子再好，也難以開花結果，蔚藍成林。

　　如果大學為了推動住宿學院而創造了某些條件、或改變了其內在運作規則，甚至挑戰其背後的諸多假設，那麼改變的發生也許不只是如同表面上所看到的「課程內容、活動方案、教學形式和學習環境」的改變而已；它所改變的也許是我們對大學、大學生和大學老師的重新定義（re-define），以及一連串相應而來機構運作規則的重新調整（re-configure）。對大學來說，住宿學院可能就不再只是一個師生共學的場所，更可能變成像 Christensen 和 Eyring（2011）所分析的，它是大學創新的基因，能改變大學的體質，讓大學能由內變革，帶來教育典範的轉移。

　　當然，住宿學院作為大學發展過程中的一項創新作為，難免會碰到許多來自體制和慣例的阻礙而且各項實施條件也很難一步到位；因而

如何創造變革的動能、資源和條件，並提昇既有資源的轉化效率，便是大學需要回應的挑戰。如果領導人可以帶領計畫團隊意識到發展住宿學院的各種外在和內在限制、設定推動的節奏和優先順序，引導每一位成員改變思考方向，就有可能讓成員對住宿學院產生變革的擁有感（ownership）和團隊意識，進而匯聚成可觀的內在動力，在阻力中找到創新的縫隙。

伍、結語

　　隨著高等教育知識性質的轉變和教育目標的調整，大學需要調整既有的學習內容、形式、過程以及背後的根本假設，組織「正式課程」以外的學習機會，透過更多「非正式課程」與「潛在課程」來拓展學生的視野與經驗範疇，才有可能預備學生面對挑戰，迎向未來；而住宿學院即是大學發展非正式課程和潛在課程的一種重要策略。從國際的脈絡來檢視住宿學院的發展，我們可以發現，住宿學院是眾多實施住宿教育的取徑之一，而住宿學院也有各種不同的實施模式；大學可以依據自身的理念、傳統和辦學條件，選擇最適切的策略組合和推動方式。參照住宿學院在國內外的實踐經驗，未來大學在推動住宿學院時，必須要克服經驗移植的迷思，勇敢面對住宿學院背後的價值選擇難題，並審慎周延地發展住宿學院所需要的條件。如此，大學將能營造不一樣的學習場域，為學生創造新的學習機會，進而促成大學教育典範的轉移及教育品質的提升。從國際的經驗來看，雖然臺灣推動住宿學院的經驗尚淺，但如果有更多大學教育工作者，願意投身其中，一同開路、探路，協力發展不同形式、卻脈絡適切的住宿教育，相信假以時日，必能以更大的格局，培養大學生成為創造未來的人才。

參考文獻

王一軍（2011）。**從「高深學問」到「個人知識」——當代大學課程的秩序轉型**。南京大學高等教育研究所博士論文（未出版）。

王偉華（2009）。東海大學博雅書院的規劃與發展。**博雅書院生活元年執行手冊**。臺中：東海大學，頁 11-13。

吳思華（2008）。**通識教育與學制的變革：政大書院計畫的初步探討**。論文發表於東海大學主辦之第二屆全國通識教育發展會議。

宋明娟、甄曉蘭（2011）。重建大學課程的意義與策略初探：來自建構大學系所學生專業能力的經驗反思。**當代教育研究**，**19**(1)，頁 55-100。

沈君山 (1994)。國立清華大學通識教育的展望。**通識教育季刊**，**1**(1)，頁 75-89。

沈君山、黃俊傑（1995）。邁向二十一世紀的大學通識教育。**通識教育季刊**，**2**(1)，頁 1-5。

沈宗瑞（2013）。大學之道與通識教育的範型變遷。載於清華大學教務處策劃整理，**梅貽琦校長逝世五十週年紀念會論文集**。新竹：國立清華大學出版社，頁 73-102。

林思伶（2010，12 月）。**追求通識教育革新的綜效——大專院校學務工作的新方向**。論文發表於崑山科技大學主辦之「教育部第三屆全國通識教育發展會議」。

林曉青、王偉華、王崇名（2009）。東海「博雅書院」突破高等教育的框架。**通識在線**，**20**，頁 48-54。

金耀基（2000）。**大學之理念**。香港：牛津大學出版社。

侯永琪（2004）。以美國大學之經驗探討英式全人教育在淡江大學「蘭陽校園」之實施。**通識教育**，**11**(3)，頁 19-38。

侯定凱。（2012）。全球化高等教育市場發展的新趨勢——跨境分校的發展及其挑戰。**復旦教育論壇**，**10**(2)，頁 61-65。

政治大學政大書院（2011）。**政大書院 Q&A**。

政治大學教務處通識教育中心（2008）。**大學通識教育評鑑現況說明書**。國立政治大學。

查修傑譯（2006）。**未來在等待的人才**。Daniel, H 著。臺北：大塊文化。

香港中文**大學新書院研究小組（2006）。六所美國和英國大學／學院的書**

院 教 育 考 察 報 告。2014 年 2 月 14 日，取 自：http://www.cuhk.edu.
　　hk/newcolleges/fullreportc.pdf。

徐葆耕（2002）。**紫色清華**。臺北：立緒出版社。

徐興國等（譯）（2009）。**大學教育力**。金子元久著。上海：華東師範大學
　　出版社。

張奕（2005）。**知識形態與大學建築——教育學視域下的中國大學建築形態
　　演變之考察**。華中科技大學高等教育研究所博士論文（未出版）。

張家勇（2011）。**哈佛大學本科生課程改革研究**。廣州：廣東教育。

張雪梅（2003）。學生住宿生活與高等教育——歐美大學應我國大學宿舍輔
　　導管理之比較。**教育研究月刊，116**，頁 146-158。

教育部（2012）。**第七次中華民國教育年鑑（第參冊）**。臺北。

梅貽琦（2012）。**中國的大學**。北京：北京理工大學出版社。

清華大學清華學院（2012）。**清華學院成效報告 2008-2012**。

符碧真、王秀槐（2006）。美、英、德高等教育之比較研究及對我國高等教
　　育之啟示。**通識教育季刊，12(2)**，頁 1-12。

陳伯璋（2004）。大學學術社群與教育改革——知識與權力的論述。載於張
　　建成（主編），**文化、人格與教育**。臺北：心理，頁 279-301。

陳舜芬（2000）。東海大學早期實施的通才教育及其啟示。**通識教育季刊，
　　7**（2、3），頁 5-15。

陳舜芬（2001）。臺灣地區大學通識教育的檢討與展望。**教育研究集刊，
　　47**，頁 283-299。

陳舜芬、葉紹國（2006）。**臺灣地區大學住宿生活之研究**。臺北：行政院國
　　家科學委員會專題研究計畫成果報告（編號：NSC93-2413-H-007-001-
　　SSS），未出版。

程海東（2009）。東海大學的博雅教育與「博雅書院」。**通識在線，20**，頁
　　17-19。

黃玉（2005）。大學學生事務的理論與應用。載於陳伯璋、蓋浙生（主
　　編），**新世紀高等教育政策與行政**，臺北：高等教育，頁 395-470。

黃政傑（2007）。我國大學課程教學的改革方向與未來。課程與教學，
　　10(4)，頁 1-14。

黃政傑（2009）。面對通識課程中的權力關係。**通識在線，24**，頁 7-9。

甄曉蘭（2008）：未來學校課程——挑戰與回應。**教育研究月刊，165**，頁

53-62。

Akens, C. & Novak, J. (2011). Residential halls. In Zang, N. & Associate (Eds.), *Rentz's Student Affairs Practice in Higher Education* (4th ed.) (pp. 315-357). Springfield, IL: Charles C. Thomas.

Association of American Colleges and Universities (2002). *Great Expectations: A New Vision for Learning as a Nation Goes to College* (National Panel Report). Washington, D.C.: Association of American Colleges and Universities.

Barr, R. B., & Tagg, J. (1995). From teaching to learning: A new paradigm for undergraduate education. *Change, 27*(6), 13-25.

Blimling, G. S. (2003). *The Resident Assistant: Applications and Strategies for Working with College Students in Residence Halls* (6th ed). Dubuque, IA: Kendall/Hunt Publishing.

Chapman, M. P. (2006). *American Places: In Search of the Twenty-First Century Campus*. CT: American Council on Education/Praeger series on higher education.

Christensen, C. M., & Eyring, H. J. (2011). *The Innovative University: Changing the DNA of Higher Education from the Inside Out*. San Francisco: Jossey-Bass.

Dirksen, J. (2011). *Design for How People Learn*. Berkeley, CA: New Riders.

Duke, A. (1996). *Importing Oxbridge: English Residential Colleges and American Universities*. New Haven: Yale University Press.

Greenfield, G. M.,Keup, J. R., & Gardner, J. N. (2013). *Developing and Sustaining Successful First-Year Programs: A Guide for Practitioners*. San Francisco, CA: Jossey-Bass.

Inkelas, K. K., & Soldner, M. (2011). Undergraduate living-learning programs and student outcomes. In J. Smart, & M. Paulsen (Eds.), *Handbook of Theory and Research* (Vol. 26, pp. 1-56). New York: Springer.

Ladwig, J. G. (2010). Beyond academic outcomes. *Review of Research in Education, 34*, 113-141.

Land, S., Hannafin, M., & Oliver, K. (2012). Student-centered learning environments. In D. Jonassen & S. Land (Eds.), *Theoretical Foundations of Learning Environments* (2nd ed.) (pp. 3-25). New York, NY: Routledge.

O'Hara, R. (無日期). *The Collegiate Way: Residential Colleges & the Renewal of University Life.* Retrieved from http://collegiateway.org/

Riker, H. C., &; DeCoster, D. A. (1971), The educational role in college student housing. *The Journal of College and University Student Housing,* 1(1): 3-7.

Ryan, M. (2001). *A Collegiate Way of Living: Residential Colleges and a Yale Education.* New Haven: Jonathan Edwards College.

Schuh, J. H. (2004). Residence halls. In MacKinnon, F.J.D.(Eds), *Rentz's Student Affairs Practice in Higher Education* (3rd ed.) (pp. 268-297). Springfield, IL: Charles C. Thomas.

Snyder, K. J., Acker-Hocevar, M. & Snyder, K. M. (2008). *Living on the Edge of Chaos: Leading Schools into the Global Age.* (2nd ed.). Milwaukee, WI: American Society for Quality (ASQ).

Stout, R. T., Tallerico, M., and Scribner, K. P. (1994). Values: The 'what' of the politics of education. In J. D. Scribner and D. H. Layton (Eds.), *The Study of Educational Politics* (pp. 5-20). New York: Falmer Press.

Tapper, T. and Palfreyman, D. (2011). *Oxford, the Collegiate University.* Dordrecht: Springer.

Tapper, T., & Palfreyman, D. (2000). *Oxford and the Decline of the Collegiate Tradition.* London: Woburn Press.

觀察報告

延續政大人的風骨與氣節，由共同生活中學習——回顧政治大學近年的教學創新進程

游麗嘉

瑞士社會經濟發展中心（日內瓦）總裁[1]

「每個人都想改變世界，卻沒有人想到改變自己。」

托爾斯泰，俄國小說家他，1828-1910

「教育是在點燃心中的火花，而非填滿器皿。」

蘇格拉底

「每個傻瓜都能知道，重點是理解。」

愛因斯坦

「夫仁者，己欲立而立人，己欲達而達人。能近取譬，可謂仁之方也已。」

論語・雍也第六

壹、前言

　　全人教育即是「成人」的教育。在 21 世紀新自由主義倡行，流動力迅捷的世代，個人身分認同的淡化、多元，乃至於破碎的現象至為普遍。習慣性對公眾事物及公共議題的不關心，乃至未建立起集體討論、辨證及行動以改革社會的能力。這是目前臺灣公民社會的危機。即或參與公共事務，其方式也難免是透過單一議題而未能做全盤系統性的檢視。更可慮的是國際的長期孤立，已形成了深層的井底情結，易忽視國

1　　Centre for Socio-Eco-Nomic Development (CSEND), www.csend.org.

際現勢及普世議題。本篇報告便是由這個視角來認識政大的全人教育。

2013 年 12 月 20 日，應政治大學吳思華校長邀請參與檢視政大全人通識教育與博雅教育之實施成果。本篇報告是根據這個經驗及其後的討論寫作而成。作為檢討團隊之一員，我的任務是檢視全人通識教育與政大博雅教育之實施及成果，亦即這兩項教育改革如何協助大一新生在校園內獲得更完善的全人教育。

本文乃根據於我個人在檢討過程中的有限觀察作較深的分享，並將此兩項改革置於社會發展與 21 世紀高等教育的社會關聯性等層面來討論、以及個別學生如何在此創新的學習過程中，獲得樂趣與精益自我潛能之發展。

貳、簡介

高等教育的普及化與商業化，已成為 20 世紀後半葉全球化與知識經濟崛起浪潮中不容忽視的一部分；此潮流已導致高等教育根本上的重塑。1998 年，聯合國教科文組織稱此為「學術革命」（亦即一連串全球性、大規模的高等教育質變）。全球化及接踵而來的教育市場自由化所帶來各式各樣高等教育的「商業模式」，以及更多學校間吸引優異學生的競爭；學術卓越和學校名聲的商業性內涵也促生了五花八門的高等教育排行機制（如：上海交通大學的世界大學排名），為高等教育潛在的「消費者」與「客戶」、也為政策制定者，提供了高教資金分派的系統化導引。

這樣的浪潮所造成的一個意料之外的結果就是，學術標準的全面降低，以及伴隨而來，大學畢業生社會經濟性流動能力的低落。於此同時，高等教育的核心任務──培養全人使其能在現今由高科技為主幹的民主社會中博學並樂於參與貢獻的公民，以及在知識密集工作場域中具高產能及創新力的生產者──兩者都尚未達成。

因此，本文將回顧並探討政大博雅書院與相關「由大學生活中學

習」的教學法的重要性，及其如何為了促成學生橫向的勝任能力之養成及人格塑造所做出的努力。在制度管理的層面上，此回顧也強調將此創新的、協助學生全人發展的模型制度化及擴展至全校所有學習之必要性，並且思索如何促使其持續發展。

一、整體評估

政大博雅教育和全人教育所使用的教學方法，是為了促進更好的「成人」學習成果，提供了重要的實驗──特別是攸關領導能力、公民社會參與、全面性的知識習得等方面。我在與這兩種教育計畫之學生代表的互動過程中，也相當程度證明了這些教學革新已在某種程度上有效達成上述高等教育的核心目標。

更值得注意的是，相關教職人員的熱忱與貢獻也大幅影響了兩個教程的效能和結果──他們以對自身專業的優異掌握和大量個人心力的投入，將專業知識傳遞給非專業的廣大學生族群──這些都是不容小覷的努力！因此希望借由這些典範，能激勵更多教職員在未來同樣地以這種方式來與學生互動，培養其成人。

二、使其成效產生槓桿效應與維持品質的建議與分析

通識教育適用於所有大一新生，但博雅教育為一自願性的學習管道，且目前政大只能提供有限的教育名額；然而後者的教育價值應被更廣泛地宣傳和效法。要達成此目標，需要更進一步的教學創新、與鞏固這些教育產品，進而使其標準化。

因此，以下的觀察著重於制度上的連貫性、相合性和永續性；這些性質再次強調對於通識教育與博雅教育提供更系統化之品質管理的重要性。

參、建議的行動

建議一

設置且妥善維護一個包含了相關政策、分工與流程、執行程序和指導手冊、報告範式和紀錄表的品質保證與管理系統。

（一）理由闡述

「全人通識教育」和「書院通識」（「博雅教育」）共享一個教學準則——除了認知和技能上的訓練外，其冀望提供更以個人為導向的學習經驗和全人養成。因此學習成效及成果都可視不同情況而有所變化，如學生與導師個人特質、組織對於教學方法的支持、師生間的契合度、執行層面的完整性等等。

政大博雅教育從 2008 年開始實施，過去五年（2008-2013）的成果可視為未來高等教育改革的重要導引；這個新的教育模式將更偏向培養學生的全人及公民發展，而不是舊有狹隘的專業養成及就業能力，這將更符合 21 世紀更成熟的民主社會發展。然而，此教育模式，因為其中必涵括的密集師生互動，更適用於小規模的養成或特定學習族群（而非大規模的）。因為其相對較高的教育成本投資（如導師與學生的高度學習投入），一個嚴謹的學習品質系統將是促使此較高之投資回報的關鍵。

目前，政大擁有極佳的師生比（1：20）——這為推廣博雅教育中的「導師制」與「成人轉化學習」[2] 至校內通識教育（甚至更寬廣的高教領域）立下良好基礎。整體而言，此密切導師制度，透過多元的課程設計，是極可能為政大校園內不同學術領域所採用和達成的。依不同學生或教學內容，適切地修正或適時扮演「人師」（mentoring or

---

2　「成人轉化教育」（transformative learning) 一詞由 Jack Mezirow 提出，主要藉由基礎世界觀的轉變與特定層面的自我拓展達成個體認知或意識的延伸。理論細節可參閱 en.wikipedia.org/wiki/Transformative_learning。

"transformational learning"）或「經師」（"transactional education"），[3] 將可是進一步在政大推動課程與教學改革的重點。

如此一來，一個完整的品質管理系統（"Quality Management System"；"QMS"）——包含編纂後的教學法、執行流程、「工具箱」（toolbox）、和標準化的結案報告——將促使政大通識教育（與相關教案設計）領域中，更有效率地做到知識管理、傳遞和使用。進而在適當的知識領域先行推展。

其次，在納入師生歧異性為考量後，為了確保最基本的效能和作業連貫性，我強調一個品質管理系統（包含相關政策、分工與執行過程、指導原則和成果報告模板）必須及時建立。學習過程的系統化追蹤不僅提供重要的回饋、也將促進持續的改善；此一詳細記錄的操作指南，應在未來擴展至其他教學領域。

（二）現存的可能風險：現有博雅和書院教育體系隱含的風險中，以下　　是最需關注的幾點。

1. 通識或博雅教育中教學法之核心優勢的喪失：有關人力資源的接班（succession）乃組織管理中的必然。而政大在總導師、學術導師、輔導員、和個別小老師等的接班似尚未妥善規劃；一個技術上的解決之道，是藉由品質管理系統和知識管理來彌補空檔。如此一來，有意願投入的教職員或志工可較輕易地分享和掌握這些已被統整簡化的知識。

2. 在執行上偏離已知的轉化教育最佳的方法途徑，卻未及時審視阻止：個體差異本就存在於各種導師關係、教練與教學的過程中。在標準化過程不應侷限個體創造力的前提下，實作和認識中產生過多的偏差值極可能導致學術表現的退化或學習上的怠惰。

3. 值得關注的學習創新如果無法適時加以捕捉並普及應用，依照

3　我用「經師」此詞描述傳統師生關係：老師提供知識（商品），而學生就如同顧客一般，在付費（學費）之後享用服務。

Benjamin Bloom 的理論，[4] 將快速地喪失。上述的品質管理系統可附屬於一個可提供「體制記憶」（包含詳述與保存學習創新的過程與實質內容）的資訊管理系統，成為政大的智識資產（intellectual asset）。

建議二

建立涵括學習成果評量指標的具體導引。

（一）理由闡述

為了確保穩定的資金來源，任何創新或「實驗性質的」教學法都必須經過審慎評估，確認其立即與長期的成效，儘管有些成效是無形的、隱性的成效本就是不易計量。然而透過一個透明化的評估過程，博雅教育制度的價值（特別是「成人轉化學習」的部分）可獲得確立；透過評估學生的成長，也可以更加肯定此書院教學法的效益。

（二）評估目標

博雅與通識教育的學習目標，在政大已有清楚地陳述（見表 1）

表 1　政治大學博雅核心能力

校訓	親愛精誠							
人才特色	專業創新		人文關懷					國際視野
教育目標	學術目標		個人目標		社會目標		就業目標	
核心能力	專業能力	博雅精神	思辨與創新能力	自主發展	公民素養	社會關懷	溝通及團隊合作	國際移動能力
內涵說明	專業知識	宏觀視野 跨領域知識	批判思考 創造力	科學素養 自主學習、終身學習 自我實現、健康樂活	美學素養 資訊媒體素養 民主法治素養	倫理素養 關懷自然環境 關懷人文與社會環境 多元尊重、公共參與	解決問題能力 團隊合作 書寫能力 溝通表達	國際觀 外語溝通能力
成效檢核單位	專業系所	通識中心	通識中心	學務處 體育室 政大書院 通識中心	通識中心	學務處 政大書院 教務處 通識中心	通識中心 學務處 政大書院	外交中心 國合中心

4　Benjamin Bloom 提出的理論細節可參閱此處 en.wikipedia.org/wiki/Bloom%27s_taxonomy

表 2

政大已發展的評量尺規Rubrics

1. 創意思考評分量尺 (Creative thinking value rubric) – 譯
2. 批判性思考評分量尺 (Critical thinking value rubric) – 譯
3. 自主學習評量尺規 – 政治大學通識教育中心評閱相關資料編製
   - 自主學習自評表
4. 終身學習評量尺規 (Foundations and skills for lifelong learning value rubric) – 譯
5. 口語溝通評分量尺 (Oral communication value rubric) – 譯
6. 寫作溝通評分量尺 (Written communication value rubric) – 譯
7. 團隊合作評分量尺 (Teamwork value rubric) – 譯
   - 團隊合作互評表
8. 問題解決評分量尺 (Problem-solving value rubric) – 譯
9. 公民參與評分量尺 (Civic engagement value rubric) – 譯
10. 整合學習評分量尺 (Integrative learning value rubric) – 譯
11. 倫理思辨評分量尺 (Ethical reasoning value rubric) – 譯
12. 跨文化知識與交際能力評分量尺 (Intercultural knowledge and competence value rubric) – 譯

資料來源 http://www.aacu.org/value/rubrics/pdf/All_Rubrics.pdf
政大下載專區http://cis.nccu.edu.tw/CourseMap/CMFrontPage.aspx?iFrameSrc=DnfileList.aspx

通識教育中心

　　政大亦已從事相關研究，目前已依循海外類似的教育體制，得出下列評量尺規（見表2）。由這些評量結果可導出的教育潛能來看，政大當加緊完成能確切定義每個尺規的研究，將每一個評量尺規建立起可觀察、區分並計量的分格，如下列表3。

表 3

```
                    Written and Verbal Communication Skills

Writes and speaks clearly, fluently,    7      Student uses creativity and imagina-
and with imagination.                   |      tion in written assignments.
                                        |
                                        |
                                        6
                                        |
                                        |      Student follows guidelines provided
                                        |      regarding assignments (such as foot-
                                        5      note form, paper formats, etc.)
                                        |
                                        |      Student participates in informal peer
                                        |      group discussions.
Usually gets the point across but is    4
sometimes confusing                     |
                                        |
                                        |
                                        3
                                        |      Student doesn't proofread papers
                                        |
                                        |
                                        2
                                        |
                                        |      Student isolates him/herself from
                                        |      peers
Confusing presentation of ideas or no   1
communication at all.                   ↓
```

From Borman, Dunnette, and Hough (1976).

　　迅速發展明確的評定量表，例如有針對性的措施如表 3 所圖示，其
好處將是：

1. 能夠更精確的為通識和博雅教育做更精準的教學計畫並對其體驗
   式的學習制定循序評估的方式。
2. 能牢固樹立基本立論依據，將書院學習的教育方法在適當的時候
   複製在校園內的其他課程中。
3. 為學生提供標準，以衡量自己的發展和進步。因此，經驗本身可
   以激勵自我導向的學習和發展。

　　研究亦指出，並非所有的成長軌跡都能被量化。例如學生的「自我認同能力」（identity literacy）[5] 便不常被正式討論或納入教學計畫之中；然而，此特定的學習目標已被視為博雅教育核心任務的一部分。當我去年十二月參訪一些班級時，我觀察到一些教職員正在實驗某些幫助學生建立「自我認同能力」的教學法；目前持續評量與討論中的問題（如「大學教育作了些什麼？」、「大學教育能做到多好？」）都可激發教學法、學習與評估法的創新。一個完整的評估系統將會正面影響政大以及臺灣其他高教學府的教學表現及成效。

（三）可能的風險：我認為設立更嚴格的學習效果評量，可能導致下列風險

1. 量化評估本身有其限制，當一系列的指標與評量可能改善博雅與通識教育的教學與學習表現，創造力與內部創新精神可能被限縮。因此，在評量系統中保留闡述空間給不可量化的學習結果是必要的；保留這樣詮釋與想像層面的彈性空間，將使博雅與通識教育免於下述陷阱，即提供學生可量化但無轉化（transformation）益處的學習。由更高的層次來看，建立學習與生活的關聯性將是改善教學效果的關鍵：因為臺灣社會、其地緣政治脈絡與經濟體制皆與時改變，在博雅與通識教育制度中保留一些「創新」或模糊的空間（ambiguity），將使通識與博雅的學程更能因時調整。

2. 反之，減少更嚴格的學習效果評量，也可能導致下列風險：

（1）博雅教育可能維持其實驗性質、且成為過度標新立異而無法

5　「自我認同能力」（identity literacy）由 Schachter 與 Galiti-Schachter（2012）提出。讀者在閱讀、理解文本語義和其中的歷史社會脈絡時，會逐漸構築自身與世界的關連性。將「自我認同能力」設為教學目標會使教學過程不同於傳統上、以建構文化識別（cultural literacy）。或批判思考能力（critical literacy）的教學。理論細節可參閱 www.tcrecord.org/library/abstract.asp?contentid=16415。

統整的制度。

（2）缺少系統化的評估回饋也會使博雅教育體系無法調整其教學法上的創新及建立可更廣為採用的教學制度。

（3）如果沒有對耗費心力參與博雅教育的個體、明顯可見的「優勢」，將可能導致潛在「顧客」的流失。有必要顧及學生與家長的功利思維。

（4）將導致未能將此以教育風骨、擔當的成人之教育哲學成為政大主流，並可能失去導航大學整體教學改革的地位。

因此，我建議一旦核心評估系統建立了，對於新進大一生、前置與後置的（經歷此教育的洗禮前後）測試應被審慎執行與比較。

建議三
將博雅教育中創新的教學法所累積之動能制度化。

（一）理由闡述

除了少數特例，全世界的高等教育或大學體系大多無法完成某些教育基本理想。比如說教導學生成為有責任感的公民、有產能的員工、公共事務的領導者、企業主或有創意且自主性高的個體。全球化浪潮、科技進步與社會期待的改變加速了不同社會層面的轉變。大學體制、教學法與課綱，和大學教授的角色定位即相應的獎勵機制如升等和鼓勵等，卻仍顯停滯。說得強烈些，可以說仍反映著二次世界大戰後的心態，教育（特別是高等教育）象牙塔化的現象。目前對高等教育的透明化或社會責任的評估尚未完整建立，不問也不提。在臺灣亦可發現此現象，高等教育的基礎目標是在完成「產出」多少的目標，社會責任的議題，如品格培養、公民責任與就業責任養成等等卻未被確切討論。多數學生、家長、企業主和社會上下皆被動地接受現況。這種「照常營業」（business as usual）的高等教育使多數大學持續「自動導航模式」的教

育經營。在一個供不應求、賣方壟斷的教育市場裡，大學也就繼續享受教育成果免於審計的特殊權利。然而，因為大學數量劇增，教育市場正在改變，招生不足這個現象在臺灣已逐漸突顯。

這樣的社會現況，使博雅教育的制度化更顯重要；其重要的特徵包括師生與同儕之間在學習上與互動關係培養的共同投入、志工服務或其他體驗活動的完成等等，這些活動都十分耗費心神、也不見得獲得大學人事體制的獎酬。目前我們並不清楚，相關教職員在教學與輔導學生上的個人付出，是否得到適當的關注與公開的嘉獎；然而，在這些新制度得以更長期發展、學習成效也在最初實驗階段後逐漸顯著，這些關注變為不可或缺的。

因此，重塑政大的行政體系，便成為博雅教育永續經營的關鍵：

（1）當多數教職員全心投入學術成果發表在海外「社會科學引文索引」（SSCI）排名榜上的學刊時，僅有少數人更顯關注教學的重要性，即使這個選擇可能犧牲其個人學術生涯前景。這個現況是不應長期存在的，也會影響到大學學用相長的正向動力。是以，有關教職員表現的人事政策與評估應被重新檢視與調整，教學與研究的雙重任務在政大應獲得同等重視。

（2）除了現有的升遷標準外，師生互動的「承載率」（load factor）應被納入考慮。為了確保高品質教學師資人才投入源源不絕，排課上對課堂大小、知識上的教學（teaching）與以人生經驗為中心的教學（mentoring）等係數也需更細緻的重新調整、平衡。當然，適宜的學習成果評估也因之不可或缺。

（3）教材與教案的模板化也可使博雅與通識教育有效制度化；然而，這個模板化的過程需要各學院教職員之間的合作；缺少適當的激勵與體制文化的改變，將使這些改革無法順利達成。

（二）存在的風險

在目前臺灣的教育行政體制內，政大很明顯地只有掌握有限的自主

管理決策權，來考慮其特有的人力資源政策、管理方法、與對其教職員教學表現的要求等等。在確保其關注高等教育對國家發展（或其他社會群體需求）、對未來能有即時反應與微調的前提下，一個由中央監控的體制是可適當運作的，此乃奠基在教育部主要任務是在保證大學教育有一定程度的靈活性，能夠培養因應國家發展不同階段挑戰所需的人才，同樣的能及時反應不同利益團體，如企業團體、民間團體和社會團體的期待。教育部的職責，應與先進國家相似，旨在建立、提供和維持有利的教育發展條件；而不在於控制行政管理的細節。其急切的任務當是在建立績效標準；建構政策框架；監控和評估政策的推動與執行；保障教育創新和達成卓越的資源和政策空間；多重利益團體的對話、諮詢和標竿排比；以及確保教育公平和包容性，不因地區、貧富差異而侷限個人享受良好品質的教育。在此種教育治理的前提下，大學的職責則是有效地使用資源來執行和達成與教育部共同協議的教育績效目標（outcome objectives）。因此，如果學校缺乏一定的自主管理空間，對相關人力資源政策做相應的定調，博雅教育的制度化將難以達成。

　　缺乏行動的風險存在嗎？若不能使博雅教育其優資的課程、有效的全人發展教學方法和架構、社群的建立和社區的實踐、及其年輕師資的養成，有系統地成為高等教育主流、或政大的特色，那博雅教育則成了「永遠的實驗班」，在支流裡孤芳自賞。當然偶然將某些奏效的要素分拆出來普及性的流傳也是可能的，但是這樣採納方式是隨意而不定性的，所產生的也不過是對累績的知識和洞察不完全的使用，對政大成為全球頂大的企圖心，也未能因其校園上「成人轉化教育」的心得而加速。

　　博雅教育的使命和產出，當是雙重的：既是培養未來有為有氣節的公民領袖人才，使其有能活躍於公眾事物的時空裡，做到一定的貢獻；也是在相當程度內嘗試與回歸到以人為本的學習文化及氛圍。在這個事事相通、人人相連，依存性前無所有而又多元的世代，什麼是氣節？什麼是仁心人性？什麼是社會責任及中流砥柱本就不易釐清，教育的費時

費工自不在話下。如此方法學上的著重和不斷地精進是必要的。這由我個人看來才是未來政大博雅教育的精彩，以及實驗、想像的空間。

肆、結論

博雅教育本身是創新且值得關注的，在五年的實行後，現在是應該將其教育方法與哲學制度化的時刻了。具體的行動建議如下：

1. 設置且妥善維護一個品質確保與管理系統，以追蹤且將學習過程模板化。
2. 建構一系列的評估目標，以得知知識學習與個人成長的進展。
3. 適時建立全校性的政策調整，與體制上的逐步轉化，使得博雅教育不僅是通識教育的奇葩，更是政大人文教育的標誌及政大人的底蘊。
4. 適當認可教職員為導師制與協助學生全人發展的貢獻，並因應調整任聘、升遷及教學量等人事政策。

博雅教育應該可以也必須成為臺灣新的高等教育典範！這也是政大人在這後現代的世代裡成為中流砥柱的風骨。

後序

感謝賴翊瑄小姐的協助將本文翻譯成中文，使得這篇拙文能如期見世。

參考文獻

Altbach, P. G., Reisberg, L. & Rumbley, L. E. (2009) "Trends in Global Higher Education: Tracking an Academic Revolution: A report prepared for the

UNESCO 2009 World Conference on Higher Education", United Nations Educational, Scientific and Cultural Organisaiton, Paris.

Lim, A. H. & Saner, R. (2011) "Trade in Education Services: Market Opportunities and Risks", in *Exporting Education, Life Long Learning.* Issue 1: 18-22.

看見臺灣，看見政大

湯銘哲

東海大學校長

吳校長、各位未來的校長、各位貴賓：

　　我今天用這個題目的確是有一個很深的感受，尤其最近看了「看見臺灣」之後，第一次有機會來看見政大。先前我對政大的印象只是醉夢溪，當年大學同學的女朋友中不少是政大的。印象中的醉夢溪是個非常浪漫的地方，但是未能看見政大全貌。這兩天讓我體驗，也真正看到了政大。我看到政大的努力，以及無限發展的可能性。我本身是學醫的，東海大學沒有醫學院。各位一定想知道為什麼一個學醫的會跑到東海大學當校長，這跟我在大學的學習非常有關係。

　　臺灣的醫學院教育，很少科系擁有兩年的醫預科。四十年前我在臺北醫學院讀醫的時候，兩年的醫預科教育奠定了我這輩子生涯的基礎。那兩年我花了很多時間在臺大、師大修課，在臺大修李霖燦的中國美術史，在師大修邱燮友的中國文學史，晚上參加愛樂合唱團。如果當年大學有輔系的話，我的輔系應該是文學或藝術，或者是音樂。這也是後來我從婦產科醫師，轉變到要當大學老師的人文基礎。由於對人文教育的關懷，讓我選擇的職場不是在醫院，而是在大學，那兩年醫預科打下的基礎扮演非常重要的角色。

　　其實光靠大學的博雅教育，對一個人的成長還是不夠的。我擔任大學老師之後，仍然繼續充實自我博雅教育。我認為政大要推動博雅書院教育，非常重要，也非常有膽識。臺灣有兩所研究型頂尖大學，臺大每一年的預算 140-150 億，成大約 80-90 億，臺大的生師比和成大的生師比都非常好：大約 16-17：1。但是推動博雅書院或博雅教育，最積極的

兩個學校都不是這兩所大學，反而是年預算 41 億的政大，以及 24 億的東海。這兩個學校的生師比，政大是將近 22：1，東海 33：1。想要推動書院的教育，以這樣的生師比及有限的經費，怎麼敢做？另外還有清華大學，清華大學要做是應該的。但是，我們東海跟政大有夠勇敢。今天吳校長分享他推動博雅教育的動心起念，提到陳之藩教授的《劍河倒影》對他的影響，也提到政治大學根本沒有博雅教育的歷史背景。政大創校之初原是中央的黨校，政府遷臺復校叫做政治大學。六年前開始推動博雅教育，跨出勇敢的第一步。

　　我要告訴各位，任何教育的成功需要有好的典範型人物帶領。這兩天我看到幾位典範的人物在這裡，博雅教育的推動者、執行者，書院裡面的導師，都是典範人物。我在當教授的前期，受到兩位文藝復興人的提攜，這兩位文藝復興人，一位是各位昨天提到的黃崑巖院長，他是成大醫學院創院院長，我在 1990 年有幸受聘到成大擔任他的麾下，真是非常大的福氣。我的教育思想及實踐受到黃院長的影響甚多。我在成大任教的這段期間，亦有幸認識了在成大客座的陳之藩教授，進而與他發展成忘年之交，影響我一生甚鉅。他在我擔任成大教務長之前，給我許多鼓勵，讓我對從事學術行政的工作義無反顧。我們後來把他的文物蒐集起來，形成一個搶救陳之藩教授文物的計畫，花了一年多的時間，最後在 2010 年 11 月於成大圖書館舉辦了陳之藩教授的文物展。

　　有意思的是，在陳教授文物展的同時，成大圖書館也展出黃崑巖院長在世最後一次的書籤展。這兩個展覽同時在成大圖書館推出，兩個文藝復興人相互輝映。當年經由我的介紹，他們兩人也曾發展出非常好的友誼，彼此惺惺相惜，這是我這輩子最大的幸運。如果沒有這兩位，我不可能走上教育行政之路。值得一提的是，陳之藩教授晚年住在香港，我 2011 年從成大教務長卸任之後，到中研院休假進修半年，擔任客座，由於在臺北沒有住的地方，就借住在陳之藩教授的公寓。當時在香港的陳之藩教授身體已經非常孱弱。不久之後陳教授過世，當時的我傷心莫名，直到有一個晚上，半夜起來，寫了一首詩，取名「睡在哲人的

床上」，作為哀悼陳教授的文章。

　　這首詩的第一段很俏皮。五十年前陳之藩教授的忘年之交，胡適之先生逝世時，陳教授寫了「在春風裡」悼念他，問胡適之先生天上好玩嗎？而我是這樣寫：「五十年後，您也了無遺憾的離去，睡在您床上的我，敢問您胡先生說天上好玩嗎？」我因為和陳教授的交情，陳教授過世的消息是童元方教授囑咐從我這邊發布出去。我在這一首詩寫完以後，鬆了一口氣，也就不再傷心了。因為我沒有陳教授文采，但我知道他會很高興，他是一個非常有智慧，而且也很幽默的文藝復興人。由於這兩個人的影響，在我的學術生涯激起許多漣漪。所以我認為理想的大學教育，應該要培養通才，而這兩位文藝復興人，即是所謂典範型的人物，受到很多人的景仰，也為博雅教育建立良好的基礎。

　　2012 年 3 月，東海大學原本要邀請黃崑巖院長去博雅書院夜談，因為黃院長病重在美，無法接受邀請。我很榮幸被邀請代表黃崑巖院長去談他的大作《談教養》。這次夜談之後，有幸被邀請成為東海大學遴選校長的候選人。當時在網路上看到東海大學的 mission statement，這是 Dr. William Fenn 在 1952 年時所撰寫的，非常特別，極具特色的博雅教育使命。我被這特殊的 mission statement 感動，覺得若有機會應該到東海做一些事情。東海大學、清華大學和政治大學，這三所學校是當前臺灣推動博雅教育的積極者。和其他兩所學校不一樣的是，東海創校時就是一所博雅教育的大學。很弔詭的是，我去年 2 月上任時，當時學校反對博雅教育的聲浪甚為強大。社會輿論都知道東海大學博雅書院做得很好。但在校內，反對的聲音卻也不低。

　　我上任不到一年，博雅書院制度化於去年 12 月校務會議通過。這中間經歷的過程和政大目前的情況有雷同之處。今天我就以如何通過校務會議的經驗與各位進言和分享。首先，大家要體認推動博雅教育在當今的大學校園只有不斷地溝通。由於政治大學的血液中沒有這個博雅教育的 DNA，想推動博雅教育，就像改變每一位老師的 DNA，看似比登天還難。想當然耳，任何新的嘗試必然有阻力，何況是涉及到改變老師

學術運作的模式。在溝通上，最大的困難就是成見與定見。但是，我們如果要追求教育的卓越，必須克服最大的阻礙即是「追求形式上的公平」，尤其有些同仁認為博雅書院需要耗費那麼多經費，對其他系所不公平。然而為追求學習和學術的卓越，原本就是所費不貲，所以一定要讓大家了解，付出代價在所難免。

這兩天的會議報告，很高興看到政大非常用心在開創新的文化，這裡頭有很多生命蛻變的掙扎，也有很多生命成長的喜悅。這樣的文化是有可能永續發展的。推動博雅教育需要不斷地溝通，首先一定要讓學生看見。這兩天我看到許多優秀的政大學生，學校應可以放心讓學生們互相溝通。其次，一定要讓企業家，尤其是政大的校友看見，讓校友看見政治大學所推動的博雅教育成果。當然，也一定要讓國際社會看見。為什麼我敢在不到一年的時間於校務會議提出來，是因為學生會的會長來信的鼓勵。學生會長認為東海學生基本上比較沒有自信心，但去年九月開學時，他看到學校動起來了，許多事情都以學生為本位做事，令他很感動，便寫信給我，彼此打氣。我常常以這封信來說明學生終會了解學校的用心。

今年是政治大學在臺復校六十週年，各位一定要讓校友知道現在你們所做的事情，校慶那天告訴回來慶祝的校友：政治大學動起來了！最後，有很多傑出的企業家，包括台達電鄭崇華先生提供博雅書院經費的挹注。這些傑出的企業家也是幫政大做宣傳的最好工具，應善用此資源。此外，校內教學研究之整合的工作一定要持續進行，這對推動博雅教育的跨領域學習非常重要。很高興看到政治大學有一個以學生為本位、創意、創新的書院叫 X 書院。還有一個非常努力、頗有傳統特色的博雅書院。你們很認真在打造博雅創新的政大，這的確是很令人興奮的事情。

我們期望每一位老師全心全意，為了提升大學教育的內涵而努力。21 世紀的教育趨勢之一，就是跨領域的學習。我們要讓老師知道，跨領域的學術需要做科際整合。談到整合，大多數人都想去整合別人，也

都不想被整合。但是要有被整合的胸襟和心理準備，這是推動教學相長最有效的方法。教學相長是老師普遍的期望，而當被整合時，教學相長的機會是最高的。任何一所大學只要夠大，就很難達到共識，但是沒有共識我們照樣能夠共事。

東海大學是臺灣第一所成立社會系的大學，當年社會系創系的系主任叫做練馬可。練馬可先生是一個 legend，他在去年校慶回來時，發表好幾場演講。他是個虛懷若谷的人，每當有人問他說：「你這輩子最大的成就是什麼？」即使受到大家熱烈的推崇，他還是雲淡風輕的說：「我這輩子沒有什麼驚世大作，我的大作就是我的學生。」我們期望所有的老師都有他這樣的風範。我們的大作就是我們的學生，這豈不也是博雅教育的文化。其實博雅教育不只教我們自我探索，不只教我們勇於做自己，也教我們要自我學習。我認為臺灣文化中比較缺乏的態度是「欣賞他人文化」，而不是勇於批評。我很高興聽到貴校勇敢說「只要有政大，臺灣沒問題。」這是何等的氣魄與氣派！我要提醒各位，內部要先整合，同時也要對外開放。只有政大，臺灣還是有問題，所以幾個博雅大學一定要合作，我們東海大學也願意與貴校交流。

這兩天我所看到的讓我學到很多。今年 11 月東海將主辦一項大規模的「21 世紀博雅教育的挑戰」研討會，我要邀請各位來參加，同時也歡迎未來的校長參加。我要祝福政治大學，我覺得你們的春天已經開始啟動了。最後我以自己寫的一首詩贈送給政大：「春天不是春雷響過，不是百花齊放，也不是萬鳥爭鳴。春天不是寒冬之後，也不是炎夏之前，春天是一輩子的，是生而存在。春天是現在，就在政治大學。」我祝福政治大學的春天持續不斷發展。

附錄

政大書院教育的緣起與形塑

詹志禹（政大教育系教授、教務長）：

　　大家好，我過去四年多來一直陪伴書院成長，今天就理念與執行層面做簡單回應。在理念層面，我有兩點回應。第一，政大課程需要的是跨領域連結，第二，**翻轉教室的危機**。為什麼政大需要跨領域？在過去十幾年來，政大一直朝向院館集中的作法，現在的規劃也是如此，例如傳播學院可能會移到指南山莊、法學院可能會放在指南新村站等。從過去十幾年經驗來看，院館集中或許有它的好處，例如讓同仁們彼此之間容易連結。然而，院系之間的連結就比較不容易。另外，在學校的活動上，從過去到現在，我們都很多活動，例如各種的系際盃、文化盃、各種藝術競賽等。這些競賽幾乎都是院際間或系際間的比賽，因此長久下來，便會形成院與院之間或系與系之間競爭的氛圍。在這之間扮演調節角色的其實是社團，社團提供學生一個跨領域連結與學習的機會。就課外活動而言，政大書院的加入或許提供很好的跨領域連結的機會，它讓政大成為一個比較有機的知識力。我用螢幕的比喻來看，過去我們的學院就像是那些平行線，政大書院或是社團等，就比較像是紋路，雖然有些是直的、有些是橫的，有些也許彎彎曲曲的交叉形態，但這就連結成一張網。這就是我覺得政大書院在各個學院之間扮演的角色。因此，在我的想像裡，書院就是直的線，學院就是橫的線，直的橫的剛好交織成政大的矩陣，這是為什麼我認為政大特別需要跨領域的連結。

　　第二點是**翻轉教室**所帶來的危機。從今年寒假以來，我們一直在討論教育部徵求所謂的磨課師 MOOCs 計畫。如果大家對相關趨勢有所關注的話會發現，MOOCs 會開放很多線上課程的學習，學生在線上登錄即可進行學習，且一門課可以多達十幾萬人一起上課。臺灣目前已經

274 在虛實之間學習：以政大書院為核心的高教實驗

有一些課程也加入磨課師的課程，例如臺大的機率課，不僅上得很好也很熱門。假如政大的學生選修這門課，我們是否能夠授與抵免政大的學分？假如全臺灣各個學校都可以發展出類似抵認學分的制度，那麼或許在某些課程上，我們是不是只需要臺大或政大來開課即可，換句話說，讓某些大學裡最好的教授來開課即可，其他大學的學生都可以選修那門課。這個趨勢代表了我們翻轉教室、翻轉學習的看法，亦即，我們是否還有必要進入教室。更甚者，學習到底是什麼？如果學習指的只是知識上的學習，那麼或許透過網站大概就可以獲得這些知識，我們也許根本不需要進到教室。假如我們仍認為大學仍是必要的，校園或教室也是有其存在的必要性，那我們就需要問，學習的本質到底是什麼？大學校園或教室，是否有其不可取代性？從這些問題來看，我們或許可重新思考書院教育的角色與其可能性。第一，書院強調的是學習與生活的結合。第二，書院是跨領域知識的結合。第三，書院重視的是較為深刻的師生關係。第四，書院是學習環境氛圍的分布與文化傳統的塑造。從這幾點來看，書院似乎具有不可取代性，很難被單一專業學院所取代，也很難被網路所取代。這是對於理念層面的回應。至於執行心得部分，我簡單回應三點。第一，再美好的東西都只能夠提供選擇。換句話說，再美好的東西都不能強迫，因為「強迫會使人厭惡美好！」第二個心得是從游麗嘉老師撰寫的評論而來，對於這樣的一個實驗過程，我們需要蒐集包括質化與量化的資料，然後整理分析，最後則是發表。此外，這也是一個很重要的說服過程，而且是一個理性說服的過程。第三個心得是有關書院體制化的問題。若是長久以計畫的方式來運作，沒有制度的長期支持，最後可能還是會煙消雲散。換句話說，計畫的方式就像是維他命、健康食品，就算對飲食或健康再好，也都是可有可無。如果將健康食品轉化成為正常的蔬菜、水果、米食等主食，那就不會是可有可無的東西。如果不變成主食，就算再怎麼好，再怎麼健康，遲早都可能會消失。謝謝！

李明（政大外交系教授、國際事務學院院長）：

　　雖然我過去對本校書院的參與並不多，但對書院的內涵與運作大致知悉。過去六年在校長和行政團隊的擘畫下，負責同仁非常努力地耕耘，從無到有，可說是篳路藍縷，成效已經相當卓著。

　　書院的教學宗旨就是「博雅」，就我的理解，「博」是一種廣博跟淵博的求知態度，「雅」則是文雅跟雅致的生活素養。我們現在對同學的期許，是「取法乎上」。「取法乎上」不是一直停留在過去的腳步，而是進一步「邁向卓越」。如果讓我們教師只管知識的傳授、同學只管知識的吸收，這些應該都是不夠的。我們應該要讓同學做到自主與自愛，且有專業的教師來引導，才是可以達致博雅與全人教育的途徑。

　　今天上午，校長提到的政大歷史，以及博雅教育的探索與實踐等均頗為詳盡明確，因此我們知道「知識經濟」時代已經來臨。知識與經濟是相連在一起的，但要如何期許知識能夠作為臺灣未來的經濟發展呢？多年前中國大陸領導人鄧小平曾提到過：「今天的知識就是明天的經濟」。在他過去執政當中，中國大陸施行改革開放的經濟政策，經過三十多年之後，大陸的經濟快速騰飛，這是人所周知的。

　　海峽兩岸的社會制度儘管不同，經濟制度也不一樣，但道理是相同的。因此，新的概念、新的知識、新的態度、新的作法與未來發展是密不可分的。我們必須積極培養博雅創新的政大人，政大也應展現責無旁貸、舍我其誰的態度，承擔為國育才的責任。

　　陳前總務長（陳木金老師）提到環境營造與政大書院教育推動的關係，是希望將政大建構成親人、親山、親水與親築的學習環境。這是非常具有前瞻性的作為，全校師生應全力加以支持。一路走來之後，目前在環境營造部分已經相當到位。如陳前總務長提到的，在生活中學習，從田園中實踐，再從實踐中來進行反思，這正是力行實踐的精神體現。

　　藍美華教授對新生書院的理解、理念跟實踐感受特別深刻，她將過去的努力如數家珍，並以嚴謹的學術論文方式呈現。此舉不僅讓我們感覺非常親切，更有許多共鳴。書院的發展過程中，有成長也有建構，不

可諱言也有很多困難，包括同學的回應、講座品質的提升、上課時間與社團活動衝突，以及書院通識課程相對不夠等。事實上這些缺點都可改善、品質也可進一步提升，我的感想是，沒有任何好的經驗是不必經過調適和學習的。

資訊網路化之後，未來的大學校園是否繼續具有意義，也是值得省思的議題。詹教務長提出了他的看法。他說，政大的硬體設施並非相當特別，但政大已有很好的軟體設施。倘若我們能讓軟體設施更加凸顯，更能展現其價值，那網路就不會輕易地取代校園。

我對書院有很高的期待，過去六年之間許多內涵已經建構，但我們須把它當作一棵幼苗來看待，細心地維護它、滋養它，使它真正能夠成為政大的特色。政大的特色除了歷史傳統外，尚有獨特的校園環境，書院就是陳前總務長提到的「第三空間」。對於這「第三空間」，我們如何經營、增進特色，吸引青年學子來到政大，都是政大人應該期許自己繼續努力的。臺灣現在的高等教育面對非常嚴峻的挑戰，「少子化」僅僅是其中的一項，我們不僅要問有多少人願意到政大來就讀，還有多少政大的畢業生們願意留在臺灣工作？這些挑戰，在在刺激著我們須做前瞻性的思考。

新生書院的「新生誓詞」讓我非常感動。在誓詞裡，我們看到參與書院的同學們都宣誓會認真生活、會為自己負起完全的責任，並且視同學為其手足、對師長表達該有的尊敬、愛護校園、積極參與各種各樣學習的活動、注意自身安全、力求身心健康成長等。新生「誓詞」標示著政大向博雅教育邁進應該走的路，據此，我們應互勉：追求知識與全人發展是可同步進行的，所有政大人都須繼續努力。

蔡連康（政大韓語系教授、副校長）：

校長、校內師長、校外師長、各位貴賓，大家好！這一路來，協助推動書院，從醞釀、籌畫、到正式推動，這一路走來，我用李白一首詩前面的兩句話來作形容，大家都很熟悉，這一首詩的前面兩句話「暮

從碧山下，山月隨人歸。卻顧所來徑，蒼蒼橫翠微。」這是我現在的心情寫照，隨著這一路的書院走來，沿途有非常美麗的風景，但是也碰到許多的困難在裡頭，那麼我想把我過去追隨校長，在協助推動書院的過程當中的一些心得感想，還有反省，來向各位同學師長作分享報告。為了書院的教育，在過去經過我們五年多的實驗，我們發現政治大學的參照，不管是國內外的書院，它的發展過程當中，我們一直不斷地借用它的經驗在摸索、改善，在過去這五年、六年來，我們確實深刻的體會到臺灣需要有臺灣形式的書院教育，而不是哈佛式的。也不是牛津式的，臺灣的書院教育需要自己不斷的去努力、去摸索出來。在藍美華執行長報告的過程中，我們可以瞭解，在前兩年的新生書院裡，我們的企圖心相當大，我們把所有的大一新生都囊括在我們新生書院所有的成員裡面。同時，因為我們的配套制度跟課程的設計，並沒有很周全，老師的參與度沒有很高，書院的活動，尤其像大型的活動，又撞期在一起，再加上我們的 tutor，他帶領的輔導還沒有臻至成熟，更重要的是，全校的師生還沒有形成很大的共識之下，引起部分的老師跟同學的不瞭解與反彈，但是經過我們這一年來，我們縮小了規模，也在制度上做一些配套，逐漸地在新生書院這個部分上了正軌。

在主題書院的部分，在整個書院當中，包括博雅書院、X 書院和國際發展書院有呈現它的特色出來。博雅書院在建立之初便以榮譽、知識、關懷來作為核心價值的傳承；國際發展書院是漸漸形成組織學習氣氛，用來培育具國際素養、國際歷練跟國際移動的同學；X 書院更是建構了動手做、同時說故事、自主學習跟反思的這些創意。政大的主題書院還有一個特色，它是把我們的學分學程結合在一起，它是跟住宿教育整合在一起的，這是跟其他的書院比較不同的特色。那麼這可以配合臺灣目前、配合政大發展出來的一種非常具有特色的另外一種形式，好或壞這個還沒有定論，但我相信，本校既然是一所頂尖大學的話，那我們就應該在創新與教學不斷去領導，要不斷地嘗試，去做教學、創新的改變，至少我們在推動書院這幾年當中，我們已經做到這樣的一個目的。

另外，礙於書院是頂尖大學的計畫，所以還沒有正式納入編制，體制化也好，或是法制化也好，確實大家剛才都已經提到過了，為了要永續經營，應該要盡速讓它法制化，畢竟它是一個實驗的計畫，各種的制度也好，各種方式的推動也好，都必須要透過一種權宜的方式去推動，包括宿舍的分配，或者課程的開設，還有一些人員、資源的利用也好，這些都要用權衡的方式來推動，法制化是我們當下比較需要去努力。書院教育的革新跟落實，除了涉及到我們剛剛提到的理念也好、制度也好、課程也好，以及相關重整，目前最重要、也是最困難的一點，我們仍然無法克服的一環就是「教師」，如何確定教師的主動參與跟積極的投入。這些年來，政大書院經過這些計畫的摸索，雖然我們已經陸陸續續完成各種教育基礎的建設，也累積了一些推動書院教育的寶貴經驗，也深刻體會到書院教育與住宿學習能充分發揮的關鍵，取決於學生跟老師，也就是學生必須充分投入，老師跟同儕也必須要積極參與，我們這個書院才能真正的做到成功。在課程的參與、學生的參與不足跟老師的投入有限，是目前我們政大書院推動所面臨的最大瓶頸。如何讓我們的學生喚起它真正的熱誠，以及喚起我們同學的危機意識，以及課程的品質部分能夠再改善，真正服膺博雅教育的真正落實，我們剛才所提到的體驗也好、制度也好、課程的重整之外，其實書院制度實施的一個相關配套措施，也是我們急著要去解決的，包括教師的升等、教學基本的績效考評等相關的配套制度，是不是要跟書院的導師制度做結合，我想這也是本校下一個階段要去努力的目標。

另外，還有很困難的一點是，目前因為學生的學習成果，我們實在很難有具體、客觀的質化評量標準，書院教育很多課程是包括多元性、自主性和公務性的實作實踐和探索，還有溝通能力的培養，以及社會關懷，這些都是非常不容易用既有的量化指標來做評估，所以如何盡快地參考歐美既有的質化標準，開發一套真正適合我國的多元尺規，我想這是我們書院下一步很重要的一件事情。政大書院還不是完美的，在執行的過程當中，仍然還有很多的缺失需要大家盡力去改善，在這個改變的

過程當中，很重要的是，它喚起了我們大家、師長，所有對政大書院師長的知性，推動政大書院的方向假如是正確的話，假如我們認為這個理想是可以達成的話，在大家的共同努力之下，只要同心協力，我們相信政大書院一定會成功。政大書院一定能夠成為臺灣高等教育的典範。最後一點是，我希望能夠在這呼籲，政大書院做為一個人才培育的實驗，它的目的是在嘗試解決問題跟創造價值，我們所做的每一件事情，都是在挑戰現狀，嘗試用不同的角度或思考，來面臨我們所碰到的困難或難題，我們現在的作法是透過各種實驗，在現有的體制當中讓我們的學生能夠學到平常學不到的東西，這一些東西包括洞察力、創造力、文化包容、合群、品德、素養等等，讓學生平常不容易學習到的東西可以自己學習，我們必須要有一定的環境條件，我想這個環境的條件就是政大書院，假如我們多一些資源給政大書院，大家能夠再努力，就政大書院目前的方向，再多做一些轉化，我們相信書院可以發展得更好。借用錢老師的一句話：當政大書院的學生，每一個人都認為，它有我，政大就沒有問題的時候，當政大所有的畢業生走出政大，他自認為說，臺灣有政大的學生，臺灣就絕對沒有問題的時候，我們政大書院就會有成功的一天。謝謝！

游雅茜（政大校務會議學生代表、曾任新生書院 tutor）：

　　各位師長、來賓，大家好，我是政大廣電系四年級的學生游雅茜，首先要感謝主辦單位邀請參與研討會，很榮幸可以聽到很多文章，以及老師們的分享。在這裡，我想以一個學生的觀點和立場分享我對書院的看法。

　　我曾經擔任書院 tutor，也就是書院助理輔導員。記得在書院通識課程第二年，我在帶大一學生的時候，當時他們有一個在超政營後要寫的作業，是想像二十年後的自己，印象很深刻的是多數的大一學生，他夢想的事情是要幫助別人，不管用什麼樣的方式，他希望二十年後的自己具有幫助別人的能力。可是後來我開始思考，當我們四年之後，像我

現在大四即將要畢業，好像我們學到更多的事情是幫助自己，可能不是不想幫助別人，而是我們在時間的分配上、機會的取捨上面，有了更多的考量，要考量我們的環境、金錢、學校的時間、未來的就業規劃等等，我們好像沒有辦法留更多的心思給別人。我想講的是，願不願意留一點心思給別人，是我認為書院教育的課程能否成功的一個重點。

在我大一的時候，受到書院 tutor 學長姐的照顧，那時候我覺得他們是一群樂於付出的人，他們在我心中產生很大的影響，我希望像他們一樣能夠助人，所以在大二的時候，我決定加入政大書院的工作行列。然而，在政大書院工作的過程中，發現了一些讓我產生矛盾或衝突的事情，比如說：書院教育著重在以人為本的核心價值，但是我們在實踐的過程中產生幾個問題，一個是我們好像跟大家很陌生，或者說學校對我們很陌生。在我工作第一年，最常遇到的問題是：政大書院是什麼？書院是什麼？書院理念是什麼？我們要不斷去回答，可是在回答的過程，我們也會慢慢地覺得我們自己在當 tutor，那我們到底在做什麼？第二個問題是，我們發現我們好像很難跟老師講這件事情，因為連老師也要問我們書院是什麼？如果書院教育是全校的師長或是師生共同要推動的一件事情，為甚麼老師們反而還要來問學生說：你們是什麼？

在工作第二年開始有書院通識課程，書院 tutor 的角色轉換成課程助理 TA，也要幫忙辦更多的活動。其實我們當時有一群 tutor 感情非常好，可是我們常常在私底下集會的時候思考，我們自己該做什麼，好像我們越來越遠離書院的價值。我最初對書院價值的印象是品格教育、是跟人的接觸，可是到後來我們像是在辦活動，我們像是為了很多的「架構」在做很多東西，住宿是一種架構，課程好像也是一種架構，但是內容是什麼？然後我們感受不到更多的老師一起進來跟我們做這件事情，我們也聽過很多行政同仁說，書院在學校的推動很不順利，好像書院變成一個在成果上可以拿來談，可是私底下卻避而不談的事情。在學生裡面也有這個感覺，就是學生也對這件事避而不談，書院的學生中，並沒有人跳出來去捍衛自己的信念，去說我們是政大書院的學生，我們有

什麼跟別人不一樣的地方。我在過程中不斷思考這些事，很挫折也很矛盾，我覺得書院急著要做太多事情，所以失去原本自己要走的定位。

我想舉幾個例子，一個是在兩個禮拜前，我有幸去清大參觀清華學院，我們感受到清華學院的學生團隊非常強大，他們有一群學生願意為自己的書院付出很大的努力，辦很多創新的活動。兩週前，我也有幸聽到東海大學辦新生營的過程，那時候東海的老師說，他們是投入全校的行政心力去辦像我們這樣的超政新生創意營，可是我們學校的超政營好像只有舉辦的人知道，其他的校內老師大多並不關心，這一類資訊的傳達，不知道為什麼在老師界好像並不是那麼地流通。提這些是因為，我覺得我們可以借鏡很多外面的事情。比如去年八月，我也有幸到對岸的復旦大學參觀他們的書院，在大陸的大學裡面，其實他們有個很好的背景，因為他們的學生全部都可以住到宿舍，所以他們在大一開始就能符合書院想要推動的制度——共學共住，可是這在政大很困難。因此很重要的是，我們在往外看別人的時候，要怎麼樣去建立自己的模樣，認清我們的限制底下能做的事情。

最後，想提供幾個可能的方向和建議，當然只是我自己粗淺的一些想法。第一個，我覺得書院第一件事情要做的是創造口碑，創造口碑的意思是：身為書院的學生願意跟人家傳達書院是什麼，然後讓學生去影響學生，而不是讓老師去影響。學校長官不斷跟大家說書院教育是什麼，能不能讓老師們之間去討論這件事情，學生們之間去感受這件事情，很多理念可能不是用講的，可能是老師們親自來書院帶領學生，跟學生一起在宿舍裡面生活，那樣子的氛圍才能真正去感染到學生。第二個是，書院要能聆聽跟拜訪，就是剛剛所說的，書院理念要能逐一讓校內師長或學生們都能瞭解這件事情。最後一點，就是回歸到價值本身，我想特別提到新生書院，因為我之前在新生書院服務，那時我在新生書院面臨很大的挫折是，書院上從執行長，下到行政人員都非常非常地辛苦跟努力，可是卻得不到學校很多的支持，我們自己作為曾經在書院付出的學生，我們其實也有很大的衝突和掙扎，書院應該得到更多不只

是話語上面說的「我們是一個成果」，而是一個打從心底發出認同的老師，願意參與這件事情，更多的師長願意一起進來。

最後，我想作一個結論：我們看到主題書院的發展其實是比較穩定的，那我覺得新生書院也應該找到一個培養的方向，那其實培養的應該是一個領導人。如果博雅書院培養的是一個公共知識分子，國際發展書院培養的是一個世界公民，X書院培養的是社會的創新人才，那新生書院也要能找到自己的定位，剛剛講到要培養的領導人，是團隊領導人，而且是引導思考的人，甚至是一個能成為別人典範和精神的人。這是我對於書院的期許，也希望書院教育在可以比較具體的改善和理念中繼續前進，謝謝！

楊善閔（政大博雅書院院生）：

各位老師、各位同學，大家好，我是博雅書院的院生，同時也是外交四的學生，我叫善閔，我想就一個院生的角度來回憶自己在書院學習的一些觀察跟成長。書院對我來講是一個凝聚學習與相互比擬的一個好環境，為甚麼這樣說呢？因為第一，我們生活在一起，然後讀書在一起，我們一起唸書、一起玩，所以小從生活常規，中至學識學習，大到人際關係、生活關懷、生涯規劃，這是一個一體成型的學習體系，那這個一體成型的學習體系是建構在什麼之上呢？其實，是建構在師長跟學生、學生跟學生之間相互的學習跟切磋。博雅書院一般比較重視師長跟同學、同學跟同學之間的相互連結，所以我們和師長的關係是非常好的，然後我們有很多的機會可以親近老師，像我們一週會舉辦團膳，還有書院的活動來拉近老師與同學之間的距離，所以對我來說，博雅書院是一個凝聚學習的一個非常非常好的環境。因為不管是老師還是同學，我們之間有很強大的革命情感。

此外，博雅書院是一個形塑價值觀，還有一個很好的討論平臺，為什麼會這樣說呢？因為我們的師長會帶我們一起去討論、去關懷社會的議題，去探討時下社會發展的趨勢，還有進入社會的一些徬徨等，所

以以老師的角度、學生的角度來切磋，會擦出很多不同的火花，在這樣子的角度之下，它便是一個抒發個人想法還有接受不同意見，很好的平臺。那最後，自己本身也擔任過書院的代表，也在這個書院學習之下看到很多同學因為不適應而離開，其實內心是有一點難過，因為覺得自己在書院學習很多，為什麼仍會有人不喜歡呢？我和身邊仍留在這裡打拚的夥伴時常在想：「如果說書院真的那麼好，那我們要如何去激發其他非書院的同學們對於書院教育的重視跟好奇心呢？」我們發現傳承是非常重要的，我從一個院生到我成為書院代表，乃至於到擔任課程助教，我學到最多的是把自己所學傳承給學弟妹！在這個傳承的過程中，我們可能會遇到不認同書院體制的學弟妹，例如有些會反對博雅書院的價值觀。這些同學會跟你有很多衝突的對話，透過與他們分享自身的學習，以及在書院承襲的一些經驗便很容易直接感染到這些同學，所以對我而言，書院的理念傳承，是書院要繼續推廣很重要的部分，也就像剛剛雅茜同學所說的「口碑」，但我不認為是口碑，我覺得是一種大家對於這個理念的重視，因為一旦我們一群人對於這個理念是同等重視，事實上相信自己的人會越來越多。今天很高興能夠在這裡跟老師還有同學們探討書院的發展，因為自己也是，從大一到政大就參與了博雅書院，事實上已經待了三、四年的時間，所以對於對書院的學習與觀察有很大的收穫，以上是我的小小分享，謝謝！

與會者提問：

劉源俊（東吳大學名譽教授）：

　　政大的書院已經有相當的成效，而且正在打造高等教育的年代。很多的理想在東吳大學，校長想做卻做不到，資源也是非常有限，因為東吳大學是法商掛帥的大學，但政大卻是個環境優雅、人文薈萃，以人文社會學院為主的一個學校。關於政大的書院教育，我有幾個簡單的意見。第一是有關名稱的部分，首先是要正名。我發現政大書院有很多名詞的變遷，也不斷在思考什麼樣的名字比較適當。從學院變成書院是

正確的，有別於文學院、理學院等。「政大學院」就肯定不對，像清華大學稱作學院，就容易搞不清楚。因此，「書院」是正確的。假設說專業導師，如果改個名稱叫生涯導師，那不如就叫導師，導師除了協助生涯規劃之外，也擔負其他的業務。在英國的大學，導師稱為 master，美國則是 mentor 這個字，也許我們就保持著。另外，「博雅」作為 liberal arts 的翻譯是可以的，若政大用 liberal education，我建議 liberal 在精神面可理解為「開明」。我以前講過這個詞，這個詞意思就是開明。書院的通識課程就稱為「書院通識」沒問題。至於素養的部分，很重要的是，書院是培養大學生的素質與素養。另外，我們則是可以區分一下課程與科目，兩者是不同的，課程是 program，科目是 course。然後，學生事務不可以簡稱學務，這也是混淆。我簡單回應同學的意見，謝謝各位！

林孝信（世新大學通識教育中心客座教授）：

　　我是世新大學的老師，對於政大書院來做這個東西，是開創之先，而且難度很高，因此不容挫折，碰到困難則是一定要嘗試，教育推動本來就是比較難的，因此本校的成本整體來講是蠻難能可貴的。這是我個人抱著很大的期望，也是在這個契機下提幾個建言。第一，如果能讓全校導師更重視更瞭解政大書院的意義和重點在什麼地方，也許是很重要的一件事情。書院的一個特色，就是一般老師與學生的關係，其中很大的差別是，像國外的書院，增加 master 或者是 dorm 也好，但跟學生之間的互動關係，這一部分應該是最高難度的，一般老師很不容易進行。如果很多書院的作法只是做一個幸福輔導，還有思想上的輔導，這部分可能需要非常有知識的教授來協助進行。這部分也是關乎書院是否能做得好的關鍵。英國劍橋的學院通常都由每個教授親自帶領。這也是我們用來解決一般課堂教育所達不到的地方。我覺得這一部分是可以考慮。因為時間有限，謝謝大家！

主題書院的理念與實踐

林月雲（政大企管系教授）：

　　我就針對問題與挑戰的部分來發言。我可能會談較大的概念，我個人非常期待書院能夠繼續辦下去，前一位學生說得很好，茶葉蛋要有裂痕，才會入味。百年樹人是無法一蹴而就，一定要有耐心、持之以恆，因此，我個人衷心期待書院能夠繼續下去。也許成果無法立竿見影，但一定會有。我比較從政治、大環境著手來思考，提出來讓大家一起思考。

　　臺灣的書院制度可以分成兩種，一個是菁英制度，較小班的，例如清華、東海大學所經營的書院。他們靠募款或額外的經費。政治大學則是在吳思華校長的領導下，採取另一種非常勇敢的作法：全面施行。這對人才培育非常重要，而且是一條應該要走的路。也因為如此，政治大學在推動書院上，就會碰到比較大的阻礙與挑戰，這是因為每個人的思考方式都不一樣。

　　另外，儘管從校方的角度是想要培育學生，但學生或許有各種不同的想法。例如，學生會認為書院與住宿綁在一起，是不是會排擠到其他同學住宿的權益？這就是很大的挑戰。此外，除了菁英跟全民式書院外，有其他學校也會將過去推行的大一新生座談，轉化成新生書院的方式。很多學校都認為，政治大學的作法有其好處，因此也想要效仿。我也肯定政治大學朝著這個方向發展。

　　目前的大環境對書院制度的推動，是否會造成不太好的影響，或甚至是個阻礙？在學校裡，有些事無法更改，因為是制度的問題。例如學費不可調漲，這就是個很大的障礙。書院制度應該是可以自給自足的，如果單靠募款是很危險的，不穩定性過高。國外大學的作法是，學校內

的宿舍費用比校外高，因此空床很多，也就可以做全面的書院制度。此外，學校規定住宿是三年，從大一到大三。這個規定若是在臺灣施行也是有困難。不過，國外大學有其時空背景，基本上沒有問題，而且也是有一些制度的搭配。

此外，我們的資源也不足。資源不足的原因，跟臺灣的大專院校數量過多有關，教育資源容易被稀釋。因此，我認為政治大學能夠在資源少的情況下，有今日的成績，已經很了不起。在制度方面，學校教師有撰寫論文、做研究的考量。例如有學生提到，如果老師少寫幾篇，是不是就有比較多時間可以照顧同學生活上的需求。我在學務處時有考慮過，是否可以將資源投入到有興趣當導師的學校教師身上，這樣即便資源不會增加，但卻可以照顧得比較好。後來經查發現，教育部規定每一個學生一定要有一位導師，因此也就無法有彈性的調節。有很多學生覺得自己不需要導師，而很多老師也寧可不要有導師費，希望可以專心做研究。如果可以進行一些彈性調整，資源就能夠移轉，這樣或許比較能符合同學與老師的需求，讓真正有熱忱的老師，有資源去照顧同學的需要。坦白說，在一個學校裡，當制度無法完全配合的時候、資源不足時，若想要做對的事情，很不容易，需要一些勇氣。

我自己的觀察是：學生的價值觀可能和學校不太一樣。做為一位教育者，最重要的目的是培育人才，但學生可能認為，我是來享受大學生活，因為好不容易從高中脫離出來。此外，很多學生的價值觀是不一樣的。在求職的壓力下，學生們希望專業的訓練，但書院教育期待給的是全人的教育。另外，同學們進到大學裡，大多會聽學長姊的建議，不一定會聽老師的想法，而聽學長姊的建議所規劃走的路，不見得是朝全人、培育人才的方向發展。因此，如果能夠在老師的輔導過程中，讓學生看到全面性的視點，而不只是為了找工作，不只是為了輕鬆愉快拿高分等。後者的價值觀是不太一樣的。

從管理的觀點來看，我們可以看到兩種力量。一個是推力，一個是拉力。推力就是，我們一直希望提供很好的環境，但卻無法讓學生有學

習的動力，就像爬山一樣，我們一直往上推，但一鬆手就會掉下來。在學校裡，我們給了很多內容，但學生可能不見得需要。那麼，最好還有一股拉的力量。拉的力量，就是一種培養自動自發的力量，如此一來就可以登山、挑戰自己。因此，我們應該要推拉並行。從本場次的三篇文章中，我們可以看到，關於內容與情境的給予有兩種模式，一種像博雅書院，另一種是 X 書院。博雅書院先從內容開始，漸漸發展出情境。X 書院則剛好相反，從情境／脈絡出發，引導學生喜歡這個情境，然後慢慢發展出內容。這兩者之間，沒有好與不好，而是期待能夠有一種平衡，重點是要能讓學生喜歡。書院活動本身若無法吸引學生，則就有其需要思考的地方。有些學生加入書院，可能只是為了能夠住宿，因為加入書院可以保證住宿。另外，系所的活動已經很多，對學生而言就會有權衡的問題，例如參加書院的活動就無法參與系所活動等。最後，我的建議是，書院制度如果要能夠繼續走下去，校內的整合將是必要的，例如資源的整合，讓系所活動與書院活動結合，讓行政單位的宿舍活動與書院活動結合，或者跟服務學習做整合等。有很多的活動都是屬於所謂社會創新（social innovation）的部分，若能夠整合在一起，就不會有這種互相拉扯、互相排擠的效果。另外就是，內容（content）跟脈絡（context）之間的平衡、拉力與推力的平衡等。這是我的簡單分享，謝謝大家！

周惠民（政大歷史系教授、人文中心主任）：

　　今天聽了這場討論以後，我發現政大有非常多優秀的老師。其實我對書院制度不是很了解，連外行人都不是。有一句話是說，牆裡鞦韆牆外道，牆外行人，牆裡佳人笑。也就是說，外面很多人在走，聽到牆裡面有很多笑聲，不知道怎麼回事。我就是牆外的行人。今天在這裡聽過各種不同的新想法，非常開心。我想，這原來就是我們辦大學的理念，就是這種書院教育。因為我是學歷史的，喜歡從古代出發。我認為有兩個概念很重要。一是希臘人的教育機構。這個稱作 Gymnasium。這個

字的意義，在歐洲跟在英國是不一樣的。到了英國，這個字就變成了健身房，是拿來打架的、一個鬥體力的地方。這些都包含在希臘原來的教育裡面。中國也有這種教育理念，孔老夫子所謂「禮樂射御書數」。這種教育的概念與我們的博雅教育、書院教育，理念上應該是一致的。

　　我們現在面臨的困境是，第一，我們的科系真的太多了，第二，教師自身的研究做得太小。也因為這樣的研究制度，使我們現在必須重新做一件事情，以恢復大學的意義。其實，這就是書院制度。目前書院的所有作法，包括三個不同的主題書院，我在想，這不就是原來大學該有的宗旨嗎？可是我們還得從頭再來，在已經成熟的大學制度裡面，重新做這麼多事情，這值得我們深思。另外，有許多大學在一開始，便體會到這個活動，我想，政大在校長與副校長與諸位老師的領導下，能有這樣的成就，非常令人開心。

　　我常常在課堂上與同學們提到一個非常重要的概念，羅馬的水是大老遠從山上引下來的，這是簡單的聯通管道理。也許我們會問，要維持聯通管的暢通需要多少國家成本？4,746 年以後，羅馬帝國衰亡，這裡不再適合人類居住，只因為水道斷了一小節。這樣的概念，我們同學可能不容易了解，因為他沒有「通」的概念，沒有這種大俯角的概念。中國是這樣，西方也是這樣。我看過一個非常有趣的理論：中國人會造紙，西方的人看到中國的紙，這種紙張會有兩面，所以西方人的紙可以兩面印刷，中國傳去印度的宣紙則無法兩面印刷，因為會滲透，但卻沒想到可以在一面紙上印完之後對折。這種互通的想法，這種教育情況，大概古今中外皆然。我們現在針對通識教育與博雅教育，我想我們要做的，大概是這樣一個重要的工作。

　　最後一點，剛才林老師有提到「住宿學習」。走讀不是一件太好的事情，我自己念大學的時候就是走讀。每天大概八點鐘起床，九點到學校，五點多就回家，一天沒有多少時間在學校。我想，住宿學習非常非常重要，學生住在宿舍裡，也許跟不同科系的同學住在一起、聊天。此外，現在有所謂的「團膳」，我也覺得這是一個非常非常重要的活動。

在書院的討論裡，中古世紀那種大學的氛圍當中，住宿便是一個非常非常重要的學習環境。我以一個牆外行人的角度來看，將自己的想法貢獻給大家，謝謝！

褚映汝（政大學生會會長）：

　　各位師長大家好，雖然我今天是以學生會會長的這個職稱來與談，但其實，我的意見並沒有辦法代表所有學生的想法，僅提供我個人的看法。我現在是大三，剛剛聽了三位老師的報告，我一直以來都非常認同主題書院創辦的理念。像一開始錢致榕老師提到的，我覺得我們不應該學外國。我們身為中國人，應該是要像歷史上的那種中國書院來辦，培養的是一種通才。所以我覺得，以政大這麼一個人文學風盛行的大學，大家都是非常受到薰陶的學校來講，中國式的書院應該蠻適合政大的理念。

　　我還蠻贊成錢老師所說，博雅書院是一種同時具備傳統與創新的挑戰和嘗試。這個挑戰和嘗試，非常值得我們繼續做下去。我也非常認同不以分數取人，這讓我特別心有戚戚焉。其實我之前也還蠻想加入博雅書院和國發書院，可是因為參加校外活動，然後課業表現都沒辦法拿書卷獎，或是前幾名，那個時候就有聽聞說，書院的篩選非常嚴格，因此我就卻步，不敢加入。其實加入書院，它跟一般的課外活動，我覺得比較不一樣的是，書院裡還是有上課，有導師教導你，這跟一般的校外活動，可能要靠著同學自己去探索，然後自己去闖盪，其實是更好的。因為它是有方向的，能夠指引你。這種學習態度和思考方法，是還蠻好的。

　　剛剛有三個不同書院的同學上來分享，其實我有發現，就這三個書院的院生，他們的特質都非常非常不一樣，這真的是充分代表了博雅、國發、X書院。也許他們不用自我介紹，我們就可能會知道代表哪一個書院。我覺得這是蠻有特色，也非常支持書院持續發展下去。書院真的是塑造了不一樣個性的學生，也代表這個學生畢業以後，在社會上代表

某一種性格的人。社會上就是需要各種特別有創造力，或是特別深具一些榮譽感、知識、關懷的人。這些不一樣的人，在不同的崗位上，代表不一樣的政大人。這還蠻呼應校長常常跟我們說的，政大人的榮譽吧！也就是，政大人的一種精神。

書院現在可能面臨的一些挑戰，其中，住宿資源一直是很多人有提到的。我認為，住宿資源並不是一個結構性的大問題，這是可以解決的。如果宿舍的量可以讓所有政大學生都可以住宿，或者，學校有足夠床位提供所有的大一學生住宿，那麼在推動書院制度的時候，就沒有什麼問題。像我自己，我也是限制區的學生，所以我是沒有辦法住宿的。因此，我就少了很多剛剛同學分享的那些快樂，然後也少了很多這樣的經驗，例如跟同學一起互相學習、分享等。如果住宿的問題改善之後，政大推的就不是菁英的制度，而是像林教授講的是全面性的推動。另外，書院有一個比較大的問題是，書院的好，並沒有讓全校同學都知道。尤其是主題書院，因為主題書院是有自己的特色，而且是要有一定特質的同學才能夠申請。如果多舉辦這些研討會，或者擴大舉辦同學的分享等，藉由書院生的分享，或許可以給政大的學生帶來認同感以及感動。我覺得不要把自己關在一個小房間，如果書院教育真的很好的話，像我剛剛坐在下面聽文玲老師分享漫畫，我真的非常非常感動，這其實是很觸動心弦的。然後看到一些跟我們同年級的同學，話講得比我們得體、比我們好，這些都是由總導師和很多小助教、很多學長姐帶領跟培養的結果，這就可能跟一般大學生不一樣。

如果能將這些好的地方傳播出去，讓更多人知道，並且擴大招生名額，比較全面性的話，我覺得更有助於同學去了解書院制度。然後讓大家一起激盪、一起思考一些問題，讓大家都可以出來講，就不會像是今天的研討會，出席同學的比例就比較少。如果以後多多宣傳的話，也許是有機會讓這個制度發展下去。此外，如果跟系所之間比較的話，像錢致榕老師提到的衝突，例如書院課程跟系上必修課開在同一時段等，造成有一些系所無法接受修改必修課的時間。我覺得，這也應該是因為宣

傳不夠。當然，如果可以有很多合作的話，例如跨系所、跨領域一起上課，就像現在傳播學院要推的不分系概念。這也是可以跟系所協調。我覺得，書院需要去思考的是，我們培育人才應該是最終的目的。我們都希望培育政大人才成為社會的中堅，成為社會領導人。我們要思考，書院教育跟一般的學系培育人才的差異在哪裡，以及跟學校通識課程、一般通識中心開的課程，不同之處在哪裡。剛剛這些教授在自己的系所，在通識中心開的通識課，其實上課的內容有很多是相似的，因為畢竟都是他們自己的專業，講出來的話都是一樣。那為什麼同學要去選書院的課，而沒有去選擇通識課，我覺得這是有必要區別的。以上是我自己個人的想法，謝謝大家。

林元輝（政大新聞系教授、傳播學院院長）：

我們三位與談人都盡了他們的職責，也把時間控制得很好，現在還有二十分鐘可以開放座談。剛才我們的周院長，說他對書院過去了解不多，其實我個人剛才開幕的時候有提到，我也是一點都不懂。可是今天我們也看到了，其實我們在一月份教育部來的評鑑通識教育的時候，就覺得書院表現出來的都是很好的東西。我今天在現場看到很多學生的表現，馬上可以感受到，它真的是很好。也就是說，七年多來，吳校長花在書院方面的心力，我們今天看到這樣的成果，這個部分應該要給他掌聲。

1月16日教育部評鑑的時候，我可以感受到，書院這個議題真的很重要。然而，書院的成果，大家並沒有看得很清楚。為什麼？因為很多校院的評鑑委員，都非常多地給我們鼓勵或讚美，鼓勵我們要繼續走下去。那時候我就跟校長建議說，因為我們可能有很多同仁，優秀的同仁，可能會出來要為學校服務，希望這些東西他們能夠理解，包括今天很多人都提了建議。我們今天也很高興，看到四五位校長參選人也都到了現場，這個問題值得大家繼續了解。錢老師也有提到書院的問題，包括衝堂的問題、師資的問題、行政的問題。但我個人的體會是，最癥結

的幾個問題可能還是在於，各系所的其他老師，對這個書院沒有多大的了解，很多學生其實也不知道。我今天看到這個成果，真的覺得很好，值得讓人家知道。書院基本上並沒有讓全校的師生知道書院的成果，以及做這個東西的意義，這可能是一個宣傳的問題。當然這不是要刻意的宣傳，而是一種自然的透過好口碑來散播出去。我們目前的口碑是還沒有出去，所以會對書院教育仍有疑慮。另外，文玲老師帶她的團隊展示他們的成果，我看了很是感動，我們也希望說，學習應該就要這個樣子。教育基本上就要是這個訴求，她所謂的小清新小確幸，我很感動，就是聽到有人在講說，她的一些小心願，在 X 書院裡都能夠實行，都有無限可能。

我後來因為做行政工作，從系所面的觀點來看，同樣是實驗單位，當書院今年可能獲得兩百萬經費，但我們的數位內容碩士學位學程，一年只有七萬的時候，我們就會覺得說，這個小清新、小確幸的成本是很高的。因此，這是校長參選人要考慮的。這是值得做的事情，這是好的事情。在剛開始推的時候，當然是要給它機會，讓它開花且能夠紮根下來，因此錢下得重一點或許可以接受。但如果長久以來都是如此，這一個成果用兩百萬去買，而另外一個單位一年卻只有七萬元的預算時，我們或許就要考慮一下。吳奕萱同學有提到，學生需要家人，我們可以理解，我們各系有開的課，比如說主題書院，國際發展書院裡面很多的課，我聽起來感覺都跟國務院可以開的課沒有什麼兩樣，可是國發書院這邊的效果可能不一樣。差別可能就在，比較小班，師生之間的互動比較密切，比較能夠像家人，拉拔他、安慰他，帶領他。大班上課後，就慢慢比較沒有感情了，慢慢就比較冷淡，學生的學習效果就不一樣。就此而言，我們學校裡推了很多政策，政策推行之後都要講效率，那些政策基本上都是蠻有功利的取向，而且不得不功利取向，因為要跟別的學校爭經費。

就功利本身而言，我慢慢回到那句話，一個老師跟一個學生，以目前的政策來看，有任何效果嗎？能夠在評鑑裡記上什麼嗎？目前來說，

這些是沒有用處的！但老祖宗給我們一句話：「無用可以為用」。事情不見得一定要有用處，從表面看有用，我們過去就是很強調有用的東西，那麼無用之用，則是更可貴。換句話說，在談功利之後，得不償失的政策免不了會出現，因此在擬定治校政策的時候，或許要去想這些問題。這是一個大問題。我對書院不是很了解，時間也有限，現在感受覺得是很好的東西，我們行有餘力，應該要多發展。

陳文玲（政大廣告系教授、X書院總導師）：

　　我其實一直不是很擅長回應問題，有時候要想好久。不過，剛剛院長講的，我倒是有一點感觸，我說的也是肺腑之言。剛剛院長談到書院運作的經費是兩百萬，業務費是六十萬左右吧！最主要的原因是，沒有其他的老師，能夠撇開研究、授課時數的壓力，而到X書院經驗我所經驗的東西。這也許是我能力不足，要想辦法召喚更多的夥伴來教書，但我們沒有辦法，所以我們主要的經費都用在要去聘請業界的老師，來帶學生上課。這裡面有一種因果循環的關係，好比我也一直被我的院長跟我的系主任召喚，希望可以趕快回廣告系開課。我這些年來在傳院的時數就不夠，因為我必須要在X書院開課。

　　各位可能覺得這是一個惡性循環，好像說沒有老師支持書院，書院就必須要動用很多資源。其實我有一個不一樣的想法，就是它其實也是一個良性的循環。我認真覺得，我在書院做的事情，跟我在廣告系當老師，或者我在傳播學院上一堂課，其實沒有兩樣。大概是因為有一個機緣，讓我不是一個人在課堂裡面做我想做的事，而是能夠跟一群夥伴，跟不同系所的學生在一起攪和。我也認為，我的作法是獨特的，但從來不是最好的。做一陣子，我可以帶著這個經驗回到我的系所去，然後也許會有別的老師，會有他們對於教育的想像，跟他們的看法。所以我認為主題書院應該要流通，有些起來，有些退場，可是跟它做得好不好完全沒有關係，而是政治大學可以給予老師們自由跟資源，去做一個實驗，讓老師有機會走出自己的系所，去經驗到不同系所、不同學生的這

個樣子的好經驗。

　　因此，我自己欣然覺得，我是絕對不會再繼續做下去，我心中想還會再做兩年，但也許有 X 書院或沒有 X 書院都不是重點。我覺得，我們也許是花了一些學校的資源，但它不是特別花在哪一個書院或哪一個老師身上，而是讓所有想要做事，想要創新、有很多話想說、想培育年輕人，學生自己想要的東西，能夠不斷地在學校裡頭生生滅滅，這是我自己最近的感慨。

林孝信（世新大學通識教育中心客座教授）：

　　我覺得政大主題書院是非常有創意的作法，臺灣其他大學好像還沒類似的實驗。在世界上其他國家，我也不知道有這樣的主題書院設計。我記得幾年前聽季淳說要推動主題書院，因為今天季老師不在，不知道我的第一個問題是否有人可以回應。今天，主題書院如何衡量當初設定的目標？這是第一個想請教的問題。第二個問題是，在國際發展書院的介紹中有提到，在談移工問題的部分，是否有多跟民間的移工團體做接觸，例如 TIWA。換句話說，學校裡的課程跟社會上正在進行的社會團體是否有互動關係？我覺得現在大學的教育，要有全球的視野，但也要有在地的關懷、在地的實踐。我就請教這兩個問題。

吳明錡（政大國際發展書院秘書）：

　　謝謝主席，謝謝林老師的提問。先回答第一個問題，當時季老師在設計主題書院的時候，依照政大書院第一個前期目標是希望把環境布局，有個基本的環境建置，主題書院設計的目標，就是希望讓活動系統化、明確化。我相信各位師長應該都有看到四個書院，就像一個家裡面有四個個性很不一樣的小孩。我想我們在過去幾年，應該有做到這點。這是第一個。第二個，有關國際發展書院，我們三年來嘗試在進行學習國際化這件事情上的努力。第一年，我們嘗試跟陸生住在一起，當然，有開心跟不開心，住在一起難免有摩擦！我們有發現到這件事情，如果

衝突的程度太大，或影響到我們院生學習的收穫，可能適時地退一下，因此，第二年我們就沒有跟陸生同住。連結到您剛剛提到跟移工有關問題，或者社會參與有沒有辦法跟國際化接軌，目前我們大概有做這樣的努力，比如說，像季老師這次回他美國的學校，我們就有嘗試在下學期的課程裡，透過三地共學的方式，讓政大的學生與另外兩個地方的學生做連結，目前正在進行中。不過有很現實的一件事情是，在我們沒有足夠的資源跟獎學金這件事情的情況之下，很難激發學生的學習動力，因為三地共學的難度有點高。當然，我們不只是用獎學金去觸發學生的動機，但如何去串聯這麼多的聯繫的工作，還有學生跟老師之間的連結，這是我們想要克服的問題。以上，謝謝！

林孝信（世新大學通識教育中心客座教授）：

　　我補充一個問題，不一定要到上海、到美國去，TIWA 是一個臺灣民間的團體。他們正在做的事，就跟剛剛同學報告的內容，基本上是一樣的。既然學校在做這種東西，有必要考慮連結社會其他資源，如此一來，我相信效果會更好。對學生來講，則有更進一步接觸社會更多現實的東西，站在社會實踐的面向上，可能會有更大的效果。

吳奕萱（政大國際發展書院院生）：

　　我們來回答老師的問題。在做這次移工問題時，我們的想法是希望臺灣有一些關懷移工的紀錄片，這些紀錄片因為沒有商業的性質，所以他的觀眾可能不是那麼廣，沒有辦法在電影院裡面很賣座。我們希望可以透過播放這類的紀錄片，邀請更多的政大學生，甚至是文山地區的居民，可以一起看這樣的紀錄片。但在聯絡紀錄片導演之後，因為播放費用非常龐大，學校書院這邊沒有辦法給我們這樣經費的支持，我們幾個學生也沒有辦法自己支付這樣的費用，所以，我們就轉為邀請全校的師生一起寫卡片來關懷移民勞工。這個活動的合作對象其實就是 TIWA。我們跟 TIWA 聯絡之後，便將卡片交給他們，讓 TIWA 轉交給移工。

此外，他們可以幫我們進行翻譯，保證每個移工都可以看懂每一個同學對他們的關心。

吳明錡（政大國際發展書院秘書）：

我們真心希望我們能做到這類的事情，第一，我們要有足夠的師資，還要有足夠的社會連結。因為經營各個場所，比較需要老師投入精力，我們現在呈現一個資源缺乏的狀態。心有餘而力不足，謝謝老師的期許，我們會朝這個方向來努力。

林元輝（政大新聞系教授、傳播學院院長）：

跟林教授報告，書院基本上不是一個學術機構，而是一個學習的地方。學習有其過程，剛剛提到 TIWA，學生們馬上就知道，可是我們在想，如果我們每次都這樣告訴學生們，似乎也不好，等於是說由上面來解決，這可能不是書院的本質。換句話說，就是由學生們自己去摸索，我們老師也不見得一定要告訴他們，最好能經過這個學習的過程，讓自己慢慢地跨出去。學生們剛才有提到也是跟 TIWA 聯繫，透過卡片來表達他們的 good will，可能也是一種方式。如果有經費的話，也許可能會做得更多。謝謝！

游麗嘉（瑞士社會經濟發展中心總裁）：

今天有機會參加這個研討會，非常有意義。我個人是住在瑞士，我的工作範圍通常是國際性的，關注的也是高等教育方面的議題。一個國家的發展有賴於人的發展，如果說人在發展上不能提升的時候，國家的發展也是做不到的。所以我們最近在研究的題目是，過去六十年來，因為教育方面，有關人的發展成功，所帶來的國家發展，讓許多國家可以脫貧。現在我們跟很多所謂的最低發展國家工作。但我們很清楚，我們鼓勵對方參加國際競爭、談國際價值，這些事情都只是鼓勵的話，心裡很明白他們做不到。這中間當然有很多其他的問題，我們不需要在此深

談。我之所以投身這個工作，是因為關懷這件事情。因此，我就會想要從這個角度來想想，為什麼在所謂的高度發展國家中，高等教育變成如此重要的議題，而且是具有爭議的議題。

我們發現，這些國家現在有適應上的難題。其所產生的副作用就是，年輕世代的不公平。也就是說，下一代的年輕人，就業的機會不夠、質量不足、薪水不高。未來幾十年，年輕人覺得沒有什麼希望。這是發展國家中的困境。臺灣是不是也在這個圈圈裡，每個人自有定論。從這個角度，我們要反思的是，今日的大學教育，對我們未來所增加的附加價值到底在哪裡？這個附加價值的意思是，我們不只談人的素質、社會公民責任的熱忱，當然還有一些是屬於就業的問題。但實際上，現在有很多工作逐漸被淘汰，還有很多工作因應需要而產生，這也就是說，我們今天教育的重點，或者大學教育的重點，不應該只是求速，而是應該再回到本質，而這個本質，跟做好人是有很大的差別。我們每個人都知道該做好人，努力做好人，但是，做好人對現在這個社會，對自己沒有貢獻，對國家社會也沒有貢獻。我們需要有更多的人，實際上是能釋放自己的潛能，能夠對自己有適當的尊重，從自我的尊重中才能夠進一步發展出，對周圍的人、事、社會上其他人的尊嚴的尊重。

我認為今天政大書院教育最大的貢獻，就是對於大學教育究竟該是什麼，應該產生怎麼樣的影響的一個重新思索、一個實驗。這個實驗包含了課程的實驗、科目的實驗、教學方法的實驗等。學校作為一個生產的團體，一個生產的組織，除了實驗老師的角色與功能之外，也探討學生的角色與功能。我們也重新再思索，雙方關係的各種調整。我覺得書院要考慮的第一個問題是，究竟我們對學生，對他的學習，書院的貢獻在哪裡。這些實驗，或者這些新的方式，對學生而言是否有別於傳統的方式學習。如果跟傳統的學習有差別，那麼這個差別是正向的嗎？或許，我們不是要證明預算上的適當性，而是書院對於課程、教學方法、老師、師生之間的角色、互動關係上的特殊貢獻是什麼？我們應該將其找出來，這樣才能夠讓這些實驗的東西更成熟，然後將其變成主流。我

覺得這是非常重要的。另外，我也有些小小的建議。第一個建議是，我們應該對自己做進一步的審視，用自己的題目，來完成符合升等、考績的目標。我們的教育研究所，實際上有很多事情可以做。我們現在進入到知識經濟的時代，連大學生現在都必須要開始要交文章。在這種情況下，我們有很多所謂科研的資源，並沒有獲得充分使用。因此，我覺得這部分可以考慮。也進一步證實，我們的方法是走在對的路上。

　　下一個目的就是，工作方法上的轉移，例如新的課題、新的主題的納入，例如國際化。作為一個 21 世紀的人，都應該要有國際觀。臺灣是做生意的國家，我們大部分的經濟是要對世界提供服務，我們的薪水應該要可以增加。我記得我三四十年前在臺灣教書，我的助教跟現在的薪水差不多。那就表示，我們這麼多年來，人的價值似乎一直在減少。這是有形的價值，知溫飽之後才能知廉恥，這是非常重要的一件事情。如果我們是朝著錢老師所說，三十年後見，或說，五十年後還要見。意思是說，我們現在真的是要朝五十年後走。五十年，我們大家一定都知道，人口會暴增，資源劇烈減少。這樣的社會，這樣的世界，我們臺灣人，怎麼生存？我們又無外援，又無資源，我們要靠什麼？我們是要靠國際介面的良好保持、提供對世界有用的東西。如果沒有國際觀，我們怎麼知道是不是有用？因此，在國際書院，這些主題要深做，就像剛剛林教授所說的社會動員（social mobilization）。

　　最後，除了建議之外，還有一點小批評。我的意思是，現在學校裡大多面臨到一個共同的，所謂組織行為上的缺失。也就是說，合作的態度不足。它不是一個互助的團體。我覺得可能要透過學院的方式，重新來檢討我們的企業文化、我們大學的文化。大學應該要有能力來承擔，且必須要承擔起這個挑戰。即便有一大堆有名的老師和教授，但文化或精神面無法支撐的話，那也不行。書院現在已經走了五年，我也是希望能夠看到，在這個基礎上，透過科學研究的方式找到它的特殊點，然後盡快地將其普及化。在成熟之後，讓新的東西進來實驗，而不是永遠都是在做實驗。謝謝！

蔡連康（政大韓語系教授、副校長）：

　　我借用兩分鐘來回應剛剛老師的第一個問題。當時，為什麼會設計主題書院，它的構想是，我們希望透過書院的主題，來凝聚校內最好的師生，它真正能夠形塑，並且也傳承書院精神，而且，共同學習成長。第二，行動學習導向的住宿教育，它能夠創造不同於以往的教育價值。第三點，很重要的一點，我們希望藉由主題書院，來做為院生自我承諾的一種自我學習的要求，這個是很重要的。第四點，以更多共同的學習，大家一起學習來逐步打破系所的藩籬，也是當時的設計重點。還有就是，一樣很重要，希望透過主題書院，能夠更凸顯政大的特質。最後還有一點，剛才問到的最重要的一點，是不是可以允許主題書院有新的主題出現，這是可以的，我們是開放性的，希望能夠孕育源源不絕的生命力，讓我們書院一直再發展下去，這也是當時設立主題書院最主要的目的。謝謝！

林元輝（政大新聞系教授、傳播學院院長）：

　　謝謝蔡副校長精要的說明。林月雲老師有提醒我們，教育需要整合。我們實驗了一段時間，接下來，不管是發展的整合、師資的整合，或者態度的整合等，都很重要。不過這個制度，如果在科系裡面，一旦放在那邊很久之後，它就會變得機械化。國務院開的課，或許與國發書院這邊的課程，基本上沒有什麼不一樣，可是裡面還是有不同。書院是很值得推的東西，可是要怎麼推才可以更上一個境界，或許要更花心思。

吳思華（政大企管系教授、校長）：

　　首先，非常謝謝院長，還有今天各個主題書院老師的報告。我只是想藉這個機會，代表學校還有代表所有書院的同學，向我們三位總導師，以及所有同仁，致上最誠摯的感謝。在今天的報告裡，大家可以感受到這些老師還有同仁的投入，是用心用力。他們是用他們的生命，

在耕耘這個書院。所以，不管是表達的內容，還是過程，看到生命的力量，看到了生命的傳承。我想這個是在書院裡面，最值得珍惜的事。

　　我跟各位報告幾件事情，第一，從各個觀點來看，我們的書院經費算是很多，一個書院兩百萬，可是如果我們跟其他學校比的話，清華學院是兩千萬，那是我們全部書院的經費。東海有校友的支持，也有兩千萬，那現在大概剩一千多萬，也比我們多好幾倍。如果從經費投入的觀點來看，如果相較於其他學校來說，是明顯的不足。不過，不管資源再少，我想一路這樣走下來，我們相信有一種教學的典範，是可能在大學裡頭存在。這個教學的典範，好像也應該讓同學們、社會大眾給予更多的支持。所以，未來的幾年，剛剛林月雲老師有提到，我們能不能把這個經費，有一部分宿費，把住進宿舍的費用調高一點。我們也用這樣的方式，來向社會取得更多的資源，例如台達電的支持，讓書院可以走下去。這是第一個關於經費的事情。

　　第二個就是，主題書院的部分。這個議題在我們整個書院發展中，一直都是一個關鍵。今天的報告約略有提到，書院在其他的學校、在其他的國家，並沒有跟課程做連結。但在政大開始實驗的時候，我們發現如果完全沒有課程，那就無法區別於現在所謂的導師制。師生之間的認同感，也沒有辦法凸顯。所以，就嘗試做了這件事情。走到現在，它是不是一個最完美的一個方式，也還有待考察。不過這個架構至少可以顯示，因為有個主題，所以有很多的老師，會在這個主題上相聚，因為有這個主題，所以書院的活動能夠更順利的進行。它至少是一個方向。在這件事情上，我原本想展現的就是一個多元價值，但是要有人非常認真的去闡釋它、發揚它，然後去實踐它。這個是值得做的。

　　剛剛林老師有提到，我們本來的想像是，當目前幾個主題書院成功以後，我們會再邀請更多資深的老師來主持第四個、第五個、第六個。但這筆經費，短時間很難去擴充。我曾經跟很多資深老師提到，如何將主題書院當作人生教學過程中，一個實踐自己教育理想的機會。我們也許不必一輩子都做主題書院的老師，但可以做三年，在這三年中去

實踐，自己當個小校長，最後這個小校長或者有一百個學生、兩百個學生，但是用自己的理念去做，學校給你一點經費讓老師去實踐。如果我們有更多的經費支援的話，我想這是很有機會的，就會有第四個、第五個、第六個。這是第三個想跟大家報告的。

第四個想跟大家報告的是，書院的發展在臺灣現在的高等教育氛圍之下，一直有兩件事情，是得勇敢去面對的。一件事情是，現在高教資源的分配，不會從教學的觀點去想，而是從研究的觀點去想，所以我們一方面要讓老師們能夠展現研究的能量，一方面又能夠在這個架構之下，維持我們教學，或教育上的理念跟精神。我覺得這些事情彼此之間都在掙扎，有一些主管參加頂大的訪視時，訪視委員問道，如果沒有頂大計畫會怎麼樣？我就很勇敢的告訴他們說，如果沒有頂大計畫的話，今天政大已經超過臺大了。我相信以我們的努力，這八年下來，應該已經超過臺大。今天臺大還是站在我們的前面，是因為他們有三十億，我們每年只有兩億，必須要以這樣的尺度（scale）去和他們競爭，其實是一個相對來說非常辛苦的事。但是，我們也很慶幸的是，在發展的過程中，有很多的老師，維持教育上的熱忱。這是第四個想跟大家分享。

我只想說，頂大這個帽子，對政大來說真的是一個機會，至少我們書院被分到兩百萬，若沒有頂大，連兩百萬都沒有。但也因為頂大那個框架，使得我們在教育的理念上受到左右。最後一個是宿舍。宿舍是書院最大的議題，我覺得這兩年來，宿舍問題變得更加嚴重，這其實跟我們大環境不好有關。年輕人對於自己的未來有高度的不安定感，在這個不安定的過程中，專業的學習，或是專業導向的考試，就很重要。我記得我們在校務會議上討論，同學們就說，宿舍對我們來講就是要認真去讀書嗎？還是要去做其他的事情？我如果能夠住在宿舍裡面，能夠考上律師，對我來講就是最大的保障。很多同學，就非常直率地講這些。

我可以體會他們的心情。這個議題不是只有在政大，在臺灣的社會裡面，也是我們在推通識教育的時候，最大的挑戰。如果我們沒有辦法讓同學相信，其實做了這些事情，雖然畢業的那一霎那沒有辦法看到，

但是兩年三年四年後，它就會在你身上顯現，同學可能會越來越有信心。不過我今天非常非常高興的是，我們今天看到上臺的每一位同學，雖然沒有辦法明白地指出，這些同學彼此之間有什麼地方不一樣，但一眼就知道，他們和其他學生不一樣。我覺得，這可能是最有說服力的。我們當然也希望能在更多其他的場合，讓其他的老師和其他同學分享。這就是我們做書院最大的目標。至於新生書院的議題，我想在明天早上跟下午都還會有進一步的討論。因為新生書院和主題書院，在理念上有一點不同。新生書院基本上是希望能夠讓新生在發展的過程中，獲得更好的關心與照顧。無論如何，我們至少可以很有信心地說，我們並沒有浪費國家給我們的經費，我們也不能說非常的成功，但是做了一個很好的實驗。在實驗裡面，我們可以看到每一個關鍵的意義。我想要特別說的是，書院大部分的成就，都不是我的成就，這都是老師和同學經營出來的。我利用這個機會，向大家說聲謝謝，謝謝大家，謝謝！

書院教育與大學組織：
通識、學務與專業教育

楊淑文（政大法律系教授、法學院院長）：

　　主持人、報告人、與談人、校長、副校長，以及在座各位嘉賓、老師、各位同學，大家早安。適才聆聽了四位報告人的報告，我今天要回應的一個議題是，博雅書院跟專業教育與專業學習之間的關聯。在聽完四位報告人的報告後，我有以下的感想。博雅教育跟專業教育其實是一個相輔相成，而且彼此之間有非常重要的關聯性。法律本身具有規範功能，而和道德、倫理、宗教等共同形成整個社會制度的規範。這些社會中人與人之間的規範，深入每個人涉及每一個行為、活動。在法學的專業教育裡，過去往往聚焦在非常專業的部分。因此，以前的教育理念是讓所有的人進來後只想到畢業後是不是要當法官、或者是不是要當律師，接著衝刺所謂的國家考試。在當時的國家考試中，最少的時候大概也有三千人，曾經有一年只錄取了四名律師，比較多的時候可能是十幾名。有一年，有一位考生考了十年但皆落榜，最後選擇自殺一途。換句話說，在過去的法學教育裡面，我們面對的是一個非常險峻的環境，畢業考上了就是一條龍，考不上就變一條蟲。

　　今天在回顧過去的法學教育時，我們看到當年這些兢兢業業、日夜準備，可能考了兩年、三年、五年，最後成為一個法官或者是律師的人，他們可能有不同的面貌。這些考生考上的情景，可以在「范進中舉」這篇非常有名的文章裡面看到。然而，當這樣的一個法官進入了司法的體制後，在面對今天的問題所做出的一些判決時，很多部分都違反了今日一般人民對於司法的期待。因此，整個社會對司法的信賴是非常低的。最近幾年，我們的法學院課程有了非常大的調整。在幼慧老師的

文章中，我們看到博雅所要培養的核心能力，我覺得這個部分跟我們法學專業教育是非常息息相關的，譬如說，所謂的宏觀視野跟跨領域的知識。現在我們的法學院裡面有所謂的法律科技研究所，所裡大概有七、八位老師具有雙領域的背景，除了法學以外，可能有社會學、心理學的背景。另外，我們也希望以後會有法學與教育學雙領域的人才出現。法學院的跨領域學習主要就是因為，法律是解決社會的紛爭，所以必須要有跨領域的能力，當然也要有宏觀的能力。另一個最重要能力，其實就是所謂思辨、創新的能力。思辨能力是要去了解規範本身是否具有正當性、判決本身的意旨，判決是否具有說服力等。這部分是法學院老師在校內認為最重要的，希望能夠培養法律系的學生能夠有獨立思考的能力，但這部分或許只有結合博雅教育才能達成。

當然我們剛剛也談到一個問題，為什麼這樣的教育，學校裡的學生參與意願不是這麼的高？我個人深深地覺得，學生在進了大學、進了專業學院系之後，便認為只需要專業的能力即可作為其就業的目標。然而，學生通常不了解，在專業領域或者在職場上，還有很多其他的能力會決定是否能夠勝出，譬如說對於人生是否抱有熱情、懷抱理想等。我們希望可以在大學裡培養這樣的能力，而不僅是兢兢業業、聚焦在一個非常小的考試目標、考上後開始放鬆、甚至進入專業領域後就不再進步等現象。另外，所謂的批判思考，除了面對規範之外，還要判斷這個規範的存續，以及是否合時宜的問題。換句話說，我們要有創新的能力，而創新能力本身要從這個規範和批判的能力中發展出來。

我們現在非常重視社會關懷，在社會關懷上，需要專業的能力，例如所謂環保的議題、都市更新的議題，甚至是少數民族的多元尊重與關懷的議題，這部分都需要法學專業教育和博雅教育相輔相成。另外，溝通或者是團隊合作的能力，在每一個領域、對每個人而言，都是非常需要的。此外，還有國際移動的能力。我一直認為，政大在外語學院裡應該要再補充一些外語的師資，讓學生不論是在日文、韓文，或者是英文、法文、德文的學習上，具有更佳的語文能力。在這篇討論到學生創

意的分析文章中，我看到學生在學習博雅教育後，在所謂批判思考、自
省能力、健康樂活能力，或者是在多元尊重、口語溝通表達等，都有比
較強的能力。關於跨領域的知識、宏觀的視野，或者是創造力等部分，
可能比較沒有辦法在一兩年內發現差異性，這部分的培養需要長時間的
觀察，才有辦法看到博雅教育在這三種能力的培養所造成的影響。最
後，我認為在博雅教育中的大一部分，或許可以跟通識結合在一起，將
其列為一些必修的課程。透過這些課程，我們希望培養學生分析獨立思
考的能力，而不只是將法院的判決寫好，卻不會考慮其過程。在學生的
學習上，我認為應該將這些課列為學生的必修課程，對於學生的未來會
有相當大的影響，謝謝大家。

王偉華（東海大學博雅書院書院長）：

　　大家早安，每次來到政大真是又開心又緊張，開心的是可以看到
各位老朋友、好朋友，緊張的是回到我太太的母校講話要特別注意，最
怕我講完回去會有後續的發展。一般人談博雅也談通識，其實我覺得一
般通識和博雅這兩個詞就不太一樣，但也就得清楚的定義。有一種說法
是，通識是一個人的知識，博雅是一個人的人格，這是兩種不同的教
育。理論上談的是專業與通識的關係，但我覺得專業是一種感覺。東海
大學博雅書院的學生裡，有的說不想修體育課，因為他是電機專業。我
覺得對大一學生來講，專業就是一種感覺。教育的目的是什麼？今天的
主題是書院教育與大學組織，組織的目的就是在成就一個目標，大學和
企業最大的差異在於，我們為了達到這個目的但不能不擇手段。我們談
教育和業界不一樣的地方在於，我們非常強調使用的方法是什麼。大學
有兩個很重要的目標，一個是希望把學生教育成什麼樣的人，前面提到
的研究部分，研究就是要把知識往前推到另一個境界。另外一個是把知
識推往什麼樣的境界，如果把知識推往的是食物的話，我們就要想辦法
創造一些食物，然後餵給我們的這些孩子吃，吃了以後要怎麼去運用這
個東西，回過頭來加入再創造出新的食物，到底有多少人吃飽了後又回

來陪我們一起創造新的食物，有多少人吃飽了就出去工作，我覺得這就是一個研究型大學和教學型大學最大的差別。

現在麻煩的是，我們教育出來的學生到底是怎麼樣的？這是我在推書院時一直在思考的事。三十年來，我們把學生都教成了檳榔樹，上次我邀請齊柏林來演講，我都不敢看齊柏林的照片。我發現其實我們都在教檳榔樹，外表看起來非常的漂亮，但根其實是淺的，一旦出狀況，這些檳榔樹也就倒了，也就是我們的大學教育究竟是餵食的教育？還是教他獵食的教育？我們是要餵東西給學生吃，學生吃飽了，樹長好了，就讓他出去，還是你要教他讓他一個人出去自己獵食？這是很簡單的概念，但很多人不懂。這又談到博雅這兩個字的意義？因為有太多意義，我無法做更多的解釋，但我希望學生具備高度的好奇心，當學生開始有高度的好奇心時，就會對所有的東西都會感到興趣，就會願意花時間做一件事情。讓學生了解適當的平衡，不多不少恰到好處，這就是適宜的概念。不然學生常常偏食，只做一件事情。因此，博雅本來就應該是啟動一個學生高度的好奇，讓學生對自己所有的資源做適當的調適，而且能夠尊重別人不同的看法，我認為這是一個非常非常重要的目標。

回過頭來看這個有趣的事情，我們就需要一個組織去推動它。這個組織裡的成員包括老師、學生、同仁，以及制度。全國都在做一樣的事，學生被高度期待或甚至是被要求，但我們的老師和職員未必有共同的想法，更不幸的是，我們的制度又有點太詭異。這並不只是政大的問題，而是東海以及全國的大學都有的問題。參與這樣一個比較教育型的工作，同仁們基本上要被鼓勵，但也得要放棄一點東西，有的人則是心有餘力得以全。我常常覺得，在推動事情的時候，制度是非常非常重要的。在推動的過程中，我們書院有 35 位導師，這 35 位導師是我懇求而來，但找來是一件事情，要讓這些老師留下又是另一件事情。留下來的老師因為他所付出的努力有成就感，看到學生的成長覺得很安慰。今天坐在這邊的各位，應該都是對教育有熱情的，因為我們對教育有熱忱，所以我們約在這邊，對教育有熱忱的話，也就是希望看到學生成長，而

這些成長會長成什麼樣子，是一棵檳榔樹，還是它的根是很綿密的，將來可以長得最棒？我們到底是希望學生今天長得很快，還是明天長得很棒？現在的制度，我們都知道評鑑成為重點，學生都在評鑑，大家都很在乎評鑑，都期待會有一個很快的結果，但這對教育來講是非常困難的，老師和職員的共識也不容易，所以制度非常重要。因此，我有幾個簡單的建議，第一，制度上一定要鼓勵老師和同仁們形成共識，當我們在教育的過程中提供太多的課程和資源，但提供太少的榜樣與關懷時，最後就會變成一個架子而少掉了精神，所以讓老師和同仁願意參與是關鍵，如何能傳遞價值建立共識是非常重要的。最後，傳遞價值、建立共識、形成文化。文化沒有形成，我想我們的努力還有很長的一段路要走，謝謝各位。

金允凡（政大中文系學生、曾任新生書院 tutor）：

　　各位在座的老師，我是政大中文系的金允凡。不諱言跟大家說，我已經大五了，在學校裡面行走多年，闖蕩江湖很久，很多老師看到我都會問我怎麼還在這裡，我也很想知道我為什麼還在這裡，我也不知道我為什麼還畢不了業，但我滿享受大五這一年。我跟書院的淵源其實滿深的，大一的時候我是院生，大二的時候變成 tutor，接著大三大四也都是 tutor。但因為我自己沒有辦法在同一個地方待很久，後來就到校外參加課外活動。我覺得大五這一年，在回顧過去的學習時，我發現雖然不是刻意的，但這些學習對我的影響滿大的。

　　首先，我對通識的想法，除了覺得是老師帶領我們認識世界的方式之外，在大五這一年又修了核心通識。我非常驕傲的是，從大一到大五，每一年都至少修了一堂核心通識。一開始不知道是核心通識，但是什麼促使我去修這個課呢？後來發現，因為我的學習離不開一定要跟某一個人講話，我很享受大家一起討論的過程。當聚在一起討論時，老師通常對於討論的內容或是對於期末考試是比較沒有期待的。我發現如果我可以透過聊天的過程，減低我在期末考時的壓力和付出的時間，透過

這樣聊天的過程反而比後來努力壓縮自己的腦袋所學到的更多。但我又發現了一個很重要的關鍵，雖然我很享受聊天的過程，但在聊完之後大家就拍拍屁股走人，沒有留下什麼紀錄，後來我當 TA 的時候，都會一直鼓勵他們，將今天聊天內容寫下來，不管是給自己看或是給別人看。在把它寫下來的過程中，便可以將剛剛討論過的東西進行第二次的反思。後來，如果上課內容是老師讓我們聊聊天的話，回去就要將聊天的過程寫下來，因為你可能再也不會修那個老師的課。另外，我也很喜歡的是，政大是一個在山上的環境，所以在上不同的老師的課的時候，有可能會在不同的場地上課，我有在醉夢湖旁邊上過課，也有在環山道上過課，也有在水岸電梯旁邊上過課，也有在操場上坐下來圍一圈上過課，我覺得書院對我來說就是生活學習圈的這個概念，已經不僅僅是山下校區了。

　　剛剛聽了很多老師的分享之後，我覺得有幾個很重要的地方是想對自己講的，我覺得通識課程，老師可以不要期待學生在那一堂課就學到很多東西，但老師們絕對是開啟學生興趣一個很重要的鑰匙。我現在學的東西，可能囫圇吞棗沒有辦法記得很多，但有可能在二十年後，我才會回去看老師教我什麼、給了什麼大論述、接下來要去學什麼。老師們開啟我的興趣之後，我在未來每一分每一秒都會回想起來，在每一次的學習中我都會回想起來老師教過我什麼，我覺得這就是通識課對我的意義。它可能不是一個很具體的東西，也可能是一個架構，但是可以幫助我把這個世界建立得更好，所以我給未來的自己訂下很多的功課。

　　總結一下，因為我在課外活動投入很多，我在書院學到的東西也很多，可能在課業上沒有像在其他兩個地方投入得這麼多。但後來覺得，不管什麼方式的學習都好，只要我們對自己的學習有反思，這個學習就會有效果，不管在什麼場域學習。到現在為止，我覺得自己應該是書院滿值得驕傲的一個學生，謝謝。

侯盈君（政大國際發展書院院生）：

　　我是第一屆國際發展書院的院生，作為一個即將畢業的大四學生，我會問自己一個問題，為什麼要上大學？這是我們在大一剛進大學時，校長和很多老師就跟我們提過的一個問題。校長有提到，大學之所以為大，是因為這裡有很多的知識值得我們去探索。在整理這四年所學習到的東西時，應該要如何整合現在擁有的知識和技能，這或許沒有既定的答案。但若重新回到書院來看，在書院裡面，我所學習到的可以分成兩個部分，第一個是夥伴，第二個是學習專業知識的過程。夥伴的部分指的是建立關係，就像剛剛老師所報告的，學習與人溝通，以及如何在團隊裡建立共識等。另外一個就是專業知識整合的過程。剛剛老師有提到，我們要如何將知識進行統整，我覺得統整是一個過程，是一個學習的過程。在書院裡面，這很像是一個類實習的概念，換句話說，我們在書院裡面的學習是透過第一部門、第二部門與第三部門的觀點，透過各方角度學習不同背景的人究竟是如何思考事情，我覺得這樣的學習方式是讓我們在本科系的學習之外，以多方面去整合我們所學之技能。

　　然而，書院整體的制度架構或許還有很多需要解決的問題。以我自己的觀察，很重要的就是資源的整合。舉個例子來說，就像是學校的外文中心，外文中心有自己的自主學習發展小組，但這樣的課程書院也有開設，叫做英文聊天室。在很多類似的課程開設背後所隱含的問題是，對老師來說，書院和通識的課程好像就一定要是一個新的課程，對於一個要有教學評鑑和很多繁忙的事務的老師來說可能會分身乏術，也就不會想要努力準備課程。對學生來說，有這麼多的資源可以選擇，在這樣的角力之間，我們回到自己的專業學位來看，在系上，老師就會告訴我們應該在大學的時候就打好專業基礎知識，所以就要好好念書、好好分配時間，大部分的時間需以課業為重。有很多類似的想法和衝突就會存在我們學習的過程之中，這就像老師剛剛講的共識問題。將這樣的共識聚焦到人生就是一個很重要的事情，所以我想說的是，書院制度本身的確就是一個教育實驗，但我覺得這個實驗不能就是一個實驗，它必須在

創新和傳統之間建立出一個屬於書院的概念，謝謝。

問題與討論：

林孝信（世新大學通識教育中心客座教授）：

　　我有一點分享和一些問題要提問，分享的部分是關於專業和通識，以及書院教育的問題。我想要釐清的一點是，現在碰到的一個問題是，一門專業和通識發生關係，事實上這是有兩層關係，一層是透過通識來協助專業的部分，例如剛才楊老師所提到的，一個法律人可能需要一些專業的東西。另外一個層次則是，一般人所需要的法律常識，也就是需要接受什麼樣的法律通識教育。後者是很不同的層次，我想需要重視。對數學來講也是一樣，陸老師有提到自己是念應用數學，我想很多人，特別是念文法科的，上了大學以後好不容易離開了數學或科學。這就涉及到，我們是不是只把數學當作專業科目來學習？我們究竟要具備哪些科學素養？如果這才是在大學中要進行的通識教育，我們就要考慮，我們的通識教育就應該要包含數學教育、數學素養或者科學素養？如今，我們常碰到的一個問題是，我們以為通識就是把原本的專業教育設計的淺顯一點。以數學來說，我之前在清華大學和現在在世新大學，開了一門課：「數學與文化」，在大學教育裡，如果我們認為數學教育是重要的話，我們就不應該把它當作是一個工具來教，例如如何計算、如何證明等。在中小學裡，充滿著這樣的教育方式。但數學還有一個重要的層面就是，數學和文化的關係。這幾乎是所有人類文明開端。因此，學習數學便可以了解人類文明的發展。反過來說，我們從不同的文明發展當中，也可以發現不同的數學發展特質，例如古希臘的數學和古中國文明的數學就非常不一樣，古埃及與巴比倫也彼此都不一樣等。如果我們可以將數學當作文化的一部分來教，我相信可以開啟學生另外一方面的認識，對不同文明的認識，也可以發現原來數學不是這麼枯燥乏味。這一點就是我們在談通識教育、書院教育與專業之間的關係。

　　過去，我們在提到通識教育時，經常會提到法律教育和通識教育的

關係，數理教育和通識教育的關係等。另一方面，我也想要多了解，在書院所進行的通識教育和在一般整個學校所進行的通識教育之間，應該有側重不同的面向，但我覺得這部分還沒有好好地釐清。學校推行的書院教育是一個新興的事物，這新興事物裡包括了一般的通識教育，因為書院很大一部分是在強調通識教育。我覺得書院很大的一個特點，以對話的方式來進行教育，談天、聊天，這就是最好的方式，剛剛金同學有提到這一點，我覺得非常棒。我也常希望能夠創造這樣的境界，就是以聊天對話的方式，就此而言，書院可能是一個在教學上與一般通識教育不一樣的地方，我的報告到此為止，謝謝大家。

黃藿（文化大學共同科目與通識教育中心主任）：

　　我來自文化大學，今天參加書院教育研討會，對我個人而言是學習。臺灣能夠推行書院教育的大學和老師有限，連臺大都沒有能夠推行書院教育，所以我對政大、東海能夠推行書院教育是非常的敬佩。我過去在交通大學服務，當初清華大學推行書院教育的時候，我們也與教務長討論，交通大學是不是有可能來推行書院。但經過我們的評估，認為交通大學沒有這樣的條件，因為要有額外的資源和經費，還需要一批熱心的老師投入。我們在教育部的計畫裡，僅規劃結合生活與學習這塊，也就是讓大學生的教育不只有課堂上的學習，應該將宿舍與學習結合在一起。不管是有書院的大學或是沒有書院的大學，或許都應該重視學生在課堂外、課後生活的學習。我去年 8 月剛到文化大學服務，11 月開始負責通識中心，協助學校通識中心進行規劃。我發現文化大學在教學的經費裡，提供很少的經費，大約一百多萬，建立了曉風學院計畫。但這不是書院，因為結合住宿的學習，需要較多的經費，所以在這一方面，我們也一直在找尋協助，讓文大的學生將生活和學習結合起來。

　　此外，我對陳幼慧老師的報告很感興趣，也想提一個問題。在報告裡，問卷的結果有低分組和高分組，通常參加書院也分成兩個部分，不知道是否有做參加前和參加後的比較，例如參加書院一年之後的對比

研究？我關心的是，書院這些課程與活動是否有協助同學找到未來的方向、生涯的方向。我覺得大學生最大的問題，包括臺大的學生，就是進入大學很高興，然後參加社團、玩樂等，就算是臺大的學生也未必知道自己未來的方向。至少我的女兒在大四之前，還不知道自己要做什麼，對自己未來很不清楚。我認為不管臺大或是任何大學生，在進入大學之後，真正能夠清楚知道自己未來的人所占的比例是很低的，大概五分之一或四分之一。我希望我們的大學生能夠盡快地找到人生的方向，這對他們的學習才會有比較顯著的幫助，不然大部分都在摸索，摸索到大四還是不知道自己能夠做什麼或適合做什麼，也因此，他們對學習沒有很高的興趣，我希望幼慧老師可以給我一些答案，謝謝。

陳幼慧（政大教育系教授、副教務長、通識中心主任）：

　　我先回答黃老師的問題。我們發表的這個問卷是針對每個進來的學生進行追蹤五次，我們剛剛所呈現的是針對 101 學年度進來的大一下學生所做的問卷。大一學生是政大學生中最容易受到外界雜音所干擾的學生，所以呈現的只是比較片斷的知識，我們只能在這一千多份問卷中，把有積極參與和沒有積極參與的學生用高低分組來看，其實參與熱絡的學生是非常顯著的高。我們會對這些學生從大一進來追蹤到大四畢業，在座很多書院的總導師，如果將個書院學生的名單給我們，我們便可以篩選書院的學生，以和其他非書院學生做一些更精準的對比和比較。另外，書院有一個很明顯的目標就是 living 的部分，我們透過住宿去跨領域認識，也聆聽跨領域的知識，因此在問題裡，我們也設計例如書院是否可以幫助你找到未來的方向，或者說對於專業以外，是否有積極想要投入的事情等。我會將其界定在比較算是跨領域學習的部分，或者說，你會不會跟你的室友去討論自己專業以外的部分，問題的題型大概是這樣。主要是希望了解學生未來的方向，以及利用書院住在一起的環境，是不是能夠培養更多跨領域的學習。我也順便回答剛剛老師的問題，到底書院和通識有什麼樣的不同。政大這幾年來最積極改革的通識

就是核心通識，目前一學期大概有 30 個班，每學期可以修課的人數大概是 3,500 位，其中有三分之二都是新生。核心通識當然有知識的推進部分，可是核心的課程有一個先天的限制，就是在滿足學分數的條件之下，我們沒有辦法做很多創新的東西。換句話說，目前還只是在滿足基本的限制。因此，政大在架構裡頭特別把書院放進來，其中兩個方向是新生的定位、新生的 orientation 的課程，例如大學入門，或是生涯定向等課程。另外一個方向是行動實踐，用以彌補在課堂內只是上課或可能不足的部分。還是有很多老師試著把同學帶到課堂外，我覺得這對學校的課程規劃及架構以後是很有幫助的，我們當然也希望所有活動都朝這個方式去規劃，謝謝。

陸行（政大應數系教授）：

　　主持人好，我想特別回應一下林教授剛剛提到的問題。我讀了很多林教授的大作，今天有幸見到林教授非常的高興，也藉這個機會跟林教授溝通一下。剛剛教授特別提到關於數學通識的事情，在政大通識課剛開始的時候，開設過「數學與生活」的通識，後來課程名稱隨之固定，由不同老師來開課，因此課程內容就是包羅萬象。我也開過「數學與生活」，那時候我讓學生閱讀《數學與藝術》這本書，作者是克林姆。我的意思是，我們也會提這些事情，然後讓學生去理解。但我們碰到一個困難，就是這個課變成是共同必修，而且是通識課程。原來開的是選修通識課程，順著學校的要求開課，如果有老師願意額外教一堂通識課，那就很好。可是後來變成是必修，變成核心通識的時候，我們的科目在訂定時，就必須經過系上老師的討論，而且必須要讓很多老師都可以開這門課，因為定了以後，不是只有一個老師開課，可能其他人也要開課，這樣一來，課程名稱就沒有彈性。因此剛才您提到，數學與文化真的是影響太大了，譬如說牛頓發明微積分以後，英國詩人濟慈就抱怨，我們現在寫詩都太機械化了，越來越機械化了，包含什麼格式等，這些都是牛頓害的，甚至就跟牛頓產生爭執。我們也知道後來牛頓身邊一直

都有很多抱怨和衝突，他有很多的仇人，但是數學對這件事情的影響不是牛頓所引起的，其實伽利略就有提過，數學其實就是上帝的語言，達文西也說過跟上帝溝通最好的方式就是透過數學。這些話的意思是，我們要以文化的角度去思考，或去教導學生理解，不論是各個方面。

我現在很困擾的一點就是，這個課要教其實也很容易。我剛才提到一個方式，這個課的上課方式就是類似演講，就是最早期的時候所進行的討論方式。如果還可以有 tutor 的話，我剛才有一個圖或表格，就是這個課程所進行的方式，在討論的時候為什麼會有 images，就是這個矩陣的方式每次都要有主題，但是參與討論的人還要有一個子題，有這個子題的學生們彼此之間是共通的，也就是說我來自數學系，那麼我可以討論第一個主題我也可以討論第二個主題，但是第一個主題裡面不只有來自數學系的人，也有來自於例如財政系的人，也有來自於心理系的人，也有來自於文學院，比如說中文系的同學，大家可以集思廣益卻討論同一個主題。這樣的效果和激盪，相互之間的交互影響，主題一與主題二還可以再做連結，我相信這樣的進行方式，就更容易達到同時傳遞專業的知識，也同時傳遞通識裡跨領域的內涵。

我大概就這樣簡單說明，提供我個人關於學院跟通識之關係的想法。學院就是剛才政大提出來的這個系統，通識的概念是從共同科目的概念延伸，如果我們可以從這裡來抓兩者之間的交集，一方面，學院是一種生活學習，通識其實就是一種跨領域學習，所以其實並不衝突，如果可以如此思考的話，我個人覺得是非常好的，而且學生可以學到很多事情，謝謝。

張上冠（政大英文系教授、外語學院院長）：

作為主持人，我必須要提，開會最大的壞處就是時間太短了，最大的好處就是時間太短還是可以散會。我簡短用兩分鐘的時間稍微表達一下我自己的想法。

美國的一個數學家在一篇文章裡說，知識分子比較像是絆腳石，知

識分子各有各的方式，就像現在一樣，有了一個目標之後，大家就有了各種方式。我覺得這就是大學教育裡面最大的困難點，所以要深化博雅教育，要博大也要精深。剛剛我們也提到，學院和書院，一個是西方的理念，一個是東方的理念，兩個之間是有差別的，但是這個差別可以建立一個溝通的管道，好處是產生一個可以對話的方式，產生一個最適合的環境，最適合的教育。書院的教育是非常重要的，我覺得當代教育最大的缺點就是我們總認為人文科學、社會科學、自然科學等，其共通點是科學。這種對科學的迷思，其實回推下來是有道理的，簡單來講就是「知道」，已知就可以了，而「知」就是科學。因此，我認為我們現在是採用西方的學制，每個學院之間其實是有隔閡的，非常難以超越。這樣一來，就像五根手指一樣，每個人做自己的事情，卻沒有辦法協調。因此，我們希望書院可以發揮到最大的功能。這個書院究竟要大？還是要小？要菁英？還是要做為通才的教育？這中間有很多不一樣的地方。

　　書院教育不只是用在學生身上，更重要的是要教育老師，也希望學校的書院教育不只嘉惠學生，也能對行政人員、老師們有所鼓勵，也可以對整個社會、國家有非常高的社會影響力、社會發展力。今天四位發表人的發表內容都非常精采，希望大家都能有所收穫，謝謝大家。

書院教育與高教發展

莊奕琦院長（政大經濟系教授、社科院院長）：

　　主持人、湯院長，還有發表人、與談人以及現場在座的諸位先進、諸位嘉賓，大家午安。今天很高興來參加書院教育研討會，剛剛聆聽了三位發表人非常精采的談話。對於整個書院的教育，特別是在政大，已經實行了五年，我覺得鍾老師講得非常好，我們主要的問題不是要不要做，而是要怎麼做。我花了一點時間閱讀了這兩天的會議論文，一方面我們不缺理論的論述，在這些理念上，大家大概都有共同的理解或共識。因此，不是要不要做的問題。如果我們實行了五年的政大書院，還在談要不要做，那這個實驗是失敗的。我非常敬佩這些參與書院的老師，這些前輩們真的非常投入在關心整個高等教育發展，我真的是非常非常敬佩。不過，我個人也不是一頭就栽進去政大書院裡頭，不像很多老師一開始就很熱心的參與了整個書院。

　　我今天可能是從一個比較外面的角度，但可能是更寬廣的角度來看整個書院的教育，或是所謂的博雅教育。我們先看書院。在人類一開始形成所謂的非正式教育到正式教育的過程，整個書院的成立，一方面因為客觀的環境不那麼複雜，相對上思考又比較多元，範圍又廣，因此，書院就實體涵括了住宿、人文與知識等學習組合，成為一通識的書院。然而隨著科技的演進跟專業的形成，以及越來越多的專業化分工，導致專業書院的出現，也就是現在的學院。這些專業學院的出現，再加上原有的一些書院，因此書院仍繼續存在，但跟專業的學院之間又形成另一個關係，這就是西方發展過來的大學教育。隨著整個時代演進與科技發展，專業越來越分化，專業知識反而取代了通識，結果後來的高等教育幾乎都是在強調專業教育。因為專業教育所看到的就是，如何可以找到

工作的就業問題。然而，現在的社會已經發展到一個更多元的程度，專業教育又不夠了，所以回過頭來，我們所面對的問題，以及今天大學教育面對的一個非常重要的問題就是，如何解決我們人類所面臨的問題，而這必須從高等教育著手。但我們又發現專業性的高等教育沒有辦法解決，因為今天社會上的問題，包括自由化、國際化、全球化帶來的問題、老年化、少子化、資源的匱乏與地球暖化等問題，以及永續性的問題，這些問題都不是一個專業能夠解決，所以我們就回過頭思考，通識與博雅教育所扮演的一個更重要的功能。

有很多位發表人談到跨領域學習的重要性，如果從這樣的角色來看，我們就會了解為何現在的高等教育需要回過頭來，重新重視這樣的一個通識或博雅教育。過去的大學一般都是專業大學，而且是文、理、工、醫都有，其通識教育本身可能是比較獨立的，然後再與各個學院結合。回過來想想政大，政大是一個以人文社會科學為主的，或是廣義的人文社會科學為主的一個大學，所以政大本身不像其他的大學有那麼多不一樣的專科，政大本身就是一個廣義的人文社會科學的書院。如果從這樣的角度來看，我們還需要另外去建構一個所謂的書院制度嗎？我們可能要認真思考，我們要有一個獨立的實體化的書院嗎？還是說，整個政大本身就是一個統合式的書院教育，而不是成立一個個單一的書院？政大或許要提出來的是一個完整的博雅通識教育，目前的政大書院應該只是一個試點，應該是一個實驗，我們應該思考這個實驗如何能夠發揚到整個政大，讓所有的政大學生能夠得到這樣的學習機會，而不是只有少數的學生獲得機會。我覺得當我們在思考如何做的時候，並不是在既有的架構下思考，而是要思考如何對整個政大這樣的大學，如何去思考將通識跟博雅的教育能夠在政大普及化。

普及化是一個技術，我覺得與其說今天在回顧，更應該是在前瞻、在展望，那我們更應該思考如何將這個實驗精神延伸到整個學校，讓全校能夠受益。換句話說，不應該只是在某一個書院。目前有三個書院，對這些書院，我都持肯定的態度。然而，如果從整個資源統合來看，我

們會發現通識教育、跨領域學程以及書院，這些組織的內容都非常相似，而且疊床架屋。其實大家的理念都一樣，但在資源的分配上，如果我們認真地攤開來看就會發現是非常不一樣。這也是我一直強調如何做的問題。因此，今天不是要不要做的問題，通識教育當然要做，但是怎麼做的問題，如何讓這個理念能夠真正的落實，而且落實的不是過去那種菁英式的教育。現在的教育不應該是菁英式，菁英沒有辦法領導這個社會。這個社會現在是悶經濟，社會與政府的無能，不是因為真的無能，而是已經到了一個多元的社會、一個公民的社會。公民社會裡的每一個人都要有一定的能力。從這個角度來看，我們要訓練的是公民社會的全人。博雅教育是讓每一個學生，而不只是少數的學生才有這種學習的機會。從這個角度，我們目前已經實驗了五年，不應該還侷限在一個小型的書院體制，而是應該如何突破求變化，我也贊同林老師的話，但我更進一步認為，不僅是與通識結合，而是跟整個學校的跨領域課程都要全部結合。不能只是建構一個政大書院，而是全政大的一個通識教育，不是在九院之外再創造一個或數個書院，而是要讓博雅教育普遍的運用到全政大，九個院都要普遍的能夠來運用，讓政大成為一所真正博雅的大學。

今天因為時間的關係，我沒有辦法去舉很多詳細的例子，不過我要特別強調的是，我們要創造這樣的環境，讓學生能夠自主學習、跨領域的學習、要有國際的素養、甚至要能夠有社會實踐的能力，訓練我們的學生能夠面對 21 世紀全球化所帶來的一些問題。老師跟學生要一起身體力行，我們要把這樣的觀念帶動到整個政大，影響到所有政大的老師，以這樣的信念去帶領教學，而不只有少數一群老師的投入。我們要做整個大學教育的創新，政大責無旁貸，政大是人文社會科學為主的大學，更應該引領整個臺灣高等教育的發展，這一點的確是一個非常重要的領悟。因為時間的關係，我就只能講到這裡，謝謝。

郭耀煌院長（政大資料系教授、理學院院長）：

　　大家午安！當初接到邀請的時候有點猶豫，因為雖然是臺師大畢業，但是開始在大學教書後，從成大一直到現在，大部分都是跟工程領域有關，尤其是資通訊工程有關，後來幾次借調到中央，工作的重心也比較少去關注到通識教育。借調到政大後，還來不及深入了解政大書院的運作，只有曾經跟錢教授有聊過。所以，昨天晚上坐高鐵回臺南的時候，就趕快把今天引言人的資料看一看，然後想到了一些問題。我今天大概只把我想到的，覺得自己可以再繼續思考的提出來，大概也還沒有解決方法。我想方法就跟剛剛莊院長講的，可能就留待以後的校長處理。不過在講我的想法之前，我倒想先抱怨一下。因為大家常常強調政大是以人文及社會科學為主，我每次聽到內心就受傷一下。老實說，我們談通識教育、談書院教育，恐怕自然科學、數理科學乃至於資訊科學的素養也不能被遺忘，不能被輕忽。我覺得不管通識教育還是書院教育，怎麼樣把這些素養深化到將來很多會變成社會領導人或是政治領導人的學生之思維跟作法上，可能會有更大的影響力。因此，我建議政大應強調是以人文、社會與科學為主的大學。

　　昨天晚上看資料時，就先想到三件事情；首先，我想到大學到師大，是第一次長時間離開家裡；第一天扛著行李進宿舍時，首先認識的是一個馬來西亞的僑生學長，所以老實說大學的住宿對我來說是很重要，因為它是我社會化的開始。當然小時候跟鄰居的小孩子玩也是一種社會化，但大學住宿其實是我個人社會化過程中非常重要的歷程。第二件事情跟國際化有關。我們宿舍一間六個人，有一個馬來西亞學長，有一個越南僑生學長，還有各地來的，所以其實也是開始國際化，那個時候不會告訴你說是住宿教育，只談住宿不談教育，但是也是一個學習的過程。事實上，我們還學到一個東西，就是在戒嚴時代國家機器怎麼運作；因為那個時候宿舍只有教官沒有老師，沒有導師。有天，他要我幫忙注意一下僑生學長的日常作息，看會不會是被派來的間諜。後來看不出有什麼異常，我就沒有去報告，因為我覺得說不定是在試探我。不管

怎麼樣，那是一個成長過程，所以我個人覺得住宿教育是很重要。

　　另一個我想到哈利波特的電影。電影中，學生進去靠帽子分學院，就是分書院。我就想到，我們的學生要進哪一個書院，是用學生的天分來分、用他的出身來分、還是用他的性向來分？我覺得是一個問題。我們也看到哈利波特這些人，他們被分到某個書院後，其實就是團體認同的開始，也是團體彼此比較、競爭的開始，某個角度也是被標籤化的開始。所以，學生進入到書院後，這些問題怎麼處理，恐怕是大家要面對的。我又想到一件事；我女兒兩年多前考上清華電機，還沒進去馬上接到電話，被邀請進書院——清華學院。我一聽就很鼓勵她去參加，但後來她沒有參加。我昨天晚上特別跟太太確認，我今天要來參加座談會不能講錯話。我太太告訴我有兩項：她怕會被活動綁住時間，因為參加書院會有一些活動；第二個她怕反而會限縮她接觸的對象。那當然這個是她的思維，我不一定贊成，但這是我個人親身的經歷跟感受。因此，我們現在推動書院教育，恐怕有一些很實際的問題必須要去處理。

　　前面講的是我個人的感受，若從概念來思考，我覺得有幾個面向可能跟書院有關。我們現在很強調書院教育，那要不要問一下臺灣的高等教育缺口到底是什麼，或者臺灣高等教育的侷限是什麼？我們覺得書院教育在這些缺口跟侷限裡面可以產生什麼功能？我們有沒有很清楚的去定義這個問題。通識教育推了滿久，到底書院教育跟通識教育乃至於跟學生社團，跟學生營隊或者像暑期的營隊之間的關係是什麼？這些機制的關係是什麼？恐怕是要注意的。我在師大的時候，那個時候不強調書院教育，宿舍我剛講過也沒導師，但是我很主動的會去聽演講、會到圖書館找離開我本業的書籍看；我學工業教育，但離開我本行之外的書籍，我什麼都看。所以，到底為什麼我們現在要特別強調書院教育？第二個問題，我們現在談書院教育，會不會讓大家認為我們只是在維護傳統的價值？我現在並不是在做一個價值的判斷，傳統的價值不一定是不好的，有些價值它的確是一直不變的。而是，當我們希望推動書院教育的時候，這些價值放到現代的社會、現代的環境，到底是一種對比，還

是有一些演化？如果是演化，要怎麼演化？這個恐怕也要思考。

再下一個問題，剛剛引言人有提到教育模式的翻轉。事實上，這個教育模式的翻轉也會影響到大學師生關係的變化。老師跟學生之間的關係跟我是學生的時代，我想已經差很多。這師生關係的變化，我們必須嚴肅地看待。因為過去是指導性的作法比較常見，現在恐怕是要引導性。大家都喜歡談大師，個人有比較不同的看法，大家可以參考。有時，我被邀請去演講，偶而也被恭維為大師，其實我很害怕當大師，每一個人要對自己的未來、自己的選擇負責的，我們的年輕人應該是這樣。所以大師是給年輕人參考，而不是告訴他們一定要仿效大師，大師怎麼做，學生就怎麼做。我個人覺得當我們在推書院教育的時候，面對這些教育模式的翻轉乃至於師生關係的變遷，恐怕是要思考如何面對的。另外，就是網路時代的來臨，不僅造成群體關係改變，社群運作的關係改變，當我們要推動書院教育以及經營書院教育的時候，是要抱持傳統的那一套或者有新的模式可以進來，這個恐怕是要想的。最後一項就是現在很重要的效率和溝通問題。剛剛引言人有提到投入的老師不夠多，沒辦法深深打動學生的心。不過我也不太擔心。剛剛有提到普林斯頓好像花了一百年才變成正式的制度，我們要習慣跟問題共存。我覺得我們很多時候都是在說學生應該怎麼樣，並且依此來設計書院教育的作法。我們較少從客戶導向來思維，學生要不要來當主體？我這幾年幫教育部推動全國性的活動，我們透過參加的學校辦活動，學生的參與很少超過一兩百個。最近有一個學生團體，他們自己辦學生年會，去年三百個，今年預估成長到五百個學生參加，來找我希望得到經費支持，我覺得很好，就全力支持。所以如果讓年輕人去主導、去思考、去設計，說不定書院教育會更有吸引力，謝謝。

林昆翰（政大語言所博士生、曾任新生書院 tutor）：

各位老師大家好，我是語言學研究所林昆翰。我非常高興今天能來參與聆聽多位老師們的看法，也分享一些我在書院的經驗。

　　我在書院為同學們服務時，深深感到書院有一個很重要和核心理念；綜合方才所提到的相關看法，不論是博雅、創新或住宿，我認為我們應該要激發同學們「自主學習」的動力，這是非常重要的。我很高興方才老師們所提到的研究觀點，大大支持我這個想法。

　　比如，我們提供了最多元的環境，正是希望同學們展現「自主學習」時，對於所有想學的內容可以「俯拾即得」，因此我們安排全面住宿以及主題書院等等。其次，我們的通識教育課程也符合這項目標，我非常羨慕現在的通識教育課程設計，在我大學時只能修 8 學分，想多修還不行。但現在的通識教育和以往不同了，可以讓「自主學習」的同學，大量修習有興趣的系外課程。所以，我現在也擔任核心通識課程的 TA。這種「透過書院與通識課程設計，以培養『全人教育』」的作法，正如同方才湯志民老師所說，我們應該給同學們比較多的空白，給他們自主的空間；林從一老師也提到，從知識本位變成學習者的本位。換而言之，我們給同學們最全面的環境、最大的自由和最多元的學習內容，就是要「強調他們的學習本位」，給予他們更多的「空白」，而這就是為什麼我認為書院的核心理念是「自主學習」。

　　既然我們以「自主學習」為目標，因此我以個人在書院裡服務的經驗，檢討我自己是否能協助同學們達到這個目標，希望與大家分享後，再請老師們指正。我的個人看法主要區分「形式」和「內容」兩部分。

　　首先在形式上，既然我們要給同學們更多的「空白」，讓同學們自主學習，那麼形式要求應該要降低。換而言之，形式要求如果太多，那麼同學們就沒有空間加以「自主」，形式要求如果規範他們的學習方式，那就不是「自主」了。

　　其次在內容的要求反而要增加。換而言之，如果同學們真的想在相關領域拓展自己的學習，我們除了要求他完成課程學習，我們應該還要要求他再去修哪些課，並且推薦哪些老師，應該再讀哪些書等等，完成後還要再加討論。這就是內容上的增加，以鼓勵同學們的「自主學習」。

　　以下請容我再詳述「降低形式要求」和「增加內容要求」的例子與作法。在形式要求的部分，我以個人擔任 tutor 的經驗作為例子，方才鍾昆原老師也提到，那是我非常快樂的一段時光。當時我在宿舍為同學們服務，tutor 伙伴們經常思考一些問題，最思考的問題是：tutor 在宿舍裡應該要介入「住宿學習」到什麼樣的程度，才是適當？如果介入太多，其實會妨礙他們自主學習，諸如寢室生活中的紛爭，一般來說我們是不應該介入的。另外有一些校方政策，諸如十一點半關大燈，規定舍區全面熄燈，這項規定等同讓同學們無法協定他們的生活公約，他們沒有機會和室友們協調，更沒有機會透過生活中的自主學習方式，獲得更好的人際互動與溝通方法。當時許多 tutor 們聊到這個問題，我們都認為我們應該秉持著書院的精神，給同學們更大的「自主學習」空間，但校方要求我們在前線提供給同學們的服務，卻和書院精神相反，這讓我們感到非常可惜。同學們若和室友之間發生爭執，是更好的例子，有同學主張：「我的室友打擾我，我應該要獲允更換寢室。」如果書院不同意，這位同學非但不悅，甚至主張：「室友打擾我是室友的錯，室友應該離開並更換寢室。」這位同學不但要求老師介入，甚至還把室友趕走，這讓我感到這種作法非常不符合書院精神。然而，當時我們竟然容許這種情況發生，非但介入還容許更換寢室，那麼同學們對於住宿所需要學習的人際互動，全然失去機會。

　　以上是關於「降低形式要求」的部分：我認為書院在形式要求的部分，介入太多，以致於同學們會感到自己像小孩子般對待，誤以為自己需要師長管理並且不滿時容許索求，這導致同學們無法展現自主學習。

　　在內容要求的部分，我很高興我有機會擔任中文寫作輔導員，而中文寫作輔導正屬於林從一老師所謂「學習者本位」，因此我以這項服務經驗為例。在中文寫作諮詢的過程中，同學們前來請教，讓我感到有些同學非常積極；但另一方面，由於學校風氣並未讓多數同學感到學習上的壓力，因此同學們容易以「質問」來逃脫壓力，卻不能從壓力中組織自己的見解與作法。舉例來說，如果我們要求同學繳交一份研究計

畫，無法承受壓力的同學會以「為什麼一定要寫研究計畫？為什麼研究計畫一定要遵循這種格式？」來避免承受壓力，並誤以為這些想法是「創新」。然而，書院的「創新」應當是「創新的解決方法」而非作為擺脫壓力的藉口，提出質問的同學雖然能夠主動思考這些問題，卻不願意組織觀點，迎面而戰，這是非常可惜的，以致許多同學在這樣的學校風氣當中，自恃「創新」而失去「自主學習」應該要接受的挑戰。另外一個例子是我在核心通識課程 TA 裡遇到的情況，同樣是同學不願意承受「自主學習」在學習內容上壓力，因此當我們以「撰寫報告」讓同學們自由發揮時，有少數同學會有抄襲的情形；我告誡這少數同學，應該要負起責任避免抄襲，但同學卻以校內風氣合理化自己的行為，他主張「別門課並沒有這樣的規定，可見我們政大不需要這樣的規定」，讓我不禁懷疑「我們政大」究竟是不是我所認識的政大？我相信「抄襲」這種躲避壓力、欺騙師長且學習成果不實的行為，絕對是不對也不允許的，但學校風氣卻讓同學們感受不到這項行為的嚴重性，可見書院所強調的「自主學習」，並未讓同學們感到學習壓力，在學習內容的要求上實在過低。

　　以上是關於「增加內容要求」的部分：我認為書院的全人教育，一個很神聖且崇高的理念，需要師長與同學們一起努力才能達到。然而學校風氣顯然不重視這項理念，以致於同學們無法感受校內學習必須承受很高的自主學習壓力，這會讓同學們誤以為書院是一個樂園，而同學作為消費者所繳交的學費，就是要換得「樂園式的學習經驗」，這實在非常可惜。

　　最終我希望能得出以下結論：如果我們知道書院的「全人」教育確實是神聖且遠大的理念，並且真正激發同學們的「自主學習」來達到全人教育的目標，那麼我們應當確知，這項目標會為師長與同學們帶來一定程度的正向壓力。我們不應該讓同學們輕易地擺脫這項學習壓力，而感到自己僅是消費者，希望透過繳交學費來進入樂園，這樣同學們僅透過消費來獲得「快樂的學習」，而非獲得「學習成果的保證」。然而

事實上，我們的前線人員都希望能協助同學們，達到「學習成果的保證」──政大文憑必須是一項保證，政大書院也必須是一項保證。要能夠達到學習成果的保證，我們就必須「降低形式要求」和「增加內容要求」，以激發同學們「自主學習」的動力和企圖心。因此，我希望藉由這個理念，在日後繼續和書院的老師與伙伴們一同努力！謝謝大家。

張家瑜（政大國際發展書院院生）：

　　大家好，我是公共行政學系的張家瑜，我現在是四年級，我是在大二的時候進入國際發展書院，我同時也是國際發展書院一家的院生。從那個時候開始到現在，我跟書院的四位老師以及書院的朋友還有同學們其實都還保持滿長期的聯絡跟關係，那我想先謝謝各位老師還有今天發表論文的這些老師們，我剛才認真地上了一課，對書院有更多更多的了解，所以我想現在就快速講一下我在書院這段時間跟我的同學們到底學到了什麼。其實在我身旁百分之八十以上的人都不是書院生，但從他們身上，我們更可以知道我們到底對他們代表了什麼，跟我們到底對我們自己代表了什麼，所以我想要先稍微講一下同學們對我這一年好像關在這個籠子裡面不知道在幹什麼的一些想法。

　　他們會覺得說：為什麼你要花這麼多的時間去住在宿舍裡面，每天晚上可能十點多，還要跟妳的室友或隔壁寢室的室友跑出來討論一件他們覺得可能不是很重要的事情？這個東西對我們來講，其實一開始也是困擾，因為我們不知道為什麼要花這麼多時間，可是慢慢地就會學習到說，這些事情其實對我們生活的影響比對知識的影響還要更大，就是我覺得書院在對我們的幫助上，它是教育我們如何成為一個更好的人、用更好的態度去做一些事情。

　　通常我在跟我不認識書院的朋友們介紹說我們在做什麼、書院在做什麼的時候，我都會講到三件事情：第一件事就是溝通，可能是跟朋友們的溝通、可能是跟老師們的溝通。那溝通的部分，因為我是公共行政學系的，然後公共行政學系我們學的公共政策都會有一個理論架構，

然後你一定要從 A 做到 B 做到 C 然後再回來去反推整件事情為什麼會這樣做，所以我們已經習慣有一個溝通和思考的方式，連我們做報告、甚至聊天的模式，四年下來已經變成一個習慣，不會有什麼樣太大的改變，可是當我的室友—譬如說我有企管系的室友、我有政治學系的室友、我有廣告系的室友、我的朋友是外交系的、我的朋友是會計系的，我認識了很多不一樣的人—他們每一個人溝通方式、表達方式都不一樣，可能他們學系裡面有一個自己的模式去運作某一件事情，可是對我們來說，這是一個新的東西，於是我們就從彼此身上學到了非常多，就是跟彼此相處之間的一些技巧跟如何真誠地去處理一件事情。在跟老師溝通的部分上面，我覺得很特別的是剛剛很多老師都有提到，系所上的老師其實跟學生有一點點疏遠，並沒有說真的可以達成一種很融洽很緊密的關係；可是我在書院我跟信洋老師、育成老師還有明錡老師、甚至是季淳老師，我們都非常地熟悉，然後一直到現在我們有時候還會寫卡片，上去找他們聊聊天什麼的，這是有時候很難在系所上遇到的事情，就算我每天都待在系辦公室，我可能在打工什麼的，可是可能跟老師就只是寒暄幾句，而且透過這種比較強烈的互動關係，有的時候我們可以比較主動、勇敢地去跟老師講說：老師你在這個事情上面你的目標設得太廣大了，我做不到，那我們可以怎麼樣去調整。雖然有時候溝通到最後會有種無所適從的感覺，因為大家都有不同的意見，每個學生的反應都不同，老師有的時候可能很難去找到一個中介點，或是我們也不知道該怎麼樣去找到一個大家比較適合的方式去達成每一件事情，可是這就是溝通的一個過程。

另外，對我們來講就是，可能同學也會覺得說我們是第一屆，我們好像有點是在塑造歷史的感覺，有一些同學會有這樣的使命感，所以對他們來說，他們會很願意的去發表自己的想法，因為我們希望讓我們變得更好，希望讓這個事情未來會變得更好。

再來就是我覺得書院給我們很多責任跟反省的機會，它讓我們有機會去長期投入一件事情。譬如說像我現在完成一個 240 小時的學習

計畫，那個東西其實是要花很多時間去思考，而且很多人可能到中間就覺得算了我不要做了，240 個小時好累，我還要回去思考為什麼我要做這件事情？因為書院給了我們這個機會，反而讓我們去重新去整理為什麼一年前我會下這個決定，然後去做這件事情？那我從中到底學到了什麼？大多數課程結束後，你不會有這種感覺，我可能一個報告結束之後就這樣就結束了，可是在書院的很多活動，不管是課程上的或者是私底下交集的，我們都會習慣性地變成一種：你潛意識中告訴你，要去反省你到底做錯了什麼、做對了什麼、要怎麼要去改。所以有的不是書院的同學會覺得：你們在做的事情好好玩，可是對我來說好奢侈，我沒有那麼多時間去做那麼多的事情。對，人都沒有這麼多時間，我身旁有很多書院的同學甚至是 27 學分，然後還有好幾個社團活動，每天都幾乎都沒有闔眼，可是他們卻做得到。我覺得很大一部分的原因是因為他們給自己一個機會，讓自己對這件事情做責任的承擔。我覺得這算是在書院裡面學到最多的東西。

當然，其實真的有的時候會覺得目標好大，有點力不從心，我相信老師跟同學們都會有這種感覺：我們想要做得更好、想要做得更不一樣，讓自己更好、更不一樣、更棒，可是目標有的時候會太廣大，所以就是想說未來的話，可能會有更多學生進入這個圈子裡面，那他們也會更願意去投入時間、去回饋給各位，說出他們覺得好的地方在哪裡、不好的地方在哪裡，我想這也會是對書院很大的一個助力，那大概就分享到這邊，謝謝。

與會者回應：
陳文玲（政大廣告系教授、X 書院總導師）：

大家好，我是 X 書院總導師陳文玲，早上有課沒有來，但是上完課就過來，原本這個研討會可能並不是我開學最期待的事情，我原本不想說真心話，原本覺得對於我來說，我想要交代一下過去這些年做了什麼，也想要知道校長候選人對於這件事情的態度，但是這兩天我有三個

感觸，第一個是我不知道的情感被觸動，原來八年發生這麼多事我都參與其中；第二個在知識上大開眼界，我一直避免知道太多關於書院的事，因為我喜歡在不知道的情境底下去嘗試，但是這兩天我知道了好多書院的脈絡，可是我要說我有一個很大的發現，就是我今天下午坐在這邊感覺到，原來大家對於書院有一千個定義，而這是書院最讓人覺得興奮的事情，雖然我們很困惑，一直在想這個才是書院、這個才是書院、這才是書院、這不是、這不是，正因為有這麼多的可能性，我突然理解到說政大書院是我在政大教書 25 年以來最有創新精神的地方，因為他吸納了太多不知道的東西在裡面，我沒有那樣子的知識背景或學術背景，但是我想要邀請在座的學生跟老師，每一個人換一個角度想這件事，每一個大學裡頭都應該要有一些傳統的東西跟有一些創新的東西。

在我們這個學校裡頭，文化盃叫做傳統、蔣公校長銅像腳在半夜的時候會換腳這也是我們的傳統，每個學校要有傳統，所以我們才有定錨的感覺，但是每個學校得要有創新，才會有改變的可能性，可是當我說創新的時候，我說的並不是一件從來沒有過的事情，他可能是一個舊觀念、舊價值，好東西只是被忘記很久，所以當我說創新的時候，我說的是在這個學校裡頭必須一直要有變動、要有流動、要有新的東西的可能性，而我認為最貼近已經八年以來，正因為對書院到今天為止都還不能夠有一個定義，所以它就是一個最適合使用的名字，讓未來的老師跟學生在這裡面創新的場域，我覺得我們面對的是一個非常險惡的世局，老實說世局越險惡，經濟的政治的越不容易有創新的空間，可是創新其實是險惡的世局唯一的救贖，所以我想要懇請應該是懇請校長候選人馬，其實不是，我覺得這件事其實是我在懇請我自己，我也做累了、我也做煩了、我也想做點別的事情、可是我在問我自己說我的生命裡頭有一些傳統的東西，也有些創新的東西，我必須要保持他們的比例，也才有一個均衡的人生，所以以上就是我對於今天下午這件事情的反應，我希望我可能是原先最不希望還有書院的人之一，但我真的覺得書院它吸納了太多的可能性在這裡，所以希望將來還有書院，然後大家把更多創新的

東西當作一個場域，讓他在裡面實驗，以上是我的回應。

林孝信（世新大學通識教育中心客座教授）：

今天下午這一場實在是非常精彩。我想我最關切的一個問題是，這個場次的主要問題是書院教育跟高等教育發展的關係，或者，我用另外一個方式來問，書院教育會不會變成是將來整個臺灣或甚至是全世界高等教育發展的一個趨勢，將來大家會不會更重視。我也聽到吳老師提到，現在臺灣已經有 23 個學校有書院，在臺灣已經開始是在成長中，但是還會不會有更大的成長，我不曉得。針對這個問題，我希望能夠請教幾位老師是否有其他看法。書院教育會不會成為臺灣高等教育發展的一個趨勢，其中一個可能是很重要的關鍵是，今天高等教育受到什麼樣的挑戰，而書院是不是能夠對這個挑戰有一定的回應。有很多學者都做了很多的探討，我至少想提出跟書院最有相關的幾個挑戰。第一個挑戰是，21 世紀發展到今天，國際間或社會裡的競爭是越來越厲害，書院強調的是一種比較教育的，比較不競爭的，本質上這兩個是很衝突的，書院教育是否能克服這個衝突，是否能糾正這個衝突，而糾正完後，這個社會又會變成什麼樣子，這都是一個非常大的問題。我相信這個挑戰將涉及到，書院是不是能夠成為高等教育發展的一個未來趨勢。

第二個挑戰是，社會與全世界越來越變成一個 M 型社會，M 型社會的意思是，社會的財富分配、所得分配越來越不均衡。中南部一些私立學校是可能會面臨少子化衝擊的一些學校，他們的問題就跟我這兩天聽到的問題非常不一樣。因此，我們在談高等教育狀況的時候，我需要想到那批人，那些老師真的是很可憐，他們擁有教育的熱誠，但有時候就會談談他們在學校裡碰到的命運，真的是很凄慘的事情。第三個挑戰因為時間關係，我就先不講了，總之是希望能夠請教大家的意見，謝謝大家。

東海大學學生：

　　各位貴賓大家好，我是東海大學博雅書院的學生，我現在有點緊張，因為我好像是這兩天下來，第一個拿起麥克風要跟大家分享心得的學生。我想跟大家講，這兩天聽下來我有一些心得想跟大家分享，我用很快速的時間跟大家分享。這兩天下來，雖然我聽到各大學、政大或是每個學校，都在做博雅教育，雖然我們實施的制度不盡相同，但我相信那個博雅的精神是類似的，就像剛剛文玲老師提到定義都不一樣，可是精神是一樣的。我想要跟大家分享的心得是，我自己受博雅教育，我自己知道博雅教育的好，我想要跟大家分享一個故事，是我自己的故事。我當初是大學學測 41 級分進東海，現在就讀東海大學社會學研究所，從 41 級分不愛念書的小孩，怎麼會到現在想不開去唸研究所，這當中的過程有什麼變化？因為我在大學參加博雅書院的時候，書院有個服務學習的活動，主要是照顧小朋友，為小朋友進行課輔。在服務的過程當中，我發現偏鄉教育的資源有些不足，所以在回來之後隔一年的暑假，我發起了一個騎單車去募書的活動，因為我想把那些書給那些偏鄉小朋友。我本來覺得這是一個小事情，可是後來竟獲總統召見，當時我還以為是詐騙集團。我做的這一件小事情，是因為我在大學的書院教育裡面，讓我有這樣的一個啟發、一個改變，我開始轉變、翻轉。

　　因此，我想在這邊呼籲，然後也懇請在座為高等教育、博雅教育努力奉獻的老師們，一定要堅持下去，而且要繼續地走下去。我也希望未來能跟所有老師們一樣。因為我們現在的大學教育，是一種被商品化的教育，大學裡的學習與未來找工作有關，我們好像要給企業一些機器，然後幫他們去從事賺錢工作等。我認為教育的本質不該如此，教育的本質除了專業知識的灌養之外，更重要的是人格養成，而透過博雅教育絕對是可以協助這樣的人格養成。我相信畢業之後，除了帶走專業能力之外，更重要的是，我也帶走好的人格，這是透過書院所獲得的。另外一個例子是，我念的是社會學，畢業之後好像找不到相對應的工作，但老實說我不擔心，因為我知道我是誰，我知道我自己有怎麼樣的特質，所

以即便我目前好像不會找到一個好的工作，可是我知道我自己有什麼特質、有什麼潛力，我應該是能夠游刃有餘，然後在這個社會付出，然後也能夠養我自己。因此，上午有聽到老師說，我們能夠幫助學生找到他們未來的出路，可是我覺得更重要的是協助學生發現自己，讓他們知道自己是誰、有怎樣的特質，因為知道自己是怎樣的人之後，畢業之後你要找什麼工作很容易。這是我的一些心得分享，最後我還有一個建議，這兩天聽下來，我發現臺灣越來越多人在做博雅教育，我自己覺得臺灣在做博雅教育的學校可以像政大這次主辦研討會，有固定的交流機會，甚至能夠形成一個聯盟，博雅教育不只是為了各自的學校，我們是為整個臺灣、為整個亞洲、整個世界，我覺得這是更重要的，謝謝。

回應：
吳明錡（政大國際發展書院秘書）：

　　書院會不會成為一個趨勢，目前好像看起來會是，不過要做書院需要有一定的條件，所以這件事情其實不太容易，剛好現在幾個國立大學有條件去做這件事情，某種程度能夠發揮帶頭的作用，能夠讓後進的學校思考怎麼在有限的環境之下做轉型，這也是為什麼從牛津的原型來展開而有不同的模式，這是第一個；第二個是我發現文玲老師很有趣，七年前我們在討論書院名字的時候，她曾經說政大是叫政大學院還是政大書院還是什麼都沒關係，它也可以叫大同電鍋，我印象非常深刻，她說重點是那個創新的精神，所以七年後再回來看是一致的，我想要回應的是謝謝老師的提醒，有秩序的混亂是一件很重要的事情，因為剛好我的個案有做清華，我覺得他們有一點辛苦的地方是，經過六年的時間，當然有廣泛的時間去討論學院的定義是什麼，可是這件事情在操作上就會有一點挑戰程度，對於校內的系統，因為不是資源穩定的問題，你怎麼讓學院以外的人接納你，就會是一個很大的挑戰。

與會者：

　　我想回答東海大學同學的問題，大概沒有人會像我這麼重視通識教育、博雅教育裡，那個教育的核心是在於人的發展，人性的發展這樣的一件事情。我對於功利的、工具化這件事情也抱持非常謹慎的態度，但是有件應該要嚴肅以對的事是，大學應該擔負更多的社會責任。你可以想像一個狀況，西班牙的年輕人 30 歲以下失業率大概是百分之六七十，在這樣的狀況下，個人的修養再好，我覺得道德都有可能敗壞，而大學或許應該好好思考這樣的事情，除了人性的培養、道德的培養、個人發展之外，大學對整個社會結構的道德性跟合理性必須要深度的思考，這兩件事情應該結合起來。因此，我剛提到政大有一個責任，如何以人文社會科學的價值跟知識為本、為基礎，幫助學生有創業的能力跟就業的能力，這件事情是有道德要求的，不是功利主義。

鍾昆原（高雄醫學大學心理系副教授、主任）：

　　剛接到通知的時候，我悲觀地以為，因為吳校長在過去幾年非常認真推展書院，所以大家要送給他一個任期結束的禮物，有點感覺好像是不是快要結束了，其實心情滿複雜的。但今天參與下來，我非常高興，首先聽到莊院長提到書院一定要辦下去，而且不是限制而是要更擴大，當然還有郭院長也提到說，還有很多問題有待解決。這些問題一定是有待解決，我們是要討論而不是否定，所有的討論應該是像剛剛莊院長所說的不是要不要辦的問題，而是如何辦的問題，希望以後有更多的討論。我也懇請大家記得臺上很多同學，他們都因為這個教育獲得好處。謝謝。

湯志民（政大教育系教授、教育學院院長）：

　　我們與談人跟大家分享的部分，大概有兩點小結，第一個，書院教育在高等教育裡是非常重要的一個，也應該要去辦，重點在於人的培養。在大學裡面不是只有專業，對人的培養，包括通識、通才、人性

的關懷，尤其是像政治大學是人文社會科學學校，我們現在已經是擔任領頭羊的角色，在各個大學裡面率先推動，而且很有我們的特色；第二點，關於辦理的方式，政大提供了一個基礎模式，這個模式發展了六年，在今天的與談當中，其實形式還有很多可能的變化。有人說就是瞎子摸象，我個人覺得瞎子摸象才摸得出真相，要把所有大家講的每個畫面拼起來，才是最後的畫面，不過那可能需要一段很長的時間。事實上，任何一個新制度的建立可能至少都要六年、八年，這屬於中小學，如果是大學可能還要更久，尤其是大學本身就是一個很有創意的地方，所以大學本身能夠在很多創意、很多溝通底下，產生更多的可能性。我覺得書院教育在未來高等教育發展裡面有一個契機跟變化，期待大家的共同努力，謝謝大家，我們這個場次就到這邊。

政大書院大事記

2007-08-20　第一屆超政大學新生營，學務處課外活動組承辦，分兩梯次辦理，每梯次五天四夜，新生自由繳費參加，學員共259人

2008-03-01　哲學系林從一教授擔任政大書院執行長

2008-03-01　成立政大書院籌備委員會

2008-08-30　第二屆超政大學新生營，分兩梯次辦理，每梯次五天四夜，新生自由繳費參加，學員共416人

2008-09-01　學務處住宿組在大一住宿區建立住宿輔導體系，由副學務長心理系鍾昆原老師與廣告系陳文玲老師擔任宿舍總導師，另設宿舍諮商師2名、宿舍輔導員2名及助理輔導員16名

2008-09-01　在通識教育中心協助下，開設3學分「大學入門」通識課四班，由校長吳思華、理學院院長陳良弼、傳播學院院長鍾蔚文及教育學院院長詹志禹授課，修課學生共計332名

2008-09-22　政大書院揭牌

2008-09-30　中文寫作中心成立

2008-10-27　山居學習中心啟用

2008-12-01　心理系鍾昆原副教授接任政大書院執行長

2009-05-16　舜文大講堂啟用

2009-08-31　第三屆超政新生定位創意營（原超政大學新生營），分兩梯次辦理，每梯次改為四天三夜，共2,095位新生參與，為首次全體新生參加之超政營

2009-09-11　38位tutor入住宿舍，協助全體新生適應宿舍生活

2009-09-11　大一女生開始入住山上宿區，新生宿區總人數為1,499位

　　　　　　新生

2010-08-01　民族系藍美華副教授接任政大書院執行長

2010-09-07　第四屆超政新生定位創意營改為一梯次辦理，共 2,096 人
　　　　　　參與

2010-10-27　山居休閒中心啟用

2011-03-10　X 書院、國際發展書院正式招生

2011-03-21　「國立政治大學通識教育課程準則」於教務會議通過增列
　　　　　　「書院通識」課程

2011-05-26　與通識教育中心共同辦理「2011 年書院教育研習會」

2011-06-07　於舜文大講堂舉辦 99 學年度大一結業式

2011-08-01　獲教育部補助執行「建構高等教育的公民教育典範」分項
　　　　　　計畫：「大一年」及「書院生活學習圈」

2011-08-01　陳彰儀教授擔任新生書院總導師

2011-08-01　設置主題書院：博雅書院、X 書院、國際發展書院，分別
　　　　　　由錢致榕、陳文玲、季淳三位教授擔任總導師

2011-09-01　開設書院通識「學習生涯自我定位」、「閱讀與敘述：讀、
　　　　　　說能力的培養」，「大學入門」亦改納入書院通識

2011-09-06　第五屆超政新生定位創意營，共 2,150 人參與，超政營並
　　　　　　納入書院通識「學習生涯自我定位」課程

2011-12-30　出版第一期政大書院電子報，除寒暑假外，每月出版一次

2012-02-10　政大書院辦公室由藝文中心搬遷至自強十舍

2012-06-07　首次於自強十舍餐廳舉辦 100 學年度新生書院大一結業式

2012-09-01　開設書院通識「校園／社區之探索與書寫」

2012-09-11　第六屆超政新生定位創意營，首次由政大書院承辦，共
　　　　　　2,087 人參與

2012-11-15　支持博雅書院辦學精神，台達電子捐贈新臺幣 1,200 萬元

2013-02-01　開設書院通識「新生專題：打造大學生活中的幸福感」

2013-08-01　新生書院改為申請制，共計院生 179 名

2013-09-10　第七屆超政新生定位創意營，續由政大書院承辦，共 2,053
　　　　　　　人參與

2014-02-01　開設書院通識「自主學習專題」系列課程，共七門課，分
　　　　　　　別為「日常生活中的資本主義」、「用電腦計算你的生活」、
　　　　　　　「閱讀與人生」、「親族口述歷史與自我認同」、「認識人群
　　　　　　　與文化」、「從社會設計到行動實踐」、「公益旅行」；開設書
　　　　　　　院通識「觀察、敘述與創造」

2014-02-20　辦理「政大書院教育的回顧與展望」研討會，共兩天